中华现代学术名著丛书

中国乡约制度

杨开道 著

2019年·北京

图书在版编目(CIP)数据

中国乡约制度 / 杨开道著 . —北京：商务印书馆，
2015(2019.10 重印)
（中华现代学术名著丛书）
ISBN 978-7-100-11714-2

Ⅰ.①中… Ⅱ.①杨… Ⅲ.①乡村—行政管理—章程—研究—中国—民国 Ⅳ.①D693

中国版本图书馆 CIP 数据核字(2015)第 256983 号

权利保留，侵权必究。

本书据山东省乡村建设研究院 1937 年版排印

中华现代学术名著丛书

中国乡约制度

杨开道 著

商 务 印 书 馆 出 版
(北京王府井大街36号 邮政编码100710)
商 务 印 书 馆 发 行
北京通州皇家印刷厂印刷
ISBN 978-7-100-11714-2

2015 年 12 月第 1 版　　　　开本 880×1240　1/32
2019 年 10 月北京第 3 次印刷　印张 8⅜　插页 1

定价：29.00 元

杨开道

(1899—1981)

出版说明

百年前,张之洞尝劝学曰:"世运之明晦,人才之盛衰,其表在政,其里在学。"是时,国势颓危,列强环伺,传统频遭质疑,西学新知亟亟而入。一时间,中西学并立,文史哲分家,经济、政治、社会等新学科勃兴,令国人乱花迷眼。然而,淆乱之中,自有元气淋漓之象。中华现代学术之转型正是完成于这一混沌时期,于切磋琢磨、交锋碰撞中不断前行,涌现了一大批学术名家与经典之作。而学术与思想之新变,亦带动了社会各领域的全面转型,为中华复兴奠定了坚实基础。

时至今日,中华现代学术已走过百余年,其间百家林立、论辩蜂起,沉浮消长瞬息万变,情势之复杂自不待言。温故而知新,述往事而思来者。"中华现代学术名著丛书"之编纂,其意正在于此,冀辨章学术,考镜源流,收纳各学科学派名家名作,以展现中华传统文化之新变,探求中华现代学术之根基。

"中华现代学术名著丛书"收录上自晚清下至20世纪80年代末中国大陆及港澳台地区、海外华人学者的原创学术名著(包括外文著作),以人文社会科学为主体兼及其他,涵盖文学、历史、哲学、政治、经济、法律和社会学等众多学科。

出版说明

出版"中华现代学术名著丛书",为本馆一大夙愿。自1897年始创起,本馆以"昌明教育,开启民智"为己任,有幸首刊了中华现代学术史上诸多开山之著、扛鼎之作;于中华现代学术之建立与变迁而言,既为参与者,也是见证者。作为对前人出版成绩与文化理念的承续,本馆倾力谋划,经学界通人擘画,并得国家出版基金支持,终以此丛书呈现于读者面前。唯望无论多少年,皆能傲立于书架,并希冀其能与"汉译世界学术名著丛书"共相辉映。如此宏愿,难免汲深绠短之忧,诚盼专家学者和广大读者共襄助之。

商务印书馆编辑部

2010年12月

凡 例

一、"中华现代学术名著丛书"收录晚清以迄20世纪80年代末,为中华学人所著,成就斐然、泽被学林之学术著作。入选著作以名著为主,酌量选录名篇合集。

二、入选著作内容、编次一仍其旧,唯各书卷首冠以作者照片、手迹等。卷末附作者学术年表和题解文章,诚邀专家学者撰写而成,意在介绍作者学术成就,著作成书背景、学术价值及版本流变等情况。

三、入选著作率以原刊或作者修订、校阅本为底本,参校他本,正其讹误。前人引书,时有省略更改,倘不失原意,则不以原书文字改动引文;如确需校改,则出脚注说明版本依据,以"编者注"或"校者注"形式说明。

四、作者自有其文字风格,各时代均有其语言习惯,故不按现行用法、写法及表现手法改动原文;原书专名(人名、地名、术语)及译名与今不统一者,亦不作改动。如确系作者笔误、排印舛误、数据计算与外文拼写错误等,则予径改。

五、原书为直(横)排繁体者,除个别特殊情况,均改作横排简体。其中原书无标点或仅有简单断句者,一律改为新式标点,专名号从略。

六、除特殊情况外,原书篇后注移作脚注,双行夹注改为单行夹注。文献著录则从其原貌,稍加统一。

七、原书因年代久远而字迹模糊或纸页残缺者,据所缺字数用"□"表示;字数难以确定者,则用"(下缺)"表示。

目　录

自序 …………………………………………………………… 1
第一章　中国农村组织概论 ………………………………… 3
第二章　乡约制度的起源 …………………………………… 27
第三章　吕氏乡约的考证 …………………………………… 43
第四章　吕氏乡约的分析 …………………………………… 68
第五章　吕氏乡约的增损 …………………………………… 87
第六章　明代乡约的演进 …………………………………… 103
第七章　乡约保甲的合用上 ………………………………… 127
第八章　乡约保甲的合用下 ………………………………… 146
第九章　乡治理论的完成 …………………………………… 168
第十章　清代乡约的宣讲 …………………………………… 184
第十一章　清代乡约的实施 ………………………………… 203

杨开道先生学术年表 ……………………………… 白中林　222
中国乡村治理道路的历史探索
　　——杨开道及其《中国乡约制度》………… 董建辉　235

自　　序

　　乡约制度是中国古来昔贤先觉建设乡村的一种理想，一种试验。他试验过多少次，有时成功，有时失败，然而理论一天一天的完成，工作一天一天的具体，整个实现，整个成功的时机大约也快到了。梁漱溟先生是中国乡村建设理论的引导人，他理想中的乡村社会组织，乡村下级机构，便是中国古代的乡约制度，山东现行的乡农学校，这是从他的大著《乡村建设理论》乙部第一段第二节甲乙两小段中可以看得清清楚楚的。他提出人生向上，互相尊重……许多论点，以为中国社会组织基础，而过去的乡约制度，现在的乡农学校，都是站在那些论点上设计的。他感觉到乡约有补充改造之必要，乡约制度加以补充改造，使大家以团体为重，从积极下手，才能挽救当前的难关，弥补固有的缺乏。作者编纂本书的动机，纯粹是历史的叙述，参考材料的搜集，而没有意思去鼓吹乡约，宣传乡约。不过字里行间，仍然少不了许多好的批评，坏的判断，深深感觉乡约制度的理论和办法，实在和作者所读的书，所作的事有极密的关系，极多的提示，所以把他发表出来，供大家参考，免得大家东翻书，西找材料，或者是作者一点小小贡献。本来还想编一部中国乡治史纲，一部中国乡治史料和一部中国乡兵制度，因为人事缤纷,不知道哪年哪月才能了此心愿。假使国内同志,能起而代谋之,代成之,则幸甚矣。

杨开道序于济宁训练处

民国二十六年秋

第一章　中国农村组织概论

我们要研究中国乡约制度的进展，一定先要了解整个农村组织的进展；我们要研究乡约制度在中国乡治里面的地位，在中国乡治里面的贡献，尤其要了解整个农村组织的进展。中国农村数目那么多，历史那么久，自然不容易有详细的分析，准确的了解。不过从大体上说起来，我们可以把中国农村组织，分作三个时期：第一是周以前的传说时期，第二是秦汉以后的破坏时期，第三是北宋熙宁以后的补救时期。周以前的农村组织，据《周礼》《管子》各书所载，非常完整，非常严密，不特中国后代不能恢复旧观，就是东西后进也无可比拟。这就使我们怀疑周以前的制度是后人假造，至少是纸上空谈；不然我们就得承认中国文化是倒退的，中国农村是下降的。秦汉以后，那种"五家为比，五比为闾"的精密组织，事实上是没有了，剩下来的只有十里一亭、十亭一乡的乡亭制度。东晋南渡以后，户口版籍完全丧失，农村组织根本推翻；虽然元魏、北齐、隋唐都曾按照古法，稍为有一点规定，然而为的是征收赋税，执行法律，和乡治实在没有多少关系。宋初也是依照唐制，因循苟且，没有什么发展；一直到了熙宁年间，王安石的保甲青苗，吕和叔的乡约乡仪先后成立，才展开中国近代乡治局面。至于熙宁以后的进展情形，自然是十分复杂；我们只能在这个地方简单叙述。因为本章的目的，不是讨论中国农村组织的自身；而是从中国农村组织的进展，去观察中国乡约制度的地位、贡献和进展。

　　周以前的农村组织，最滑稽的是关于黄帝时候的记载："昔黄帝始经土设井，以塞争端；立步制亩，以防不足。使八家为井，井开四道而分八宅，凿井于中。一则不泻地气，二则无费一家，三则同风俗，四则齐巧拙，五则通财货，六则存亡更守，七则出入相司，八则嫁娶相媒，九则有无相贷，十则疾病相救。是以情性可得而亲，生产可得而均；均则欺凌之路塞，亲则斗讼之心弭。既牧之于邑，故井一为邻，邻三为朋，朋三为里，里五为邑，邑十为都，都十为师，师七为州。夫始分于井则地著，计之于州则数详，迄乎夏殷，不易其制"《文献通考》卷十二首段。殷以前的民族，多半是游牧民族，殷以前的社会，也多半是游牧社会，哪里会有这样严密的乡里制度，这样整齐的井田制度。何况黄帝只是传说里面的人物；黄帝的乡里制度和井田制度，自然也只是传说里面的制度。

　　《周礼》里面所记载的农村组织，比较黄帝时代的传说更加严密；然而可靠的程度还不很高。当然《周礼》不是周公的手笔，也不是周公的政书，而是后人所编辑；不过里面的东西，或者有一部分是事实，或者有一部分是法规。从北欧古代农村的研究，我们已经知道原始农村社会的组织和田制，是比较完备的；封建农村社会的组织和田制，尤其是十分完备，简直有一点像我们中国的乡里制度，井田制度。① 因为原始农村社会的主要问题是食粮，封建农村社会的主要根据是土地，所以田制自然成了中心问题；土地分配的

---

① 北欧上古氏族农村社会，及中古封建农村社会，详细情形请参考行将出版之拙著商务大学丛书《农村社会学》。

平均，尤其为社会所注意。周家是一个农业民族，周朝是一个封建国家，或者真正实行过井田制度，以及类似井田制度的土地平均分配制度，也是可能的事件。就是《周礼》里面的制度，完全是子虚乌有，《周礼》在中国农村进展的影响，还是不可漠视。因为元魏以后的里制，以及什么保甲乡约，都是依照古法——《周礼》里面的法制——所以不是古制复活，便是理想实现。《周礼》的最小贡献，可以相当于柏拉图的《理想国》，摩尔的《乌托邦》。我们本来没有工夫讨论《周礼》的真伪问题，周制的真伪问题；我们也不必讨论《周礼》的真伪问题，周制的真伪问题。因为周制在秦汉以后，早已不复存在，失去历史上，文化上的继续性。《周礼》却在后来学者的思想里面，占有一个最大的地位，在后来社会的制度里面，也有不少的贡献。真的《周礼》固然可以显示过去民族的光荣，假的《周礼》还能引起后世农村的改善。理想国，乌托邦可以受尽国人的膜拜；难道比理想国还理想，乌托邦还乌托的《周礼》，便一钱不值吗？

依照《周礼》的记载，六乡的农村组织，和六遂稍为有一点不同；六乡是指王城百里以内，六遂是指王城百里到二百里的地方。六乡的组织，是"五家为比，使之相保；五比为闾，使之相爱；四闾为族，使之相葬；五族为党，使之相救，五党为州，使之相赒；五州为乡，使之相宾"《周礼·地官·大司徒》。上面的组织，除了族以四闾构成，凑成百家整数以外，其他阶级都是以五进位，真是十分整齐，十分严密。每一级组织，有一个乡官，主持一切调查，教化，军旅的事情，把政治和教育，文事和武事打成一片，完成所谓"政教合一"，"文武合一"的理想。乡的乡官叫作乡大夫，州的乡官叫作州长，党的乡官叫作党正，族有族师，闾有闾胥，比有比长，都由本他人民充当，所以叫作乡官。秦汉郡县长吏皆为地方官吏，只有三老，孝弟，力田仍是乡官;秦汉以后便只有官吏而无乡官,只有差役而无乡老,乡村自治永远没有跑到县的那个阶级。

六遂的农村组织,和六乡相差不远;不过名称不同,官阶也要稍为低一点。六乡是五家为比,六遂便是五家为邻;六乡是五比为闾,六遂便是五邻为里;六乡是四闾为族,六遂便是四里为酂;六乡是五族为党,六遂便是五酂为鄙;六乡是五党为州,六遂便是五鄙为县;六乡是五州为乡,六遂便是五县为遂。然而每阶级所包含的户口,是完全一样。六乡乡大夫每乡一人,官阶为卿;六遂则只有遂大夫每遂一人,官阶为中大夫。六乡的州长为中大夫,六遂的县正为下大夫;六乡的党正为下大夫,六遂的鄙师为上士;六乡的族师为上士,六遂的酂长为中士;六乡的闾胥为中士,六遂的里宰为下士;六乡的比长为下士,六遂的邻长便没有官阶。所以六乡乡官的官阶,总是比六遂乡官的官阶高一级《周礼·地官·遂人》。

除了普通户籍组织以外,还有卒伍组织,也是农村组织的一部分;因为那个时代兵农不分,农民就是兵士,兵士就是农民,一方保护乡里,一方捍卫国家,不像现在的募兵制度,兵士受农民供给,农民反被兵士骚扰。《周礼》里面所记载的卒伍制度,和普通组织并行,不惟阶级相同,进位的数字也是相同的。五人为伍,五伍为两,四两为卒,五卒为旅,五旅为师,五师为军;每伍五人,每两二十五人,每卒百人,每旅五百人,每师二千五百人,每军万二千五百人,都由同级的乡官统率《周礼·地官·小司徒》。

周朝是中国封建制度盛行的时代,《周礼》似乎是王畿里面的法制;诸侯采邑里面的情形,不见得和王畿一样。现在我们找出的材料,只有《管子》立政,乘马,小匡各篇的记载,或者可以代表齐国的情形。①《管子》这书自然也靠不住，不过关于农村组织这一点记载，似乎还有一点可靠。小匡篇用的是谈话口吻，合乎齐国实情，或者实际曾经办理也未可知。齐国共有二十一乡，管子按照职业分离原理，要划成工商六乡，士农十五乡；又按照高国势力支配，要划成公家十一乡，高子五乡，国子五乡。谈话以后并且注有"于是乎管子乃制五家以为轨，轨为之长……"表示这种制度是曾经实行过的。

小匡篇所载的组织阶级，是"五家为轨，轨有长；十轨为里，里有司；四里为连，连有长；十连为乡，乡有良人"。不过那是指三国里面（公家，高子，国子）的组织阶级；五鄙里面的组织阶级，又要稍为不同一点。五鄙虽然也是五家为轨，轨有长。不过是六轨为邑，邑有司；十邑为卒，卒有长；十卒为乡，乡有良人；名称有一点改变，户数也稍为少一点。《管子》所载的制度，和《周礼》所载的制度一样，也是主张兵农合一的政策，在普通组织的旁边，又加上一个军旅组织。一方是五家为轨，一方是五人为伍，由轨长统率；一方是十轨为里，一方是五十人为小戎，由里有司统率；一方是四里为连，一方是二百人为卒，由连长统率；一方是十连为乡，一方是二千人为旅，由乡良人统率。

立政篇所载的制度，和小匡篇所载的相差颇远；谁真谁假，我们也无法判断，只好引在这里作为参考。按照立政篇的制度，一国分为五乡，每乡有乡师一人；一乡分为五州，每州有州长一人；一州

---

① 《国语》第六齐语亦有"管子于是制国以为二十一乡，工商之乡六，士乡十五"，"管子于是制国五家为轨，轨为之长，十轨为里，里有司……"和"五家为轨，故五人为伍，轨长帅之，十轨为里，故五十人为小戎，里有司帅之"等等。

分为十里，每里有里尉一人；一里分为十游，每游有游宗一人。游宗下面有什长，管理十家；什长的下面有伍长，管理五家。不过多少家为一游，立政篇也没有明白记载；大约不是五十家，便是一百家，我们也不必去追求了。

除了这两种基本组织以外，乘马篇里的士农工商段，又有几个特别的组织，也可以引在这里作为参考。在官制的下面，六里为暴，五暴为部，五部为聚，五聚为乡，四乡为方，这大约是指区域的划分。至于户口的编制，是五家为伍，十家为连，五连为暴（同官制的暴不同），五暴为乡，四乡为都，称为邑制。最难了解的莫如事制，事制同官制、邑制是互相连串而成的，所以官成而立邑，邑成而制事。不过那四聚为一离，五离为一制，五制为一田，二田为一夫，三夫为一家的制度，便难以解释，或者竟指当时的田制也未可知。

上面讲的都是春秋以前的可能组织，战国社会经过那种急剧的变化，农村组织自然也会有相当的更改。我们可以推论的，只有商鞅变法那一点，在上面废了封建，立了郡县；在下面废了井田，立了阡陌。但是战国农村组织改变到怎么一个程度，我们一点没法知道。一直到了秦末汉初，我们才有了一点证据。秦末的农村组织，大约是乡亭制度——五里一邮，十里一亭，十亭一乡，只拿地方作标准，而不拿家数作标准。井田制度在战国渐次毁灭以后，人民的居处不像从前的固定，人民的数目不像从前的清楚，所以五五进位的农村组织，便不容易实行。这个乡亭制度，大约是创始于战国，完成于秦代，到了西汉时代，已经是十分普遍，并且有统计的证据。按照历史的记载，西汉时代共有二万九千六百二十五亭，六千六百二十二乡，一千六百八十七县或和县相等的道（蛮夷曰道）、国（列侯所食曰国）、邑（皇太后、皇后、公主所食曰邑）《文献通考》卷十二。平均计算起来每县(或是道、国、邑)约有四乡,每乡约有四亭半,并不是真正的十亭一乡,十乡一县。里邮的名称虽然存在,里邮的统计却是没有,大约不是一个重要的单位。秦汉乡治的主要单位自然是乡,乡有三老,啬夫,游徼等领袖;亭只有亭长,邮只有邮长,里也许连领袖都没有的。

乡三老是秦汉以后乡治里面的最高领袖,他的年龄要在五十以上,他的人格要为民众所敬仰,才能被选为乡三老,才有感化民众的能力。假使《周礼》的德化主义是真的,乡三老可以说是德化主义的最后余波;假使《周礼》的德化主义是假的,乡三老可以说是德化主义的最先试验。乡有乡三老,县亦有县三老,由乡三老中选任,帮同县令丞尉办理县政。三老不惟下可教化民众,并且上可直达朝廷,把人民的乡治和政府的专制打成一片;假使因而发展,中国民治的进程,一定不会像唐宋时代那样衰颓的。汉王违约出关,新城三老遮说汉王,汉王乃举哀发义帝丧,邀同诸侯讨伐项羽。戾太子发兵诛乱,谣传以为谋反,壶关三老竟能上奏天子,挽回帝意。王尊是一个贤明的京兆尹,政府无故免职,三老竟可奏闻天子,复任徐州。三老的魄力真是不小!以上俱见《文献通考》卷十二。

同三老相仿佛的德化领袖是孝弟,农业领袖是力田,高后时代才有的。孝弟力田,秩高至二千石,恐怕不能每乡都有,只和县三老一样,每县一人。三老、孝弟、力田的功用,都是乡治的正面;至于乡治的反面,便寄托在啬夫,游徼和亭长手里。乡三老、啬夫、游徼是乡制里面的三角领袖,亭长便是亭制里面的单头领袖。啬夫的职责,是听讼和收税两种,游徼便要巡行乡里,查禁盗贼;照现在的官吏比起来,啬夫是一个法吏兼税吏,游徼便是一个巡官。亭长的功用,和游徼相差不多,要演习武艺,捉拿盗贼,汉高祖微时便是这样一位乡治领袖。《文献通考》卷十二。

东汉的乡治制度，仍然和西汉一样；不过乡小的县，每县只有啬夫一人，因为诉讼赋税比较清简，一个人便足应付。亭长的制度和功用，还是和从前一样；不过亭长下面的邮长没有了，另外增加里魁、什长、伍长之类。里魁管理百家，什长十家，伍长五家。西晋虽然经过三国的变乱，还可寻出一点衔接的痕迹——啬夫照旧存在，里魁改成里吏；不过德化中心的三老便从此和中国乡治永别了。因为人口稀疏，五百户也可成为一县；不过一县只有一乡，所以实际县就是乡。三千户以上的县有二乡，五千户以上的县有三乡，万户以上便有四乡。最小的乡只有五百户，最大的乡或有五千户；不管户口多少，每乡都有啬夫一人。千户以下的乡有治书吏一人；千户以上的乡有史一人，佐一人，正一人；五千五百户以上的乡，佐增至二人。乡的下面，大约是百户为一里，有里吏一人；不到百户的地方，也可成为一里，不过至少不得低于五十户。《文献通考》卷十二。

自从东晋南渡以后，农村组织大受摧残，北方的人民固然是流离失所，南方的农村也主客错杂，组织不易。加以苏峻作乱，把南方的户口版籍一齐焚化，户籍尚且弄不清楚，哪里谈到组织。大约南朝在这二三百年的中间，仍然保存着一种有名无实的里制，而事实上都是杂乱无章。范宁上孝武的表，颇能证明户口杂乱，闾伍不修情形："……昔中原丧乱，流寓江左，庶有旋反之期，故许其侨注本郡。自尔渐久，人安其业，邱陇坟柏，皆以成行，无本邦之名，而有安土之实。今宜正其封疆，土断人户，明考课之科，修闾伍之法……"刘裕上安帝的表，也说"自兹迄今，弥历年载，画一之制，渐用颓弛，杂居流寓，闾伍不修。"《文献通考》卷十二。

北朝元魏对于农村组织，稍为有过一点工作，不像南朝各代专门注意土断户籍问题。太和十年（公历四八六年）的时候，距拓跋珪开国的时候，已经有百年光景，还是没有乡里组织。所以给事中（或称内秘书令）李冲上言，宜依照古法，五家立一邻长，五邻立一里长，五里立一党长，取乡人疆谨者任之，谓之三长制度。经过几次的反对和辩论，他的主张卒经采用；最初因手续烦难，人民多不欢迎，后来渐次相习，也还满意。北齐农村组织，规定十家为邻比，有邻长一人；五十家为闾，有闾正一人；百家为族党，有党族一人，副党一人。隋文帝受禅后，改为五家为保，五保为闾，四闾为族，皆有正；畿外稍为不同一点，有里正，比闾正，党长，比族正等名称。开皇九年（公历五八九年）依苏威的奏呈改定百家为里，长一人，为唐宋里长名称原始；五百家为乡，正一人，处理本乡讼诉争议。开皇十年虞庆奏称五百家乡正专理词讼，不便于民，并且有党与爱憎，公行货贿的事实，所以就把乡正拿来废了。以上俱见《文献通考》卷十二。

唐代虽然号称政治修明的一个黄金时代，然而乡治制度，还是依然故我，没有什么新的设施。组织方面大约是依照隋制，百户为里，五里为乡；不过里的下面，又有"四家为邻，三家为保"的说法，不知道怎么样凑成百户的里。每里有里正一人，职责是"按比人口，课植农桑，检察非违，催驱赋役"；说得也还冠冕堂皇，不过实际恐怕是专管"催驱赋役"。除了里正以外，又有坊正和村正的设立；坊正设在市镇，村正设在乡村，专"掌坊门，管钥，督察奸非"。百家以上的大村，除了里正一人，村正一人以外，另外可添加村正一人；十家以上的小村，便并入邻近大村，不另置村正。《文献通考》卷十二。

五代时候又经过一个长时间的变乱,农村组织的破碎,我们可以想见。从历史的记录,我们只知道周显德五年(公历九五八年)曾令各地归并乡村,大率以百户为一团,每团选三大户为耆长。团的下面还有什么组织,团的上面还有什么组织,并没有明白规定。耆长的职务倒还十分重要;一种是普通的查察奸盗,一种是特别的平均地权。察盗自然是日常工作,均地便是每三年实行一次《文献通考》卷十二。宋代的基本组织,仍然是唐时遗留的里制,里的上面有乡;城市仍然是唐时遗留的坊,坊的上面有厢。譬如江阴城关在宋时有南北两厢:南厢统善政、永安二坊;北乡统升俊、北布政、南布政、钦贤、应和、北能仁、南能仁等七坊。乡村共有顺化、来春、昭闻等十七乡;迁莺、千秋(属顺化)、怀仁、守节、遵大、青山(属来春)等五十五里。《江阴县志》卷二,疆域篇页二至三。

自黄帝至周末是一个传说时期,传说的制度虽然是十分精密,然而究不可靠。秦汉至唐宋是一个混乱时期,农村组织屡次更改,乡治精神根本丧失。一直到了熙宁以后,保甲、乡约、社仓、社学才逐渐推行,乡治精神和事业两方,都有改善的趋势。保甲组织最初为程颢所创,曾经在晋城县实行过,成绩极佳。当时叫作保伍法而不叫作保甲法,"度乡里远近为伍保,使之力役相助,患难相恤,而奸伪无所容。凡孤管残疾者责之亲戚乡党,使无失所;行旅出于途者,疾病皆有所养"。① 王荆公大约是看见晋城的实例,想起《周礼》的兵农制度,便订了一种十家为保,五十家为大保,五百家为都

---

① 原文见《二程文集》卷十,程颐所撰《明道先生行状》。《宋史》,《古今图书集成》乡里部,徐栋《保甲书》都载相类似的文字,大约是从《明道先生行状》那里抄来的。只要大致不差,字句的增改当然是可以的;不过最值得我们注意的,是晋城之误为留城,真是岂有此理。

保的新法,先在开封附近试行,然后在各路推行。王荆公的保甲制度里面,并没有甲的名种,不知何以叫作保甲法? 甲的名称恐怕是明代里甲制度里面才开头采用的。①

　　保甲制度并不是一个基本的农村组织,只是一个兵农混合组织,所以保甲行使的地方,里制也还可以照旧存在。荆公以政府的力量,极力推行保甲,然而上受朝廷大臣的反对,下受地方官吏的蒙蔽,结果还是不能普遍。荆公下台以后,自然无人维持;到了哲宗时代,便连旧有的也渐渐放弃,保甲制度并不是怎么一个坏制度,不晓得当时的大臣,为什么要死力反对? 当时的官吏,为什么不实心奉行? 大约前者是荆公求功太切,以致触怒旧臣;后者是荆公用人不当,以致敷衍了事。南宋以后,保甲制度渐为学人所称道,成为《周礼》比闾族党的副本,有名的政治家,都是奉为金科玉律。朱熹、真德秀在学术上,在政治上的地位何等显著,他们都是提倡保甲的;明代的王阳明、吕新吾、刘蕺山、陆桴亭都是提倡保甲的学者。明末和清代简直列入宪章,成为重要国法之一;现代的自卫组织,又何尝不是王荆公保甲制度的遗意;时代真是冤人!

　　农村自卫的保甲组织,是在熙宁三年(公历一〇七〇年)实行,谁知六年以后的熙宁九年,又发现了一个新奇的乡约组织。乡约是一种乡里公约的意思,不过也附带有相当的组织,相当的事业;因为空洞的约文,是不易实行,也不易持久的。乡约的发明,大约是汲郡吕大钧(字和叔)的手泽;在他的本乡蓝田实行,普通叫作"吕氏乡约",也有人称为"蓝田乡约"。乡约的条目,只是"德业相

---

　　① 荆公保甲、青苗各种新法,《宋史》兵志、食货志有不少的参考资料。不过材料最多,而又最便于翻阅的参考书,却是《通鉴长篇记事本末》。

劝""过失相规""礼俗相交""患难相恤"四款,我们以后自然会有详细的解释。乡约组织颇为简单,每约有约正一人或二人,由大家推举正直不阿的人士充任;他们的责任,在抽象方面是感化约众,在具体方面是主持礼仪赏罚,仿佛秦汉的三老。除了约正以外,还有直月一人,由全约人士按照年龄大小轮流充任。每月有月会一次,公同聚餐,公举善行恶行,记之于籍,以示劝勉或警戒。第三四两章有详细讨论,及材料来源。

吕氏乡约在北宋自然是名重一时;不过怀疑的人很多,反对的人也不少。康王南渡以后,关中文化根本消失,乡约制度自然也是扫地无余。假使没有朱子出来大事整理,恐怕以后的发展也是没有的。朱子把吕氏乡约乡仪,从支离错误的材料,编辑成为一个完善的原本;又因原本的根基加以修改,成为朱子增损吕氏乡约。我们现在所看见的吕氏乡约,多半是朱子增损的吕氏乡约,而不是朱子编辑的吕氏原约,这是谈乡约的人所不可不知的。朱子不惟提倡乡约,并且对于保甲、社仓、小学的工作,也分别提倡——尤其是对于社仓和小学方面贡献尤大。仓库制度和学校制度发达已久;不过农村自立的社仓,儿童基础的小学,恐怕朱子是首创的人,至少是提倡最力,功绩最大的人。可惜朱子没有看出乡约、保甲、社仓、社学四者相互的关系,主客的关系,虚实的关系,没有把它们打成一片,完成农村的组织,实现《周礼》的制度。第五章有详细讨论及材料来源。

中国农村组织的进展,一直到了朱子手里,才有一点相当的把握。吕氏乡约不用说只是一种空洞的制度,只是一种地方的试验,在朱子以前并没有多大实力。何况金人入主中原,关中文物完全消灭,这个前程远大的乡约制度,也就随着时代的潮流,无形中牺牲了。保甲的实行,因为有政府的后盾,自然比较普遍;不过也从没成为一个全国的制度,实际的制度。荆公罢相以后,各种新法渐次取消,保甲也是其中之一,所以熙宁年间虽然有保甲,乡约两个新的农村组织出现,熙宁以后便又恢复以前的状况,并无所谓真正农村组织。不过保甲自卫的组织虽然取消,保甲自卫的功用虽然剥削,而保甲的名义在南北宋都是若断若续的存在着;只是领袖变成差役,工作变成催赋。两汉以后赋役尚轻,弊端尚少,虽经过南北两朝的连年变乱,民间尚不见得十分困苦。唐代初称小康,人民颇能安居乐业;玄宗天宝以后,连年征战,赋役问题日趋严重,居乡的困于赋,外出的困于役。一直到南北两宋,赋役问题更闹得天昏地黑,没有法子解决。农村社会里面,没有旁的事件,也没有旁的问题——穷民一天到晚应付租赋,富民一天到晚应付催役;在这种环境的下面去提倡保甲,提倡乡约,提倡社仓,提倡社学,没有极贤明的守令,没有极能干的领袖,是不会有伟大的成效,是不易维持长久的。所以我们在这里所讨论的农村组织,并不是流行的组织,而只是特出的组织——并不是保甲乡约的推行,而只是保甲乡约的试办。

元代的基本农村组织,大约没有重大的变动;里正的名称,尝见于正史,厢坊乡里的区划,也散见各种县志。譬如江阴县志说元代南北两厢增淳和、太平、耆德三坊,其余乡里都是照旧存立;然而新昌县志说元时改厢为隅,改乡为都,改里为图,不用名词而以一二次序,似乎近代的都图制度是从元代开始的《新昌县志》卷一,页二。此外元代还有一个特出的社制,和乡里制度是并存的。每社五十家,无论何色人等,都要加入;五十家以上,百家以下只有一社,百家以上可另行组织,五十家以下附属邻社。社长是由人民公举,一要年高，二要通晓农事，三要有兼丁，才能被举为社长《元典章》卷二三，页三。社长的职务很多，除了赋役归里正催办以外，其余的地方自治事业，像农事、水利、社仓、救恤，都归社长管理。不过后来里正常有规避差役的事情，以致赋役也弄到社长身上，虽经三令五申，结果还是不能满意。

元代的社制是秦汉以后最完整的农村组织；虽然对于保甲、乡约没有特别提倡，然而乡约、保甲的根本精神，也都包含在里面。社长主要职责是劝课农桑，不听劝诫的惰民，社长可以用书面报告提点官处罚。当然不敬父兄及凶恶的人民，也要报呈处罚。犯法的农民，社长在他们门上，大书所犯事项，以示羞辱，俟其改过自新，乃毁之；其不改者，罚充本社夫役，颇有乡约劝善惩恶的意思《续文献通考》卷十六。可以谋求水利的地方，由社长率领农民自动办理，由政府加以补助；蝗虫的防除，也是由社长率领农民办理。虫旱成灾，社长可以呈请政府验明，减免赋役。乃至开辟荒地，保护禾稼，都由社长主持，农民合办。社学附设本社，聘请通晓经书者一人为学师，在农闲的时候，教授本社子弟的孝经、小学、大学、论孟、经史之类。社仓又叫义仓，也是每社一所，在丰年每家按口一斗，存储仓中，歉年又可按口领用，以备荒灾。

明代所立的粮长和里甲制度，纯粹是为赋役而设，和乡治没有什么关系。基本农村组织，恐怕还是依照宋元的旧制；不过乡里日少而都图日多。譬如《平阳县志》所载明时共有一隅，二镇，五十五都；隅指县城，镇指市镇，都指乡村。他们的等级相同，他们的下层组织都叫作图，全县共有二百五十二图。每图的下面又分为甲，每甲辖地三百亩。有充里一名，而没有粮长和里长的名称。《江阴县志》所载明时组织，仍是南北两厢，厢下仍是坊，坊下却新添了图的一级;乡村仍是十七乡,旧有五十五里改为五十都,都下又有三百六十五图。又引旧日蔡志,说每图分为十甲,每甲实田二百七十亩,和平阳情形相差极少。《象山县志》所载,也是乡都图三级;政实乡有八都二十一图,归仁乡有九都十二图,游仙乡有七都十二图。粮长制度是在洪武四年(公历一三七一年)颁行的;以万石为率,设长副各一人,以督其乡之税粮。一直到了洪武十四年(公历一三八一年)才诏天下编赋役黄册。凡一百一十户为一里,里有里长;十户为甲,甲有甲首;一年一周,轮流应役。

此外农村各种事业组织,自从经过明太祖,王阳明君臣的提倡,在明代也逐渐发达。到了嘉靖年间,乡约、保甲、社仓、社学都经政府的提倡,都有正式的规条,几乎成为一个整个乡治系统。洪武开国不久,天下太平,人民丰富,明太祖对于保甲,社仓没有什么设施。社学是教化子弟最重要的工具,明太祖对于儒家教化主张,尤其是十分相信,洪武八年的时候,即已下诏天下,设置社学,延师儒以教民间子弟。乡约在吕氏和朱子手里,还只是人民的公约,人民的友助,所以没有正式采用。不过明太祖对于民众教育,也有两种新的设施,后来竟和乡约打成一片。这两种设施:一个是圣训六谕,和吕氏四条差不多的规条;一个是申明旌善亭子,和朱子善簿恶簿差不远的办法。六谕:一曰孝顺父母,二曰尊敬长上,三曰和睦乡里,四曰教训子孙,五曰各安生理,六曰无作非为。自从嘉靖正式采入乡约宣讲以后,一直传到满清康熙年间,还是乡约的根本。不过洪武六谕初颁的时候,并没有乡约的名称,也没有宣讲的办法,只在每里选一耆老,手持木铎,巡行乡里,且击且诵,以警悟民众。申明亭为的是宣布恶行,使恶者有所儆;旌善亭为的是宣布善行,使善者有所劝;后世的乡约亭所,便是由这个制度出发的。

此外还有一种里社制度，一种乡厉制度，是关于乡村宗教方面的设施。里社乡厉是一个自然的宗教，在中国乡村通行已久；不过洪武又加入什么"抑强扶弱之誓"，务在恭敬神明，和睦乡里，以厚风俗，完全是神道设教的意思。参考第六章。

王阳明巡抚南赣，正是兵荒人乱的年头，所以提倡一种十家牌的保甲法，来维持地方的治安。不过他对于乡约和社学，也忘不了儒家教化的政策，在那里极力提倡。可惜他没有提倡社仓，也可惜没有把乡约、保甲、社学打成一片，完成元代那种整个乡村组织。他的南赣乡约是吕氏乡约和洪武六谕的一种混合产品，约文采取圣训六谕，组织采取吕氏乡约，洪武六谕才正式加入乡约，乡约名称才正式采入乡治。不过阳明所提倡的南赣乡约，比起和叔主持的吕氏乡约来，又是一种精神。吕氏乡约是人民主持，南赣乡约是政府提倡；吕氏乡约是根据约言，南赣乡约是根据圣训。乡约效力或者因为官府的提倡可以增加，乡约精神也许因为官府的提倡愈加丧失，所以官府提倡并不是乡约之福。他在南赣所提倡的十家牌法，是寓教化于保甲之中，和王荆公的纯粹保甲法，颇有一点不同。所以十家牌法除了清理户口，查察奸宄以外，也还能从积极方面尽一点劝导的职责。此外他对于社学也十分留意，起初颁布"兴举社学牌"，后来又颁行"社学教条"，令府县官吏极力提倡，以谋儿童教化的普及。《王文成全书》卷十六、卷十七。

至于明代社仓的设立，不知始于何时。我们所知道的是在嘉靖八年（公历一五二九年，在阳明提倡社学和乡约以后十一年）政府曾有明文规定，每二三十家为一社，择家道殷实而有行义者一人为社首，处事公平者一人为社长，能书算者一人为社副。每朔望会集，列户上中下出米四斗至一斗有差，加耗五合。命令虽然说得很好,不过实际上每二三十家办理社仓的很少,一县里面多半是由县令设法建造几个,点缀风景而已。见《明史》卷七十七食货志和《平阳县志》卷十三食货志。

明代农村组织的发展,社学、里社、乡厉最早,在洪武年间已经有了。乡约的基础,虽然也在洪武年间立定,然而乡约名称正式的采用,王阳明的南赣乡约还是第一次。保甲社仓起初大约是没有;保甲到阳明手里才有,社仓到嘉靖年间才有。他们演进的秩序虽然不一致,然而到了嘉靖年间,都已有了相当的基础;不但有相当的基础,并且已经有了正式的规条,成了国家的功令了。《图书编》里面的保甲规条、乡约规条、社仓规条、社学规条,便是在这个时代颁布的。从前提倡乡约的时候,只提倡乡约;提倡保甲的时候,只提倡保甲;提倡社仓的时候,只有社仓;提倡社学的时候,只有社学;完全是个别提倡,局部工作。一直到了这个时候,才有一套整个的规条,才有一个整个的系统,不能不说是一个新的贡献。他们四个的关系,《图书编》已经说得很好:"是故保甲之法,人知足以弭盗贼也,而不知比闾族党之籍定,则民自不敢以为非;乡约之法,人知足以息争讼也,而不知孝顺忠敬之教行,则民自相率以为善;由是社仓兴焉,其所以厚民生者为益用;由是社学兴焉,其所以正民德者为有素;可见四者之法,实相须也"《图书编》卷九十二。嘉靖时代不但乡约保甲成为中央法令,成为地方要政,并且风声所及,连藩属的朝鲜,也在那里提倡,也在那里仿行。①

---

① 按照闻钧天所著《中国保甲制度》所引《牧民心书》,朝鲜乡约有李珥之西原乡约及海州乡约,李滉之乡立条约,柳馨远之乡约,韩章锡之关北乡约,金弘得之报恩郡乡约等等,他们多半是祖述吕朱,而少采用洪武六谕,或阳明南赣乡约,或嘉靖乡约规条的。

嘉靖时代的农村组织,是四位一体制度,四而一,一而四的制度。不过这四个东西,并不是一样的性质,一样的重要,乡保根本而社仓社学枝叶,乡保主要而社仓社学次要,所以自然而然的,产生一种二正二副的理论,二正二副的制度。乡约保甲互相表里的理论,可以说是明末乡治主要的理论;乡约保甲打成一片的办法,也可以说是明末乡治主要的制度。吕新吾的乡甲约,便是一个著名的例证。他以为"乡约之所约者此民,保甲之所保者亦此民;但约主劝善,以化导为先,保主惩恶,以宄诘为重,议将乡精保甲总一条编"。所以他的乡甲约制度,便拿乡约为主,保甲为辅;社仓社学,在名称上,在实际上都只占一个小小的地位。刘蕺山的"保民训要","乡保事宜",也是一个乡约保甲为主,社仓社学为副的制度。"保民训要"又以保甲为主,所以里面分成"保甲之籍","保甲之政","保甲之教","保甲之礼""保甲之养","保甲之备"各条。"乡保事宜"是以乡约为主,所以里面分成"约典","约诫","约礼","约制","约备",乡约渐次变成主体,保甲渐次变成附属。后来刘蕺山隐居田园,因为捍卫乡里,图谋恢复,又草成了《乡书》,《广乡书》各篇;内容大约和"保民训要","乡保事宜"相差不远,可惜没有机会实行。至于吕新吾和刘蕺山他们两位先生的详细办法,实际效果,我们将来会有比较详细的讨论,自然不必多说了。

除了乡约保甲混合组织以外,乡约制度在明末还有一特殊的组合,那就是高忠宪(名攀龙,为东林主角之一,在刘蕺山之先)的同善会。高忠宪的同善会,并不是现在的同善会,现在的同善会是宗教和慈善的联合,高忠宪的同善会只是乡约和慈善的联合。同善会的意思,只是大家共同为善,共同行善;为善是勉励自己,行善是扶助他人。在高忠宪原有同善会规例里面,只能看见行善的办法,而没有为善的举动;在高忠宪自己的"同善会讲话"里面,才把劝善的意思弄得清楚,乡约的旗帜弄得分明。同善会规例,每季仲月望日有会,每会有人主讲劝善。会齑(即捐纳)每人自九分至九钱,各依经济高下量力捐助。捐得的款项,普通分作三分,二分助贫,一分给棺,完全是慈善的工作,同乡约没有什么关系。"同善会讲话"是高忠宪在仲月望日讲演的底稿,里面讲到"善是决当为,恶是决不当为"的道理,并且提到洪武六谕,以为"若是人人肯向善、孝顺父母、尊敬长上、和睦乡里、教训子孙、各安生理、毋作非为,如此便成了极好的风俗"。其他"为子弟者,愈孝亲敬长,为父兄者,愈思教子训孙;各思勤俭生理,各戒非为浪费",还是洪武六谕的底子。"人人有父母,人人随分孝顺他;人人有长上,人人随分尊敬他;人人有乡里,大家要和气些;人人有子孙,大家要教训他;生理是该做的,人人做自己该做的事,各有过活;非为是不该做的,若做不该做的事,各有罪名",岂不是在那里替洪武六谕作注解吗?高忠宪是同善会的祖宗,他的徒弟陈几亭先生(名龙正,字惕龙)也是十分热心,大有当仁不让于概,所以提倡同善会的人们,往往并称高陈,可见几亭在同善会里面的地位。他不惟在各处提倡,在各处讲演,并且亲自建筑同善会馆,同善社仓,以立定同善会将来的基础。《得一录》卷六。

嘉靖年间的乡治系统是四而一、一而四的均等制度;他们内部的关系,他们各个的地位,一点没有说明。吕新吾的乡甲约以乡约保甲为主,社仓社学为辅;乡约保甲之中,又以乡约为主,保甲为辅;他们彼此的地位,彼此的关系,还是不大清楚。一直到了陆桴亭手里,才把乡约、保甲、社仓、社学各个的地位,彼此的关系,弄得清清楚楚。他直截了当以为乡约是乡治的纲领,可以包含保甲、社仓、社学，所以他说"夫何以谓之乡约也？约一乡之众，而相与共趋于社学，共趋于保甲共趋于社仓也。四者之中，乡约为纲而虚；社学、保甲、社仓为目而实"。他的治乡三约系统，更能充分表现他的主张：一个约长的下面，有教长、保长、恤长三个约副，受约长的指挥，去办理一切乡里的事业。可惜桴亭先生没有机会试验他的主张，所以治乡三约不能见诸实行；更可惜清代诸帝支离破碎的去提倡乡村建设，所以连明末那一点基本理论，也埋殁在故纸堆里，永久没有实现的可能。

　　清代各帝对于乡约、保甲、社仓、社学的提倡，都是十分努力。不过单有称孤道寡的皇帝提倡，而没有名高德重的疆吏提倡，在社会里面的效果，自然又不如王阳明、吕新吾他们的工作了。并且清代各种农村组织，各有专部分别提倡，整个的乡治，便从此分而不合，系统破碎，精神颓丧，真是清代各帝始料所不及的。基本农村组织在顺治元年（公历一六四四年）曾颁行一种村甲制度，十家置一甲长，百家置一总甲，凡有逃人奸宄窃盗事件，邻佑以报甲长，甲长转报总甲，颇有一种保甲的意味。顺治十七年（公历一六六〇年）又覆准设立里社，令民或二三十家，或四五十家聚居，每遇农时，有死丧疾病者，协力耕助，又有一点乡约友助的意思。此外顺治五年（公历一六四八年）因为攒造黄册，曾编百一十户为一里，推丁多者十户为长，余百户为十甲；甲有甲长，里有里长。

　　不过清代各县乡村的名称，实际上是复杂已极，毫无统一办法。我们只消举出几县的乡村名称作为代表，便可想见一斑：

一、江阴县——镇下为保

二、平阳县——都或镇下为庄

三、象山县——乡下为都，都下为村

四、通县（南通州）——乡下为都，都下为里

五、宝山县——乡下为都，都下为图

六、忻州——乡下为都，都下为村或庄

七、淮宁县——里下为甲

八、尉氏县——甲下为村

九、杞县——社下有庄或村

十、临颍县——保下为里

十一、定州——约下为村

（以上参考各该县志）

我们只都看了这几个例子，便可找出十几个名称来——镇、保、都、庄、乡、村、里、图、甲、社、约；此外长城一带的县分，还有什么堡、寨之类。可惜我们这里篇幅有限，不能作一个详细的分析。乡约在明末清初交替的时候，还是照旧存在；不过正式的提倡，恐怕是从顺治九年（公历一六五二年）颁行六谕卧碑文起。这六谕卧碑文，就是明太祖的洪武六谕，不知清世祖何以不加更改？所以后世还有人以为是清世祖的六谕。一直到了康熙九年（公历一六七〇年），清圣祖才新颁上谕十六条；后来转辗发达，康熙十六谕便代替了洪武六谕，而成为清代的乡约宣讲主文。这个十六谕在康熙十八年（公历一六七九年）浙抚某曾经有过一种直解，二十年（公历一六八一年）梁延年有一种像解，雍正二年（公历一七二四年），清世宗有一种广训，嘉庆二十年（公历一八一五年），又出来了一种广训直解。不过这都是为讲约用的，而讲约又多限于县城及大镇，所以达到乡民的影响是很少的。当然小规模的地方乡约，乃是自动乡约，在清代也可找得出来；然而宣讲圣谕到底是清代乡约的主要工作。详见清代乡约章。

顺治元年的甲长总甲，虽然也有一点保甲的意味，然而不是真正的保甲。保甲法律在户部有户部则例，在刑部有刑部条例，不过不知是什么时代颁行的。我们知道于成龙在康熙十三年（公历一六七四年）便已实行保甲见于清《端公政书》。康熙三十三年黄六鸿所编的《福惠全书》，里面还有保甲一部；可见至少在康熙时代已经有了。此后屡朝都有上谕，或令地方官吏斟酌办理，或令地方官吏切实施行。大约清代实行保甲的人比乡约多，清代保甲的效果也比乡约大；行乡约的人没有不行保甲的，行保甲的人便不一定行乡约。尤其是咸同各朝，保甲的需要十分迫切，保甲的功效十分明确，所以保甲的声势也十分伟大。除了户部、刑部的保甲法规以外，各省常有各省的单行法规，甚至一县都有一县的保甲章程，内部情形十分复杂，我们无从讨论。大约徐栋的《保甲书》，对于保甲的议论和办法，可以代表当时的情状，我们只消稍为翻阅一下，便可得其大概。①

清代社学的提倡颇早，顺治九年（公历一六五二年）便已题准，每乡置社学一区，择其文义通晓，行谊谨厚者，补充社师，免其差役，量给廪饩养赡。后来每一个朝代，每一个皇帝，都有一两道上谕，专门提倡社学。尤其是土司苗民设学，政府非常重视，希望从社学下手，可以同化苗人。不过实际上一县里面的社学，实在是不

---

① 关于保甲方面，本书只讨论与乡约有关的保甲，而不讨论与乡约无关的保甲。因为保甲材料比乡约还多，要想彻底了解中国保甲制度，非在中国乡约制度之外，另有专书不可。此种工作闻钧天先生已经作过，闻先生的《中国保甲制度》材料颇富，是一部很好的参考书。可惜组织散漫一点，材料琐碎一点，并且有些地方，少有一点错误。此外引用材料有时注明来源，有时不注来源，全书后面缺少一些参考书目，也是一件憾事。

多的：好的地方市镇都有社学，坏的地方只有县城一二所，乡村儿童的教育，当然是谈不到了。譬如《祥符县志》在顺治初年共有社学十九区，六区在城，十三区在乡，似乎也还普遍。后来渐次废弃，只有新建三所，还有什么普及乡村的可能。不过乾隆二年（公历一七三七年）又有一种"社会"的组织，因学立社，每县五社，每社约八十人，有社长上下两名，斋长若干名，倒是一个新奇的组织。见《祥符县志》。

清代社仓在康熙十八年（公历一六七九年）便已下令设立；在乡村叫作社仓，在市镇叫作义仓，由官绅士民捐输，由本地善良管理。康熙四十二年（公历一七○三年）又重申前令，注重村庄社仓；大约是从前多重市镇义仓，而不管乡村社仓，所以才特别提倡。乾隆十八年（公历一七五三年）编成的畿辅义仓图，合若干村庄为一仓，并且叫作义仓而不叫社仓，便是表示义仓的普遍，社仓的稀少。不过村庄距离义仓还不算远，所以虽然设在市镇，乡村也有相当利益。共计畿辅一百四十四州县里面，有三十三县附仓村庄，都在十五里以内，七十三州县在二十里以内，三十三州县约二十余里，虽然不是真正的乡村组织，也还比乡约社学普遍一点。

清初各帝颇能励精图治，所以乡约、保甲、社仓、社学都能积极提倡；虽然是各自为政，有一种支离破碎的毛病，然而也有相当的成绩。咸同以后，朝局日非，保甲或者因为匪患的原故，又有一番振作，其余都是因循苟且，敷衍了事。到了满清末年，乡约空有宣讲，保甲空有门牌，社仓少而无谷，社学少而无人，中国乡村组织，几乎是退化到一个无组织的状况。好在华南的家族组织，还十分健全，可以替代正式的乡治；华北也有种种自然的组织产生——青苗会、义坡会、大社、小社、公会、官会，以及其他种种水利组织、仓库组织、自卫组织、宗教组织、娱乐组织,勉强渡过了这个过渡时代的难关。① 从满清末年,民国初年的乡村自治运动看起来,似乎外国的制度不一定可以实行于中国,中国的制度也许还可以存在于中国——社学成了小学,保甲成自卫,社仓在调节粮食提倡合作一方面,似乎有复生的可能,乡约在教育民众,振作精神一方面,也似乎有复生的可用。我们自然不愿意抄袭东西,拾人牙慧;我们也不愿意故步自封,泥于古制。我们要用历史的方法,分析的眼光,冷静的头脑,去看一切的中国乡治制度;我们更要用历史的方法,分析的眼光,冷静的头脑,去看乡治基本的乡约制度。

---

① 关于华北近百年来的农村组织,燕京大学社会学系曾有一个"华北农村组织"的研究,不久便可出版。

第二章　乡约制度的起源

　　乡约制度是由士人阶级的提倡,乡村人民的合作,在道德方面、教化方面去裁制社会的行为,谋求大众的利益。道德裁制,教化政策自然是中国的传统方案,没有什么希奇;士人阶级在农工商之上,居农工商之长,引导他们,劝勉他们,也是中国的传统方案,没有什么希奇。不过中国士人阶级的实际工作,不是在政治舞台上运用学理,便是在学术机关内传授学理;不是直接去制裁民众,便是间接去教化民众。士人阶级从不投身到民众里面,作民众的领袖,谋民众的幸福;民众没有士人阶级的引导,也无法自己组织,自己工作。所以中国几千年的政治,都是人民被治,士人治人;士人阶级总是同政府打成一片,而没有同人民打成一片的。乡约制度的起源,实在是一个破天荒的举动,人民居然能得士人阶级的指导,士人居然能弃政治舞台的生活。可惜这种风气不盛。士人阶级始终没有同民众打成一片,所以中国的人民,一直到了今天,还是在那里过那被治生活。现在社会运动的呼声,是知识分子跑到民间去;那时乡约制度的呼声,也是知识分子跑到民间去。做官的学者可以替民众服务,不做官的学者也可以替民众服务;做官的学者要有党派的援助,要受人家的指挥,不做官的学者可以便宜行事,可以自由行动;我们又何必做官呢?

　　这样一个惊天动地的乡约制度,一个打倒中国治人传统的乡约制度，一个竖立中国民治基础的乡约制度，就在宋神宗熙宁九年（公历一〇七六年），理学极盛，新法亟行的时候产生了。产生的地方是陕西蓝田，所谓关学根本之地；产生的人物是吕氏兄弟，所谓礼学实践之家。然而这种独创一格，另辟一径的乡约制度，为什么会在这一个时期产生，为什么会在这一个地方产生，为什么会在这一个人家产生——是偶然的事实，还有相当的道理？我们为明了乡约制度的背景，自然不能不把那个时候的学术和政治作一个简单的分析。

我们谁也知道，除了不甚可靠的上古时代以外，汉学和宋学是中国的学术黄金时代；汉学主考证，宋学主性理，在史学上，哲学上都有很大的贡献。宋学虽然发端于仁宗时代，不过在神宗熙宁年间，可以说是登峰造极到了最高的顶点。那时理学先进孙明复，胡安定，石徂徕等虽然死去了有一二十年；然而理学泰斗周濂溪是熙宁六年才死的，邵尧夫和张横渠到熙宁十年才死，大小程子在乡约出世的熙宁九年，才四十五，四十四岁，正是年富力强时期。不惟理学如此，政事和文学也在全盛时期。以文章德望著称的欧阳修，到了熙宁五年才死，司马光在熙宁九年，还只五十八岁，曾南丰也是五十八岁，苏氏兄弟才四十一岁，三十九岁。此外名臣而兼学者的韩琦，到熙宁八年才死，文彦博和富弼虽然老至七十三岁，七十一岁，还是健在，王荆公还只五十六岁，而且正是春风得意的时代。不特宋朝的前后世代，产不出这许多人材，就是全中国的历史上，也没有一个时代可以比美的。吕氏弟兄真是幸而产生在这个学术兴盛时期，乡约制度也真是幸而产生在这个学术兴盛时期。上述年龄皆详见《疑年录汇编》。

宋学的中心，自然是理学，理学的宗主，也自然要首推濂溪先生以及二程邵张，那是没有什么异议的。不过那个时代的文章和政事,也盛极一时。文坛的主盟,自然是欧阳修,此外便数苏氏父子兄弟。政事方面最有表见的,还是王荆公。荆公虽然求效太速,用人不察,然而他的理论,他的设施,也未可厚非。我们自然不能拿成败论英雄,拿功过评荆公。其实周程邵张五位理学先生,除了邵尧夫和小程子以外,也都有政事的才能,也都作过地方的官吏;不过没有荆公那种际遇,那种规模而已。因为文章和我们的乡约,没有什么关系,我们可以不必管他;政事关系甚密,不能不有比较详细的讨论。

我们上面已经说过,政事的设施首推荆公,现在就从荆公说起。荆公的诗文非常劲悍有力,不在三苏之下;荆公的经学,也十分精通,因其见解新颖独到,人就目为新学。其实荆公也是十分醉心复古,也是根据《诗》《书》《易》《礼》——解释上虽有不同,根本上并无大别;不知当时学者,何以这样排挤?他的政事思想,恐怕和其他学者一样,都是从《周礼》出发的;不过他的注意在经济方面,旁人的注意在教化方面,一个是唯物史观,一个是唯心史观,一个是国家社会主义,一个是个人感化主义。他们的官司要转移到现代论坛上来,恐怕荆公十有九成会打赢的。荆公在鄞县的时候,曾经小试其技,对于水利设备,谷米借贷,颇著成效——正和周濂溪知南昌①,大程

---

① 周濂溪的《通书》和《太极图》,是谁也知道的;周濂溪的政事,便很少有人知道;普通遂以为宋儒偏重言理,不求实际,为宋室凌夷的张本。其实周濂溪、程明道、张横渠、陈古灵都是上上的守令;可惜为他们的理学所掩,遂不为人所称道!庆历元年(一〇四一)先生任分宁县主簿,年才二十五岁,有狱久不决,先生至,一讯立辨,当时人民以为"老吏不如"。后来升任南昌,南昌人还记得他是初仕分宁,始至能辨其疑狱者。庆历四年任南安司理参军的时候,力争死囚苛治,甚至置手版,取告身,委之而去曰,"如此尚可仕乎?杀人以媚人,吾不为也!"以上俱见《周濂溪集》卷十一,年谱各条。

子令晋城,①张横渠令云岩的成绩一样。不过周濂溪以折狱称,大程子以保伍著,张横渠则止于敦本善俗,养老事长_{横渠事迹详后};——多半偏于消极的防卫,抽象的礼俗,不似荆公从积极着眼,从实物下手。他们的政事虽然小试,而未曾大用;立朝的时候几于闭口不谈,也许他们以为朝廷大政和地方行政有别,也许他们因为离上愈近,距民愈远,地方行政大有鞭长莫及之感,故不敢轻于一试。荆公后来居上,已足令富弼、文彦博、欧阳修、韩琦、司马光那一班元老自叹老成衰落;又多变法度,多用新进,怎么能真正达到民间,遍及四海!乡约制度和荆公新法,虽然同是由《周礼》发源,然而理论上和实际上都是站在绝对相反的立场上;乡约为民众的工作,新法为政府的工作,乡约自下而上,新法自上而下,乡约以一乡为单位,新法以全国为单位。虽然不敢说乡约是受了新法的反响,然而数年之中,产生这样两种绝对不同的制度,也是值得注意的。

　　荆公新法的内容复杂,理论繁多,我们不必一一讨论,只消提出和乡民有直接关系的青苗,和乡治有直接关系的保甲,来和乡约作一个简单的比较,便可知道当时乡治的理论和乡治的系统。青苗钱的根本理论出于周官泉府和中国旧日的社仓义仓,现代的信

---

① 明道先生的保伍法,已见第一章;不过除了保伍以外,他的治绩也还不劣。任京兆鄠县主簿的时候,以时代时候判决藏锸问题,以取首就观消灭佛光妖说。府境水害,仓卒兴役,诸邑皆甚狼狼;先生以军法董役,独能役而不劳。先生任上元主簿,实行均税。代理上元守令,又不候上命,发民塞塘堤以免溃决,贮米食舟子以免饥困;脯食神龙以绝迷信,断折黏竿以全飞鸟,都是他的治绩。他在晋城的时候,一面实行保伍,使奸伪无所容,一面教民孝弟,教民句读,使人民知所学;并不像荆公的偏重吏治,偏重保甲,以致引起种种的弊端。见《二程文集》卷十,程颐撰明道先生行状。

用合作相差不多,无非是有无相通,以有余补不足。不过社仓借贷以谷,而青苗借贷以钱;合作互相借贷,青苗则官贷于民——合作利息极低,青苗则利息颇高。这都是农村经济本身的问题,地方自治主义者要人民互相借贷,国家社会主义者又要国家控制一切,我们在这里是不敢赞一词的。不过农村经济的周转,必定有一种借贷机关,那是无可疑议的。青苗钱的设立,假使组织严密,领袖公平,也未尝没有相当的效用。保甲的根本理论,完全是《周礼》《管子》兵农合一主义;所谓寓兵于农、寓农于兵、兵即为农、农即为兵,和近代的征兵制度、保卫制度也十分接近。青苗制度自身的价值,保甲制度自身的价值,这一千多年的历史,已经替我们证明;不过千多年来不易达到的目的,荆公要想在十年八年里面通行全国,也实在太理想一点。不要说那个时代政治经济思想非常幼稚,学者既不赞同,执政外所掣肘,没有法子积极进行。就是共产主义的俄国,施政已经十多年,还没有达到国家资本,兵民合一的理想。荆公活像一个俄国共党的领袖;理想弄得非常之高,而又是纯粹唯物的方案,经济的设施,对于道德方面,感化方面一概不管,正和乡约制度的不管经济,不管保卫一样。我们一方面觉得荆公过于唯物,也自然觉得乡约过于唯心;偏左偏右,唯物唯心,都有他们根本的错误。因为乡村生活是整个的:没有社会秩序,没有经济力量,自然谈不到道德教化;没有国民教育,没有国民道德,秩序又怎么能维持,经济又怎么能发展呢!参考资料见第七页注。

在政事方面:吕氏乡约以民治,荆公新法以官治;吕氏乡约行教化,荆公新法行保养。可见吕氏乡约是在那个新法盛行时代独标一格,独树一帜的。在理学方面的立场,吕氏乡约只算得理学的别派,而不是理学的正宗;因为周程正宗理学讲性理,关中别派理学讲礼仪,讲实践,所以关中的理学别称礼学,又称关学,以示与理学洛学稍有差别。其实五大学者里面的邵尧夫先生,也是理学别派,而不是理学正宗;因为他所讲的是象数,正和横渠礼学一样,同在正宗理学之外。关学始祖自然是张横渠先生,他的兄弟张天祺(先生名载弟名戬)也是关学健者,此外便数蓝田吕氏兄弟。不过横渠兄弟以前,已有一位申颜,一位侯可,替关中礼俗立了相当基础。申先生"非法不言,非理不履,关中之人,无老幼见之,坐者必起,与先生为莫逆"。侯先生知巴州化成县,化民成俗,又为申先生千里求医,卖衣葬亲,资金嫁妹,所以宋史置之义士之中,而谢山(《宋元学案》订定人全祖望字)称为关学之先。《宋元学案》关学之先段。

横渠虽然也讲究性理的学问,不过他的造诣并不如二程之深,所以他虽然是二程的表叔,年纪也比他们大十二三岁,还是常常请教他们。他的《西铭》《东铭》《正蒙》各篇,虽然在理学上有相当地位,为程朱所推尊,然而他的特殊主张,为学者所赞许,在社会有地位的,只是礼教和井田两种。井田主张和乡约关系比较的少,并且从没见过实行;礼教主张便是乡约制度的根本,也是关中风俗的根本。横渠的学问,"以易为宗,以中庸为的,以礼为体,以孔孟为极"《宋元学案》卷十七。程伊川称赞横渠,说"子厚以礼教学者最善,使学者先有据守"同上卷十八;横渠亦言"关中用礼渐成俗"同上;可见横渠的礼学,不惟见于思想,并且见于实行。他作云岩县令的时候,"以敦本善俗为先,每以月吉具酒食,召乡人高年会于县庭,亲为劝酬,使人知养老事长之义"(见吕大临所撰《张载行状》,他书皆转载改窜)。后来"遭期功之丧,始制丧服,轻重如礼;家祭始行四时之荐,曲尽诚洁"同上。熙宁九年横渠同知太常礼院的时候,力争冠婚丧祭之礼,后又劾礼官不致三年郊礼。自家庭以至国家,无一处不表现他的礼教主张。

我们想到横渠,便想到关学;想到关学,便想到礼学;几乎是三位一体,不可分离。不过福建还有一位名气略小的陈古灵,也是一位礼学先生,也是采用礼教方案,使关中礼学不能专美。他和同里陈烈,郑穆,周希孟为友,气古行高,以天下为己任,时人称为四先生。他不单是断狱明决,并且能化行乡里;任蒲城簿,任仙居令,知河阳,知常州的时候,都兴学官,讲经学,以学教民,以德化民。下面这个有名的劝谕文:"为吾民者,父义,能正其家兄友能养其弟,弟恭能敬其兄,子孝能事父母,夫妇有恩,贫穷相守为恩;若弃妻不养,夫丧改嫁,皆是无恩也。男女有别,男有妇,女有夫,分别不乱。子弟有学能知礼义廉耻,乡间有礼,岁时寒暄,皆以恩义往来,燕饮序老少,坐立拜起。贫穷患难、亲戚相救借贷谷财、婚姻死丧、邻保相助,无堕农桑,无作盗贼,无学赌博,无好争讼,无以恶凌善,无以富吞贫,行者逊路少避长,贱避贵,轻避重,去避来。耕者逊畔,地有畔,不相争夺。班白者不负戴于道路,子弟负重执役,不令老者担擎。则为礼义之俗矣",曾经朱子在会稽禹穴壁间发现,觉得简切有理,所以把他刻印出来,以资分布。最有意思的是朱子每当有人投牒诉讼的时候,便给他们一张古灵劝谕,有许多人居然因此而停诉。古灵虽然没有吕氏兄弟那样徒弟,替他修订约规,改良礼俗,然而有了朱子的提倡,也可以扬眉吐气了。劝谕文和分布办法,见《朱子大全》卷三十五,答刘子澄书。

横渠的季弟天祺先生,也是一个关学健者,关中称为二张。其为人笃实宽裕,俨然正色,喜愠不见于容,接人无贵贱亲疏,未尝失色,乐道人善,不及其恶,终日无一言不及于义。任道力行,常若不及。横渠以为"吾弟德性之美,有所不如;其不自假而勇于自屈,在孔门之列,宜与子夏相后先"。伊川以为"天祺有自然德器"。"与叔称其力之厚,任天下之重而不辞;其气之强,笃行礼义而不倦;其忠之盛,使死者复生而无憾"。他曾经作过灵宝,流江,金堂各县知县,所用的礼教化民方法,和横渠在云岩所用的方法,差不多是一样。他"诚心爱人,养老恤穷,民有不善,皆籍记之。月吉召老者饮劳,使其子孙侍,以劝孝悌,民化其德,所止狱讼稀少"。他的学术比他的哥哥稍差一点,他的官职却较大,他的性情也较直,所以横渠初入朝廷,只婉词谢绝荆公的请求,不为新法说话。天祺作御史的时候,累次上书论荆公乱法,请罢条例司,并劾曾公亮。陈升之、赵抃、韩绛、吕惠卿等,甚至面忤荆公,百折不屈。以上俱见《宋元学案》卷十八横渠学侣段。

除了横渠以外,关中礼学自然要算蓝田吕氏兄弟。吕氏兄弟原籍汲郡,所以吕氏乡约后面的启事,还自称"汲郡吕大忠白"。他们的祖父葬在蓝田,以后他们兄弟便世居蓝田,所以黎洲原本宋元学案,以三吕(大忠,大钧,大临三人。大防长于政事,而不长于礼学理学,故不列此)和他们的门人别为蓝田学案,近人尹仲材氏编著村制学,亦称吕氏乡约为蓝田乡约(其实尹氏所引,为朱子增损吕氏乡约,而非真正吕氏乡约)。他们兄弟六人,里面有五人登科,除一人早夭,一人不甚著名以外,大忠(字晋伯),大防(字微仲),大钧(字和叔),大临(字与叔)都是很有名望,微仲且位至丞相,一门礼义,为当时人士所赞美。后世的人对于他们这四个兄弟,也十分崇拜,所以在蓝田地方,建了一个四献祠,来祭祀他们,来纪念他们见张士佩著《重修蓝田四献祠记》。除了微仲以外,晋伯,和叔,与叔,都从横渠研究,也从伊川研究,所以对于理学和礼学俱有根基,在关学地位,仅在横渠之下。

大忠字晋伯(朱子作进伯)是他们兄弟行中的大哥,是一个十分严厉的大哥,不要说对其他兄弟如此,就是对于做过宰相的大防微仲,也从不假以颜色。"尝坐堂上,汲公夫人(微仲妻)拜庭下,二婢掖之。先生愠曰:丞相夫人也?吾但知二郎新妇耳!不病何用人扶?汲公为之愧谢"。不过他对于兄弟们自己的事情,虽然十分关心,只以婉词劝解,而不用命令的口吻。微仲位至宰相,晋伯怕他闯祸每每劝其辞职,以避满盈之祸以上俱见《宋元学案》卷三十一;和叔办理乡约,晋伯怕他操切,所以劝其从宽,以免乡人解体见《答伯兄书》。后来微仲连遭贬谪,晋伯乞以所进官为量;微仲安置循州,远死他乡,晋伯又设法请求,为之归葬;足见他对于兄弟的情谊。他的官职虽然没有微仲的高,然而力屈辽使,力争代地,也是有声有色;并且谋取横山,巩固秦渭。可惜为奸臣所抑,不能实现!他的理学虽然没有与叔的高,然而伊川以为"晋伯老而好学,理会直是到底","横渠亦称先生笃实而有光辉",上蔡以为"晋伯兄弟皆有见处";可见晋伯理学虽然没有登峰造极,却也已经升堂入室。他是吕氏乡约的签名者,宋史亦称其"与大防,及弟大临同居切磋,论道考礼。冠婚丧祭,一本于古,关中言礼学者推吕氏。尝为乡约曰,凡同约者德业相劝,过失相规,礼俗相交,患难相恤,有善则书于籍,有过或违约者亦书之,三犯而行罚,不悛者绝之"《宋史》卷三百四十吕大防传附。据这两种证据,似乎吕氏乡约的主动人物是晋伯,微仲和与叔也曾襄赞一切,惟有和叔和乡约没有什么关系。不过朱子以为吕氏乡约的主人翁是和叔,《宋元学案》的作者黄梨洲先生也认和叔为乡约的作者。这么重大一个乡约制度,连作者都弄不清楚,真是岂有此理。所以我们在下一章,便要作一点小小的考证，把乡约的作者、版本和内容略为修正，以免后学再蹈前人的覆辙。

依照我们下面考证的结果，和叔的确是吕氏乡约的主人翁。也许兄弟四人都曾参加意见，都曾参加发起，然而实行乡约的人，保护乡约的人，的确是和叔。所以我们不管签名的是谁，起草的是谁，我们只认定吕氏乡约是和叔所推行，和叔精神是寄托在乡约。晋伯对于乡约的关系，从他的签名，他的通信看来，似乎是密切一点。微仲长于政事，辅翼朝廷自然没有工夫来管乡下小事。他不惟不能多方诱掖，多方赞助，并且十分怀疑，十分恐惧，劝和叔改为家仪，改为学规。以免被外人讥刺，朝廷干涉，而为身家性命之保全见《答仲兄书》。与叔是一个纯理学先生，对于旁的事情素不过问，对于礼学也没有晋伯与和叔的认真，所以他和乡约的关系，自然也要离开一点。我们十二分可惜一个首创乡约制度的人，一个实施乡约制度的人，在当时不为世人所尊重，在后世不为后人所崇拜，甚至连他的姓名，也和乡约制度分离。因此我们一定要把他个人的身世，个人的思想，以及乡约思想的来源，乡约推行的实况，作一个简单的叙述。

和叔是晋伯微仲的兄弟，与叔的哥哥，他的排行是第三见范育《吕大钧墓表》。他的生年月不知，不过是元丰五年（公历一〇八二年）六月死的，死时有五十二岁，所以我们可以推出他是天圣九年（公历一〇三一年）生的。他在嘉祐三年（公历一〇五八年）二十八岁的时候，"中进士乙榜，调秦州右司理参军，监延州折博务，改光录寺丞，知耀州三原县"。他的父亲被派至蜀中作官，他自请代行，所以改知绵州巴西县。后来他的父亲以年老辞职，回到蓝田本里，他因为父亲已老，兄弟多游宦在外，所以也称病在家，朝夕奉养。后来又有要人举荐他出外作官,他都以亲老婉谢,可见他对于家庭礼节的重视。父亲死后,他们兄弟自然丁忧在家;不过服除后,他一个人独自在家研究学问,对于官职前途毫不注意。当时二兄微仲官职颇隆,请其监凤翔府舡务,又因讨伐西夏,从李稷办理转运,卒以疾客死延州官舍。他平生没有做朝廷大员,也没有任过地方官吏,所以没有什么政绩可以陈述;不过他因为代请粮饷的事件,曾面折种谔,也足以表见他在政治舞台上面的胆识——

"……既出塞,转运使李稷馈饷不继,欲还安定取粮,使大钧请于种谔。谔曰,吾受命将兵,安知粮道?万一不继,召稷来与一剑耳!大钧性刚直,即曰,朝廷出师,出塞未远,遂斩转运使,无君父乎?谔意折,疆谓大钧曰,君欲以此报稷,先稷受祸矣!大钧怒曰,公将以此言见恐耶?吾委身事主,死无所辞,正恐公过耳!谔见其直,乃好谓曰,子乃尔耶?今听汝矣!始许稷还"。《宋史》卷三百四十吕大防传附

像这样面折权贵的事情,我们当然佩服他个人的忠诚勇敢;不过对于社会乡里的影响,万不及他所主持的乡约制度。他在思想方面,没有什么创见,大约都是受横渠和古礼的影响。和叔是一位醉心复古的学者,横渠更是一位醉心复古的学者;和叔特别注意于礼仪方面,横渠也特别注意于礼仪方面。他们两个虽然是同年友,指同年进士。因为和叔是公历一〇三一年生的,横渠是一〇二〇年生的,较小十一岁。然而和叔服膺横渠的学问,毅然以横渠为师,执弟子礼甚恭。他们两个人不惟在礼学方面见地相同,就是在政治经济方面,也是十分相同。横渠对于井田非常迷信,不惟以为井田是曾经实

行,并且以为井田必可复活。他所以迷信井田的原故,一方固是尊崇古制,一方也是谋求社会的平均,所以他说:"治天下不由井地,终无由得平;周道止是平均"《宋元学案》卷十八横渠理窟。和叔对于井田的热度,虽然不敢说有横渠那么高,然而横渠有井田议,和叔便有井田图说;可见和叔对于井田制度的提倡,也是不让横渠。可惜横渠没有实行他"与学者将买田一方,画为数井,以推明先王之遗法";也可惜和叔没有把井田的意思,移在乡约里面,作为改良农村经济的根本。不然,我们倒可以看看这个万人景仰的井田制度,到底是可能,还是不可能?到底是好,还是不好?

和叔在思想上固然是紧随横渠,不肯落后一步;他在行为上便大有百尺竿头,更进一层的状况。横渠"遭期功之丧,始制丧服,轻重如礼;家祭始行四时之荐,曲尽诚洁"吕大临撰《张载行状》;和叔始居谏议(父)丧,衰麻敛奠祭之事,悉捐俗习事尚一仿诸礼,后乃寝行于冠婚饮酒,相见庆吊之间,其文节粲然可观。范育《吕大钧墓表》。和叔作乡约,身体力行,希望能够感化乡里;横渠只在作县令的时候,作了一点感化工作。当然和叔的学问不及横渠,然而横渠的实践又似乎不及和叔。连横渠自己也说:"秦俗之化,先自和叔有力;《陕西通志》卷二十八人物,吕大钧条。并且赞美他那种知行合一的主张,叹其勇为不可及。范育《吕大钧墓表》。其实他个人在思想上特出的贡献,也就是这个知行合一的主张,这个躬行礼义的主张。他和横渠第一次讲学的时候,便提出这个主张;说"始学必先行其所知而已;若夫道德性命之际,正惟躬行礼义,久则至焉"见前著。范育替他作墓表的时候,开篇就把他的人格写出:一惟君明善至学,性之所得者尽之于心,心之所知者践之于身;妻子刑之,朋友信之,乡党宗之,可谓至诚敏德者矣。乃表其墓曰诚德君子"。他又说"君性纯厚易直,强明正亮,所行不二于心,所知不二于行。其学以孔子下学上达之心立其志,以孟子集义之功养其德,以颜子克己复礼之用厉其行;其要归之诚明不息,不为众人沮之而疑,小辨夺之而屈,势力劫之而回,知力穷之而止。自任以圣贤之重如此"。程子也说"吕和叔任道担当,其风力甚劲"。真西山也说"和叔为人质厚刚正,以圣门事业为己任;所知信而力可及,则身遂行之不复疑畏,故识者方之季路"以上俱见《性理综要》卷十二页二〇。他这种行其所知的主张,始则行于衰麻敛奠祭之事,后乃寖行于冠婚饮酒,相见庆吊之间,而集其大成于乡约乡仪。他的著作三十集,也叫《诫德集》见《文献通考》卷二三六朱子曾经读过,并且从集子里面找出乡约原稿,合他手草问答诸书,才决定他是乡约的真正主人翁;可惜现在已经找不到了。①

和叔是横渠的弟子,受了横渠直接的影响;他也是一个复古的学者,自然也受古人的影响。古人的思想和著作,对于他影响最大的,恐怕是三礼;而尤以《周礼》为甚。所以黄百家评注《宋元学案》的时候,说他好古甚切,并且以为《周礼》必可行于后世。《周礼》治民的政策,完全采用教化主义;教化主义的工具,多半是礼俗——和乡约"德业相劝,过失相规,礼俗相交,患难相助"的根本原则,是相同的。不过乡约是纯粹民约,甚至离开政治范围以外;《周礼》则是官民合治,完全在政治范围以内。《周礼》管理地方行政的司徒,称为"教官","使帅其属而掌邦教","而施十有二教焉"。十二教"一曰以祀礼教敬则民不苟,二曰以阳礼教让则民不

---

① 《四部丛刊》里面倒有一部《吕和叔文集》;可惜那不是我们的吕和叔,而是唐代的吕和叔。

争,三曰以阴礼教亲则民不怨,四曰以乐礼教和则民不乖,五曰以仪辨等则民不越,六曰以俗教安则民不偷,七曰以刑教中则民不暴,八曰以誓教恤则民不怠,九曰以度教节则民知足,十曰以世事教能则民不失职,十有一曰以贤制爵则民慎德,十有二曰以庸制录则民兴功";差不多把所有的政教都包含在里面。"正月之吉,始和,布教于邦国都鄙,乃县教象之法于象魏,使万民观教象;挟日而敛之,乃施教法于邦国都鄙,使之各以教其所治民"。又"以乡三物教万民而宾兴之","以五礼防万民之伪而教之中","以六乐防万民之情而教之和"。其他地方官吏的职掌,也都是以教法为大前提;布教读法成为治民的根本方案。《周礼·大司徒》。

至于教化主义的工具:积极方面是礼,消极方面是刑;预防的工作是礼,调治的工作是刑。关于礼的记载,周礼比较少一点。然而十有二教的中间,有四教用礼,一教用仪,一教用俗,只有一教用刑;"以五礼防万民之伪而教之中"一种办法,尤其标明礼治的预防功用。《礼记·王制篇》里,也有"司徒修六礼以节民性,明七教以兴民德"的说法。经解篇所说的"礼之于正国也,犹衡之于轻重也,绳墨之于曲直也,规矩之于方圆也",是阐明礼在国政里面的地位。"其止邪也于未形,使人日徙善远罪,而不自知也"的说法,比现代外国所谓一两预防,等于一斤医治的说法,尤为明澈。礼俗的具体方式,在六乡各级的里面,便是和乡约性质相同的乡饮酒礼。乡饮酒礼共有四种:"一则三年宾兴贤能,二则乡大夫饮国中贤者,三则州长习射饮酒,四则党正蜡祭饮酒",把读法、选举、乡射、蜡祭通通包含在里面。见《礼记》乡饮酒义郑注。

乡饮酒礼的功用,始在尊长养老,终乃成教安国;和修身、齐家、治国、平天下的一贯程序,同是一样精神。所以《礼记·经解篇》在正面说,"乡饮酒之礼,所以明长幼之序也";在反面说,"乡饮酒之礼废,则长幼之序失,而争斗之狱繁矣"。《礼记·乡饮酒义篇》更说得详细:"乡饮酒之礼,六十者坐;五十者立侍以听政役,所以明尊长也;六十者三豆,七十者四豆,八十者五豆,九十者六豆,所以明养老也。民知尊长养老,而后乃能入孝弟;民入孝弟,出尊长养老,而后成教;成教,而后国可安也"。又附会其说,加入一些什么天地日月三光的玩意,说"乡饮酒之义,立宾以象天,立主以象地,设介僎以象日月,立三宾以象三光。古之制礼也,经之以天地,纪之以日月,参之以三光,政教之本也"。乡饮酒礼对于全国的政教,是否有那样伟大的功效,我们不敢保证;不过在乡村里面,可以养成礼让不争的风气,或者是可能的。

  乡饮酒礼本来共有四种;前二种在各乡举行,第三种在各州,第四种在各党举行。族间虽也属民读法,而并不举行乡饮酒礼。第一种三年宾兴贤能,为的是选拔人才,后世已有考试制度去代替。第二种乡大夫饮国中贤者,后世的乡饮酒礼,便是仿效这种办法。譬如开元时候的乡饮酒礼,主人为刺史,最贤乡人君子为宾,其次为介,又其次为众宾,都要和致仕的乡宦德高者商议。下一级的乡饮酒礼,便是县令为主人,乡老年六十以上而有德行者为宾,其次为介,又其次为三宾,又其次为众宾《古今图书集成》经济彙编礼仪典卷三〇七,乡饮酒部彙考一之十五。第三第四两种礼仪,在真正的乡村举行,后世完全绝迹。秦汉虽然有类似乡官的乡三老,然而没有真正的乡礼。以后北魏孝文提倡乡饮酒礼,唐宋以后日见完备;不过最低的阶级是县,简直是县饮酒礼,而不是乡饮酒礼。乡约制度的产生,恰好补救普通乡饮酒礼的阶级过高,仿佛一种真正的乡饮酒礼。乡约的精神,就是三礼乡饮酒礼的精神,乡约的办法,也仿佛三礼乡饮酒礼的办法；不过一个是人民公约，一个是政府官法，一个是互助的实现，一个只是礼仪的演习。似乎乡约制度，又在乡饮酒礼之上！

当然其他各家的学说，对于和叔的思想，乡约的产生，也不无影响。老子这几句话，已经显出乡约的根本精神："修之于身、其德乃真，修之于家、其德乃余，修之于乡、其德乃长，修之于国、其德乃丰，修之于天下、其德乃普；故以身观身，以家观家，以乡观乡，以国观国，以天下观天下"。孟子这几句话，几乎把乡约条款都包含在里面了："死徙无出乡，乡田同井，出入相友，守望相助，疾病相扶持，则百姓亲睦"。自政教分离以后，治民的官不管教化，教化的官因循苟且；学者有学社可互相规劝，乡村便屏诸文化之外了！和叔以为诸州皆有"文学"，"助教"之官，其职责在教化民众，可惜久废不举。他们拿地方绅士的资格，出来发起，出来担任，在我们固然是感觉民治精神，在那时却目为非上所令。和叔既服膺横渠的学说，醉心古礼的教化，痛心时世的凌夷，自然以圣贤自任，天下自任。假使他能如荆公辅政朝廷，他一定会把他的礼教主张实施全国；假使他能如明道，横渠，古灵主宰州县，他一定会把他的礼教主张实施一县。然而他既不能上佐朝廷，下宰州县，只局促在他的本乡里面，他就从这一个小小的乡村做起，也居然能化行关中。和叔的主张是必行的；在官言官，在民言民。我们很感激他以亲老辞官；不然他只会有暂时的感化，而不会有永久的乡约，只会有官治的成绩，而不会有民约的实现。乡约在这样一个时代，一个地方，一个人家产生，简直是必然的事实。乡约真是中国文化的产物，乡约真是复古时代的产物。

第三章　吕氏乡约的考证

　　一个学社会学的人来做考证的工作,当然是不十分合宜的,不过有时又不得不做。我们尝说历史学家的止点,便是社会学家的起点;因为历史学家的目的在寻求真实的史料,社会学家的目的便在应用已有的史料,去推求前后的因果乃至社会的原理。假使史料内容极少,错误极多,而又没有史学专家注意研究,我们这些不是史学专家的人们,也不能不出来献丑了。吕氏乡约是一切乡约的源泉,我们对于吕氏乡约的作者,吕氏乡约的成本,以及吕氏乡约的内容,当然应该有精细的考证。吕氏乡约的流传虽广,而错误极多。版本字句的错误,体裁次序的变更,还可以因循敷衍,不去管他。乡约作者的哥哥,作为吕氏乡约的作者;朱子增损的条文,作为吕氏乡约的真本,已经使我们不能不出来说几句话。而有意的修改,像"德业相劝"之为"德业相励","动作无仪"之为"动作威仪","听其书约"之为"皆听其焉",则非详细考定不能揭破各书的错误,不能恢复吕氏原约的旧观。(见下引证《宋元学案》约文)关于吕氏乡约以及朱子所增损吕氏乡约的版本一定不少,我们现在搜得的,不过十来种,有最早的影本,有最近的采录,虽然不能说是应有尽有,然而对于吕氏乡约的真正面目,已经完全找出,后人的错误改窜,也找出不少。假使海内同志能以其他版本或证据见告,使吕氏乡约得日益真实,日益昌明,一方固然是作者的私愿,一方也是同志的公愿。

吕氏乡约的作者,共有三个可能性,一个是大忠晋伯,一个是大钧和叔,一个是吕氏兄弟。第一个可能性的证据,是吕氏乡约原文附带的启事。我们现在把启事全段引在下面:

"人之所以赖于邻里乡党者,犹身有手足,家有兄弟,善恶利害,皆与之同,不可一日而无之;不然,则秦越其视,何有于我哉?大忠素病于此,且不能勉,愿与乡人共行斯道!惧德未信,动或取咎,敢举其目,先求同志;苟以为可,愿书其诺,成吾里仁之美,有望于众君子焉!熙宁九年十二月初五日汲郡宋大忠白"。

拿这个启事作证据,似乎没有问题,晋伯是吕氏乡约的发起人,主动者。不过从言外推想,还有两点值得我们考虑的:第一署名发起的人物,不一定是执笔起草的人物,更不一定是主持推动的人物;第二晋伯是吕氏兄弟的长兄,他的署名资格也许是家长而不是个人。所以和叔个人的起草,兄弟共同的发起,还有相当的可能性。单看外表而不加深究的人,自然要以乡约为晋伯所作,所以朱子跋语,有"此篇旧传宋氏进伯(大忠字,一作晋伯)所作"的说法;大约在一零七六到一一七五年这一百年中,有许多人是那样解释的。后来朱子在和叔文集里面,找出乡约原文,和与乡约有关的几封书札,才肯定的说,"如此知其为和叔所定不疑"。《答伯兄书》还看不出晋伯在乡约里面的地位;也许是主谋,也许是赞助,不过晋伯对于乡约的推行是十分关切,那是从字里行间可以看得出来的。仲兄微仲虽然也十分关切,不过他的关切,是消极的而不是积极的,反面的而不是正面的。伯兄希望乡约的成功,仲兄不惜牺牲乡约,以保全和叔和他自己的名位,所以我们可以决定仲兄不是乡约的中心人物。和叔所云"处事有失,已随事改更,殊无所惮",很能表示和叔在乡约里面的地位。他既可以随事改更,不需商酌各兄,又一人担当,殊无所惮;他不是中心人物,谁是中心人物?朱子就从上面所说的三信,无疑的断定乡约为和叔所定。至于晋伯的署名,朱子以为晋伯系"族党之长",故推之使主斯约,也说得很有道理。关学最重礼节,吕氏兄弟同受横渠教诲,同为关学健者,他们对于家礼的遵守极严,所以家长的权威也极大。像乡约这种创举,自然要由大家商议,家长署名;晋伯为长兄,正是一家的家长,所以晋伯署名并没有什么可以怀疑的地方。其实晋伯对于诸弟的训话,是十分严厉的;不要说对于没有发迹的三弟,就是已经拜相的二弟,也从不假以颜色。有一次,汲公夫人(微仲夫人)拜谒大忠,令二婢扶掖,大忠不高兴地说:"丞相夫人耶?吾但知二郎新妇耳!不病何用人扶"。(见《宋元学案》卷三十一)所以我们觉得朱子所定和叔草约,晋伯署名的推论,愈益可信。

然而我们还不能像朱子那样无疑的决定,因为吕氏乡约也许是吕氏兄弟所共订。乡约普通是以家为单位,吕氏乡约必然是全家的事业,而不是大哥一人或三弟一人的勾当。因为晋伯是长兄,所以叫他署名;因为和叔居乡里,所以叫他执行;署名的固然是代表全家,执行的也应代表全家。所以吕氏乡约,既不是晋伯一人的乡约,也不是和叔一人的乡约,而是全家共同的乡约。关于这个推论最好的证据,是《宋史·吕大防传》的叙述;我们可以引在下面:

"大防与兄大忠及弟大临同居切磋,论道考礼,冠昏丧祭,一本于古;关中言礼乐者推吕氏。尝为乡约曰,凡同约者德业相劝,过失相规,礼俗相交,患难相恤;有善则书于籍,有过恶违约者亦书之,三犯而行罚,不悛者绝之"。

这里所谓吕氏乡约,岂不明明白白说是吕氏兄弟的乡约吗?朱子以为吕氏乡约为和叔所定,而宋史则单缺和叔,似乎除和叔以外,其他的兄弟都曾与闻,这倒是一个难以解释的矛盾。乡约条文载在《和叔文集》,或者是偶然的错误,致伯仲二兄各书,无论如何可以证明和叔和乡约有密切的关系。然而为什么《宋史·吕大防传》,单脱了和叔,和叔的附传,也丝毫没有提及乡约? 我们可以想到的解释共有两个,一个是遗漏,一个是错误。遗漏又有有意的遗漏,有无意的遗漏。吕氏兄弟的乡约,列举人名,自然要数家长署名的晋伯,位至丞相的微仲,理学名家的与叔;和叔既不是大哥,又没有丞相的大权,理学的大名,自然会有意的脱漏,而未能列举。无意的脱漏,是编辑的时候,忘记将和叔也排在里面。《五种遗规》朱子增损吕氏乡约所列举的兄弟,是大中,大防,大约,大临;大中当然是大忠的错误,大约或者是大钧(和叔名)的错误。因为吕氏兄弟六人,惟大忠,大防,大钧,大临四人为人所知,为人所敬,所以蓝田才有四献祠的建置,奉祀他们兄弟四人。《宋史》的记载,应该是脱漏?《五种遗规》的记载,应该是错误? 我们也可以假说《宋史》是错误;我们从他们兄弟性情推想,已经有一点意思:晋伯、微仲、和叔对于实际政治经济的情形,比较得意一点;与叔便是一位纯粹道学先生。假使吕氏乡约只有三人参加,而没有四人参加,那一定是晋伯、微仲、和叔,而不是晋伯、微仲、与叔;所以大临之应为大钧,也是有一点道理的。

除了《宋史·吕大防传》以外,还有一个反面的证据,证明和叔和乡约没有多大关系,证明朱子的推论不尽可靠。范育也是横渠门人,关中学者,对于和叔思想工作大约是十分熟悉,十分赞许,所以才出来替他作墓表。这样重要的一个吕氏乡约,范育岂有不知的道理,岂有不写的道理;然而全篇墓表中间,除了普通身世及人格品评以外,并无一言提到乡约。朱子所谓"旧传吕氏进伯"所作,连同门的范育也不能免,真是令人不解。不过范育墓表的证据,始终敌不过答伯兄,答仲兄,答刘平叔三书,所以范育也许是不知,也许是忽略,而并不能证实乡约与和叔无关。和叔和乡约的关系,是没有疑问的,现在的问题是乡约为吕氏兄弟所共成,或是和叔一人所手创?从《宋史·吕大防传》和范育《吕大钧墓表》去看,乡约似乎是吕氏兄弟的乡约;从朱子的推论以及《宋元学案》的分类去看,乡约似乎是和叔一人的事业。大约和叔一人独创的说法,比较的说不通,因为乡约署的是大忠的名,并且伯兄在信里也曾参加意见,所以兄弟共成的说法,也许比较可信一点。不过吕氏兄弟四人在乡约里面的地位,对于乡约创造的贡献,不见得都是一样,大约晋伯、和叔多而微仲、与叔少,我们可以这样说的。乡约的原文既然在和叔文集里面,应该和叔是起草的人,致伯仲各书语言那样愤慨,也能表明和叔是实践的人。一方起草,一方实践,我们不管谁的署名,我们不管谁的原意,和叔总是吕氏乡约的中心人物,他的姓名永远和乡约制度并存的。

我们已有吕氏乡约版本,从表面看起来似乎有十余种之多;不过仔细分析起来,只有南陵徐氏影印的宋嘉定本,百卷《说郛》本①和《青照堂丛书》三种。其他《朱子大全》《朱子全书》《图书编》《宋元学案》《古今图书集成》《五种遗规》《得一录》，以及近人尹仲材所编著的《村制学》，他们所引的吕氏乡约，都是朱子增损吕氏乡约，而非朱子编辑吕氏乡约。《朱子大全》《朱子全书》《古今图书集成》《五种遗规》各书还注明朱子增损吕氏乡约，《图书编》不注题目，《宋元学案》《得一录》以及《村制学》则直以为吕氏乡约或蓝田乡约。吕氏乡约是一回事，朱子增损吕氏乡约又是一回事，我们自然不能混为一谈的。吕氏乡约原文最好的版本，自然要算南陵徐氏的影宋嘉定本。南陵徐氏乃昌为海内藏书家之一，曾以其自藏各种宋明善本，影成《随庵徐氏丛书》及《随庵徐氏丛书续编》二种，吕氏乡约原文，即在续编的里面。其实不只吕氏乡约原文载在那里，连吕氏乡仪也载在那里，所以书名便叫作吕氏乡约乡仪。全书的编辑，是朱子一人的工作，除乡约和乡仪正文外，朱子还从《吕和叔文集》里面搜出答伯兄，答仲兄，答刘平叔各书，附在乡约的背后，而加以简短的跋语。编辑的时期为淳熙二年（公历一一七五年），去吕氏乡约草成的时期——熙宁九年或公历一〇七六年，刚巧一百年。随庵徐氏所据的宋本，是嘉定五年（公历一二一二年）吴郡文学李大有刊行的，去朱子编辑的时代又三十七年。当初朱子编辑的时候，大约是有刻本的；不过流传不广，取得不易，所以李大有才出来翻印——以广流传。当然翻版不如原版，不过嘉定本相隔仅三十七年，且为一郡文学所主持，大约不会有重大错

---

① 《说郛》有两种：一种为明陶宗仪编纂，共为一百卷，由涵芬楼明钞本翻印，印刷极精；一种为清初姚安陶编纂，共一百二十卷。两种《说郛》的内容相差极多，几乎可以说是两个不同的东西。吕氏乡约原文是在百卷本《说郛》里面，而不是在一百二十卷本《说郛》里面。

误的。《青照堂丛书》板本颇佳,百卷本《说郛》印刷尤精,他们两个的内容都是原文,都是由大忠署名,不过没有朱子的跋语,不知道是按照朱子编辑本以前的原本印行的,还是不相信朱子的推论而以为大忠所作?百卷本《说郛》系根据明钞本,《青照堂丛书》系近代刊物,断不容易找到朱子编辑本以前的原本;并且朱子的推论,证据具在,也不能推翻。朱子跋语在答伯兄等三书之后;百卷本《说郛》和《青照堂丛书》编者删去三书,遂并朱子跋语而亦删去,也未可知。假使百卷本《说郛》和《青照堂丛书》流通极广,《随庵徐氏丛书》流通不广,岂不是吕氏乡约的真正主人,仍将以为大忠而非大钧。编辑、删节工作的困难、危险,竟至如此之巨。就是百卷本《说郛》和《青照堂丛书》所载吕氏乡约原文的内容,也和朱子编辑本出入极多,不知道是原据版本的不同,或是某方无意的错误,有意的更改,我们在下面要细细加以比较。

其他各书所载的乡约约文,都是朱子增损的吕氏乡约,而非吕氏乡约的原文。朱子增损乡约和吕氏乡约原文的出入,本来不应该在这里讨论的;朱子增损乡约各书版本的异同,也不应该在这里讨论的。不过《宋元学案》《得一录》《村制学》的朱子增损乡约,标明吕氏乡约,我们不能不在这里说明。朱子增损吕氏乡约的版本,自然错误也不少,不过关系没有吕氏原约那么重要,用不着特别提出讨论,所以我们把朱子增损吕氏乡约的版本也一并在此讨论。朱子增损吕氏乡约最好的版本,是《四部丛刊》里面的《朱子大全》,载在第七十四卷。[①] 除了

[①] 中华书局出版的《四部备要》也有《朱子大全》,也有朱子增损吕氏乡约;不过《四部丛刊》是影印,《四部备要》是仿宋,一个古雅一点,一个清楚一点。因为《四部备要》是排印的,所以《四部丛刊》的"伐"字,"曰"字,都已代为改正;似乎翻印的版子,倒比影印的版子强了。

一处稍有疑问——月旦集会读约之礼具食小注,"或直设饯可也"的"饯"字,似乎应该是个"饭"字;一处脱略一字——请召迎送第一条,"曰凡请尊长饮食"的"曰"字——以外,其他的地方,都是十分正确。不过《朱子大全》没有标点,所以句读不易,且易上下错置,未免美中不足。《朱子全书》是御制,版本极精,并且有详细标点,《朱子大全》所有的缺点都经补正;不过另外发生重大错误五六处,便又不及《朱子大全》了。《古今图书集成》标明转载《朱子大全》,当然是和《朱子大全》所载的内容一样的;不过《朱子大全》有疑问的"饯"字,已经改成"饭"字,朱子大全所脱略的"曰"字也已经补上。可惜《古今图书集成》所转载的朱子增损乡约,删去小注不少,并且造请拜揖第二条"凡见尊者长者"的小注"或且退",竟误作"或具退",真是白璧之玷。

　　《图书编》不具标题,不惟不知道是吕氏乡约还是朱子增损吕氏乡约,并且不知道是什么东西。里面的错误也极多,我们下面自当加以考正。《图书编》是明末章潢(本清)所编,为清代禁书之一,流通不广,影响还不算大。这些版本里面错误最大,影响最甚的首推《宋元学案》。《宋元学案》以朱子增损吕氏乡约为吕氏乡约,以"德业相劝"为"德业相励",并且还有许多有意的更改,和无意的错误,我们自然不能不出来考证一番。《五种遗规》也是清代一部极为流行的书,影响亦大,许多近代人士的吕氏乡约知识,都是由这里取得的。《五种遗规》的编者陈宏谋先生,标明朱子增损吕氏乡约;不过附说吕氏兄弟共有四人,大中、大防、大约、大临,和我们对于吕氏兄弟的考据完全不同。大忠、大防、大钧、大临在《宋史》里面,在《宋元学案》里面,在"蓝田四献祠记"里面证据确凿;不知《五种遗规》的编者,何所见而云然?大中或者是大忠的错误,大约或者是大钧的错误，陈宏谋当不至如此孤陋寡闻。《五种遗规》虽然是引载朱子增损吕氏乡约，然而对于体裁又加以改编，字句又加以修改，简直可以说陈宏谋改编朱子增损吕氏乡约。《得一录》所载的吕氏乡约，体例字句完全采自《五种遗规》；不过删去"朱子增损"字样，而直书为吕氏乡约。最有意思的是《五种遗规》误以大中，大防，大约，大临为吕氏兄弟；得一录也误以大中，大临，大防，大约为吕氏兄弟。人名不变，只次序略为改易。《村制学》大约是祖述《宋元学案》；不过将吕氏乡约改为蓝田乡约。我们下面都可一一讨论。

徐氏影印朱子编辑本的自身，没有什么可以考证的地方，因为我们一定要比较两种版本，才能发见错误或歧异的地方。不过，过失相规的一条，有三处空白，大约是雕刻的缺憾。犯义之过共有六项，第五造言诬毁的小注："诬人过恶，以无为有，以小为大，面是□□，或作嘲咏匿名文书，及发扬人之私□，无状可求，及喜谈人之旧过者"，有两处空白。因为百卷本《说郛》和青照堂丛书所载的吕氏乡约都没有小注，我们无从考证。不过据朱子增损的约文，第一个空白或者是"面是背非"，第二个空白或者是"发扬人之私隐"；因为朱子对于过失相规这一条增损极少，小注所载的或者还是原文。第三个空白，在不修之过第二项游戏怠惰小注里面，"戏谓戏笑无度，及□□侵侮"的一段；据朱子增损乡约，或者是"意在侵侮"。原本固然可以改正翻本的错误，翻本也能补充原本的脱略，倒是一个相互的贡献。此外附录《答刘平叔书》有空白七处之多，乡仪亦有空白三处，对于内容的价值，自然有很大的影响。可惜其他原文版本，并没有附载有各书和乡仪，我们自然无法校正；我们自己所能想到的修改，只是一个无可奈何的补救，不见得就合本来的原文。好在各书和乡仪的空白地方，并不是十分重要的地方，只要根本的意思可以看得清楚，多一两个字，少一两个字，差一两个字，错一两个字，也是没有什么要紧的。无论如何嘉定李大有所翻印，南陵徐乃昌所影印的吕氏乡约版本，是一切吕氏乡约里面最好的版子，那是不能否认的。

我们上面已经说过，百卷本《说郛》是涵芬楼精印，而且根据明钞本，自然错误应该极少。不过我们已经找出来的错误，几乎有二十处，有几处并有错得极无道理，不能不令我们对于这个版本失望。德业相劝的"能为众集事"，《说郛》因为和上句"能为人谋"对仗，改成"能集众事"；"好礼义射御书数之类"的"好"字，同《宋元学案》一样改成"如"字；"非此之类，皆为无益"的"类"字，改成"务"字，倒是《说郛》独有的改变。过失相规犯义，犯约，不修各条之首，原文仅作"犯义之过，一曰……"，"犯约之过，一曰……"，"不修之过，一曰……"；而《说郛》因为要和"尊幼辈行凡五等"，"造请拜揖凡三条"，"患难之事七"相符合，所以改成"犯义之过六，一曰……"，"犯约之过四，一曰……"，"不修之过五，一曰……"。此外不修之过第二条"游戏怠惰"，《说郛》改成"怠惰不勤"，过失相规的小注，《说郛》把他们都删去了。礼俗相交一条"凡行婚姻丧葬祭祀之礼"，《说郛》把"行"字改成"有"字，"姻"字改成"姻"字；二条"凡遗物婚嫁及庆贺"，"嫁"字也改成"姻"字，"助济者以钱帛米谷薪炭等物"，"钱帛"改成"财帛"，倒是不关重要的更改。患难相恤一条没有更改，只把小注全部删去。罚式"凡轻过规之而听"作"犯轻过规之而听"，一二处小注也删去了。聚会"每月一聚"作"每一月一聚"；"每季一会"作"每一季一会"。附录启事错误得最好笑，"且不能勉"作"但不能勉"，"愿书其诺"作"愿书其语"。"汲郡吕大忠白"删去"汲郡"两字，当然不大要紧；至于"熙宁九年"（公历一〇七六年）错成"淳熙九年"（公历一一八二年），前后相差竟至一百〇八年之多；《说郛》的主编人，未免太不小心了。①

《青照堂丛书》印刷虽然也还不错，不过到底不如百卷本《说郛》，所以里面的错误，也比较的多一点。德业相劝里面的"能事父兄"，青照堂本作"能敬父兄"；"能居官举职"，青照堂本作"能居官奉职"，是《青照堂丛书》独有的更改。"能为众集事"改为"能集众

---

① 徐氏影宋本与百卷本《说郛》吕氏乡约原文对照表

徐氏影宋本	百卷本《说郛》	地方
能为众集事	能集众事	德业相劝
好礼乐射御书数之类	如礼乐射御书数之类	同上
非此之类	非此之务	同上
犯义之过，一曰……	犯义之过六，一曰……	犯义之过
犯约之过，一曰……	犯约之过四，一曰……	犯约之过
不修之过，一曰……	不修之过五，一曰……	不修之过
游戏怠惰	怠惰不勤	同上二条过
有	无	过失相规小注
凡行婚姻丧葬祭祀之礼	凡有婚姻丧葬祭祀之礼	礼俗相交一条
凡遗物婚嫁及庆贺……	凡遗物婚姻及庆贺……	同上四条
助济者以钱帛米谷薪炭等物	助济者以财帛米谷薪炭等物	同上四条
有	无	患难相恤小注
凡轻过规之而听	犯轻过规之而听	罚式
有	无	罚式小注
每日一聚	每一日一聚	聚会
每季一会	第一季一会	同上
且不能勉	但不能勉	附启
愿书其诺	愿书其语	同上
熙宁九年	淳熙九年	同上
汲郡吕大忠白	吕大忠白	同上

53

事"，便和《说郛》一样，希望与上句"能为人谋"相对。犯义之过六项"营私太甚"，青照堂本竟作"官私太甚"；大约是刻字的错误。此外过失相规全部的小注，也和《说郛》一样，完全删去。《说郛》过失相规各条加上数字，成为"犯义之过六，一曰……"，"犯约之过四，一曰……"，"不修之过五，一曰……"，青照堂本书也是这样添加。礼俗相交首段，"凡行婚姻丧葬祭祀之礼"，青照堂本"行"字仍作"行"字，"姻"字改作"姻"字，不过上面的"凡"字，竟改成"此"字。"甚不经者，当渐去之"，青照堂本作"世不经者，当渐去之"；"世"字勉强可用，不过没有"甚"字的好。"若家长有故"略去长字，成为"若家有故"；当然是不通的。下面"临时聚议"，青照堂本作"临事聚议"，"若契分深浅不同"，作"若气分深浅不同"，"用币帛羊酒蜡烛雉兔果实之类"，青照堂本作"用币帛羊酒蜡烛果食之类"，双方都是合理。婚嫁庆贺"计所直多少，多不过三千，少至一二百"，青照堂本改成，"计所直多少不过三千至一二百"；酒脯奠礼"计直多不过三千，少至一二百"的"至"字，青照堂本把他删去了。患难相恤各条小注，和说郛一样，全都删去。患难相恤后面附带说明，"财物器用"，青照堂本改成"财物之器用"；"若不急之用"，改成"若不及之用""虽非同约"略去"非"字，"亦当救恤"略去"救"字。罚式里面的小注，也和说郛一样，被删去了。聚会里面"每季一会，具酒食"，青照堂本略去"酒"字，便和上句"每月一聚，具食"一样了。"合当事者主之"，青照堂本作"令当事者主之"，遇聚会则书其善恶，青照堂本作"过聚会则书其善恶"；前者还说得通，后面简直不通。直月本系"同约中不以高下，依长少轮次为之"，青照堂本除改"长少"为"长幼"外，并改成"同约中一人为之，下依长幼轮次为之"；不是有意的更改，决不会转变的这样多。最后启事里面,"秦越其视,何与于我哉",青照堂本作"秦越相视,何有于我哉";每句都改了一字。"愿书其诺"错成"愿喜其诺",便不如《说郛》的"愿书其语"了。最后的年份虽然没有错,可是十二月变成二月,"汲郡"二字也删去了。版本的优劣,相差竟会有这样多!①

---

① 徐氏影宋本青照堂吕氏乡约原文对照表

徐氏影宋本	青照堂本	地方
能事父兄	能敬父兄	德业相劝
能为众集事	能集众事	同上
能居官举职	能居官奉职	同上
有	无	过失相规小注
犯义之过,一曰……	犯义之过六,一曰……	过失相规一条
营私太甚	官私太甚	犯义之过第六项
犯约之过,一曰……	犯约之过四,一曰……	过失相规二条
不修之过,一曰……	不修之过五,一曰……	同上三条
凡行婚姻丧葬祭祀之礼	此行婚姻丧葬祭祀之礼	礼俗相交首段
甚不经者	世不经者	同上
若家长有故	若家有故	同上三段
临时聚议	临事聚议	同上
若契分深浅不同	若气分深浅不同	同上
……雉兔果实之类	……雉兔果食之类	同上四段
计所直多少,多不过三千,少至一二百。	计所直,多少不过三千至一二百。	同上
少至一二百	少一二百	同上四段最后
有	无	患难相恤小注
财物器用	财物之器用	同上说明
若不急之用	若不及之用	同上
虽非同约	虽同约	同上
亦当救恤	亦当恤	同上
有	无	罚式小注两处
每季一会,具酒食	每季一会,具食	聚会条
合当事者主之	令当事者主之	同上
遇聚会则书其善恶	过聚会则书其善恶	同上
同约中不以高下依长少轮次为之	同约中一人为之下依长幼轮次为之	主事条
则秦越其视,何与于我哉	则秦越相视何有于我哉	启事
愿书其诺	愿喜其诺	同上
十二月初五日汲郡吕大忠白	二月初五日吕大忠白	同上

《宋元学案》所引的吕氏乡约，载在和叔传后，又称吕氏乡约而不注"朱子增损"字样，当然应该是吕氏的原约文。然而除了一二处有意更改以外，完全是朱子增损约文。有意更改的字句，文气上是说得过去的；不过连朱子增损的本来面目都失去了，我们自然不能不加以考证。《宋元学案》所载吕氏乡约文件最重大的问题，就是改"德业相劝"为"德业相励"。"劝"和"励"的意思，本来相差不多，可以互相通用；并且"德业相劝"的后面，本有"各自进修，互相劝勉，会集之日，相与推举其能者，书于籍以警励其不能者"一段，表示"劝"字可以用，"励"字可以用，就是"勉"字也可以用。这种更改假使是无意的，当然没有讨论的必要；不过照黄百家（《宋元学案》著作人黄梨洲之子）的小注，这个更改不惟是有意的，并且还要改正朱子的错误。他说，朱子有增损乡约，改"德业相励"为"德业相劝"，他的父亲订定《宋元学案》，所以把"德业相劝"改归"德业相励"。这是不是原著人的本意，我们不敢武断；不过百家是梨洲先生的儿子，又特别提出这个问题，大约是不错的。朱子增损约文固然是"德业相劝"，朱子编辑吕氏原约，也是"德业相劝"，《说郛》和青照堂本的吕氏乡约原文，也是"德业相劝"，不知百家何所据而云然？当然我们可以疑心是朱子在编辑的时候，有意修改的，朱子什么都不修改，单更改这一个字，似乎有点说不过去；他既有增损约文，自然不会修改原文，也是显而易见的道理。梨洲既然知道朱子曾经增损吕氏原文，并且的确知道朱子曾改"德业相励"为"德业相劝"，他一定也知道其他部分的更改。为恢复旧观起见，他把"德业相劝"改成"德业相励"；他为什么不把旁的地方也改成原文，而仍旧采朱子增损全文呢？其实除了德业相劝一处外，有意的更改还有很多；更足表明梨洲所更改的是过事更张，并无根据。

第三章　吕氏乡约的考证

《宋元学案》所载的既然是朱子增损全文，里面又有许多有意更改的更改，我们当然不能拿吕氏原文来对照，只好用朱子改文来考证里面的错误改窜。关于朱子增损约文的版本，自然要以《朱子大全》所载的为标准；关于《朱子大全》的版本，《四部丛刊》所含的大约不比任何版本差，我们现在所用的就是那个。朱子增损约文，因略去条文以后各种说明，故在条文以前加了一段短叙；在《宋元学案》是没有的。略去一段短叙当然不是十分要紧的事情，然而约正直月的推举，出入善恶的记录，便没有一点根据了。德业相劝一条下段所载，"至于读书、治田、营家、济物、畏法令、谨租赋，'好礼乐射御书数之类'"，"好"字本来有点不妥，所以梨洲便改作"如礼乐射御书数之类"。"如"字从下文看，似乎是比较妥当，不过从上文看，便失去根据，反不如"好"字的勉强应用。过失相规一条本文，犯约之过第一"德业不相劝"，因为梨洲已改"德业相劝"为"德业相励"，也照样改成"德业不相励"。不修之过第三"动作无仪"，在《宋元学案》作"动作威仪"，意义适得其反；恐怕梨洲不会有那样疏忽，或者是印刷的错误亦未可知。① 不过这一条里面的小注，《宋元学案》实在略去不少。小注的功用，是为解释主文，完全略去，自然情有可原；故意略去一部，实在是不应该的。犯义之过第一酗博斗讼四种，仅有讼的解释，而略去酗博斗的解释；第五造言

---

① 校订最初用的《宋元学案》版本，是文瑞楼的石印本，作者自然疑心是印刷的错误。下面尾句"皆听其出约"，文瑞楼本作"皆听其焉"，也疑心是印刷的错误。后来翻阅光绪长沙龙氏所刊《宋元学案》，"动作威仪"还是一样，"皆听其焉"的确是文瑞楼印刷错误。最后在清华图书馆找得何绍基原刊《宋元学案》，"动作威仪"仍然是"动作威仪"，何氏《宋元学案》号称《宋元学案》最佳版本，自然不能怪何氏的错误，而只能怪梨洲的错抄。

诬毁小注,"以小为大"下面略去"面是背非"四字,"及喜谈人之旧过者"上而略去"无状可求"四字。不修之过第一交非其人小注,"但凶恶及游惰无行,众所不齿者"下面,略去"而已朝夕与之游处,则为交非其人"二句;第二游戏怠惰下面有一段长注,《宋元学案》完全略去;第三动作无仪小注,"不当言而言",《宋元学案》作为"不当言而进言";第四临事不恪下面"主事废忘",《宋元学案》作"正事废忘";第五用度不节下面也有短注,在《宋元学案》一字不提。礼俗相交条下尊幼辈行之尊者,朱子增损原文为"谓长于己三十岁,一本作二十岁",《宋元学案》便作"谓长于己二十岁",而略去三十的主张。原文是两可的,在《宋元学案》直截了当作为二十,《朱子全书》节成二十,《古今图书集成》节成三十,可见节录的危险。此外普通错误或改窜颇多,如造请拜揖一条小注,"腰带鞾笏",本是"腰带靴笏"。第二条小注"少者拜则跪扶而答半",本是"少者拜则跪扶而答其半";小注里面"后皆仿此",便忽略过去了。请召迎送第一条"曰凡请尊长饮食",本来没有曰字,现在是添上了。"召敌者以书柬",本是"召敌者以书简";"皆坐以齿",本是"则坐以齿";"非士类则不然",本是"非士类则不";"若有亲则必序",本是"若有亲则别序"。庆吊赠遗第一条"登科"本作"登第",改的和《朱子全书》一样。其实上面一条,也是和《朱子全书》是一样的。患难相恤三条小注"贫则助其养疾之费",《宋元学案》作"贫则助其养疾之资",后面说明,"且为之纠集而程督之"的"程"字,改成"绳"字,"有能如此者"的"者"字略去,成为"有能如此"。至于朱子所附加的月旦集会之礼,有"以上乡约四条,本出蓝田吕氏;今取其他书,及附己意,稍增损之,以通于今"等话。梨洲自然不承认是吕氏乡约的原文,自然不愿意把他们加入了。梨洲要的是吕氏乡约,和叔手创的吕氏乡约,并且费去相当的气力,去修改,去补充,结果不惟和吕氏乡约原文绝不相同,就连朱子所增损的吕氏乡约,也改窜无余。梨洲是明末清初一位理学权威者,《宋元学案》是有清一代理学标准参考书,对社会的影响极大,在社会的流通极广,谁知吕氏乡约这一个小小的部分,竟有这么许多问题;学术史料的不易编辑有如此者!①

---

① 《朱子大全》本朱子增损吕氏乡约与《宋元学案》吕氏乡约对照表

《朱子大全》	《宋元学案》	地方
有	无	前序
德业相劝	德业相励	第一条纲目
好礼乐射御书数之类	如礼乐射御书数之类	德业相劝
酗谓纵酒喧竞	略去	犯过之过一条小注
博谓赌博财物	略去	同上
斗谓斗殴骂詈	略去	同上
面是背非	略去	同上五条小注
无状可求	略去	同上
德业不相劝	德业不相励	犯约之过一条
而己朝夕与之游处则为交非其人	略去	不修之过一条小注
游谓无故出入……	全部略去	同上二条小注
动作无仪	动作威仪	同上三条
不当言而言	不当言而进言	同上三条小注
主事废忘	正事废忘	同上四条小注
谓不计有无……	全部略去	同上五条小注
谓长于己三十岁以上	谓长于己二十岁以上	尊幼辈行尊者小注
谓长于己三十岁,一本作二十岁	略去	尊幼辈行后注
腰带靴笏	腰带鞾笏	造请拜揖一条礼见小注
跪扶而答其半	跪扶而答半	同上二条见尊者长者拜见小注
后皆仿此	略去	同上
凡请尊长饮食	曰凡请尊长饮食	请召迎送一条
召敌者以书简	召敌者以书束	同上
则坐以齿	皆坐以齿	同上二条
非士类则不	非士类则不然	同上二条小注
若有亲则别叙	若有亲则必叙	同上二条
冠子生子预荐登第……	冠子生子预荐登科……	庆吊赠遗一条小注
贫则助其养疾之费	贫则助其养疾之资	患难相恤三条小注
且为之纠集而程督之	且为之纠集而绳督之	患难相恤后叙
有能如此者	有能如此	同上
有	无	月旦集会读约之礼

我们上面已经说过，本章的标题，是吕氏乡约的考证，似乎朱子增损的吕氏乡约，不应当在这里考证。《宋元学案》所引的乡约约文，明明写作吕氏乡约，又载在和叔传后，当然可以在这个地方考证。不过名义虽然如此，实际还是两种朱子增损乡约约文的考证——《宋元学案》的增损乡约约文和《朱子大全》的增损乡约约文的考证。我们为什么不可以拿其他两种增损乡约约文也在这个地方讨论呢？增损乡约约文我们上面是拿《四部丛刊》的《朱子大全》作根据的，因为那是影宋本，内容自然是十分可靠。不过《四部备要》的仿宋聚珍版子，也不见得坏。作者曾经细心校阅，《四部备要》本没有一个差误，并且把《四部丛刊》的缺点二处，"饯"字改成"饭"字，"曰"字代为添上，更显得完备一点。《朱子全书》不但这两个地方已经改过，并且加了许多标点和音符，更加帮忙不小。可惜《朱子全书》外表虽然好看，御制名称虽然好听，仍然赶不上中华书局的私制，不免有许多排错的地方。《朱子全书》是清代儒学最伟大的权威者，最流通的参考书，比《宋元学案》还要伟大，普通这几个小小的错误，自然更显得严重了。当然通用写法，像"脩"字改成"修"字，"鬭"字改成"鬪"字，"閑"字改成"閒"字，"囘"字改成"迴"字，"婚"字改成"婣"字，"姻"字改成"姻"字，那是没有多大关系的。有几处更改，是和《宋元学案》一样的，不知道到底《宋元学案》抄《朱子全书》或是《朱子全书》抄《宋元学案》。譬如《宋元学案》尊幼辈行的"谓长于己二十岁以上"，《朱子全书》也作二十岁，后面的附注"谓长于己三十岁，一本作二十岁"，《宋元学案》没有，《朱子全书》也没有。"曰凡请尊长饮食"，《宋元学案》添上忽略的"曰"，《朱子全书》也添上了。"若有亲则别叙"，《宋元学案》作"若有亲则必叙"，《朱子全书》也是那样；"登第"《宋元学案》作

"登科",《朱子全书》也作"登科"。此外还有相差不远的更改,和几个绝无道理的错误;更改如"坚请纳拜,尊者许"作"坚纳拜,请尊者许","凡徒行遇所识乘马皆仿此"作"凡徒行遇所识乘马者仿此","约正与齿是尊者正相向"作"约正与齿最尊者正相向","复会于堂上"作"复会于堂";错误如"庆无所妨"作"展无所妨","明日客亲往谢"作"明日客请往谢","凡吊尊者……"作"此吊尊者……"。《朱子全书》都有这样靠不住,何况其他!①

《图书编》所载的是朱子增损乡约,而没有一点标题,并且同《宋元学案》一样,连朱子的前序,月旦集会读约的附礼,也同时删去。里面更改错误脱略,比起《宋元学案》来,数目恐怕还要多一些。德业相劝尾句"以警励其不能者"的"励"字,《图书编》脱去;

---

① 《朱子大全》与《朱子全书》朱子增损吕氏乡约对照表

《朱子大全》	《朱子全书》	何处
无	有	圈点及平上去入半圈
谓长于己三十岁以上	谓长于己二十岁以上	尊幼辈行一条小注
谓长于己三十岁,一本作二十岁	略去	同上后注
度无所妨	展无所妨	凡见尊者长者小注
坚请纳拜尊者许	坚纳拜请尊者许	同上
凡徒行遇所识乘马皆放此	凡徒行遇所识乘马者放此	遇尊长于道小注
凡请尊长饮食	曰凡请尊长饮食	请召迎送一条
明日客亲往谢	朋日客请往谢	同上
若有亲则别叙	若有亲则必叙	同上二条
冠子生子预荐登第……	冠子生子预荐登科……	庆吊赠遗一条小注
凡吊尊者……	此吊尊者……	同上二条吊礼小注
或直设饯可也	或直设饭可也	月旦集会读约之礼
约正与齿是尊者正相向	约正与齿最尊者正相向	同上序拜小注
复会于堂上	复会于堂	同上最后部

犯义之过一条小注"讼谓告人罪恶"的"告"字,《图书编》作"讦";"得已不已者"的"者"字,《图书编》脱去,"及为人侵损而诉之者非"的"及"字,《图书编》亦脱去。"及发扬人之私隐"的"扬"字,《图书编》作"摘"字;"受人寄托而有所欺者"的"欺"字,《图书编》作"负"字,还可勉强过去。不修之过小注"所交不限士庶"作"所交不及士庶","若不得已而暂往还者非"作"若不行已而暂往还者非","及谒见人止务闲适者"作"及谒见人上务闲适者",大约是印刷错误。"戏谓戏笑无度"改为"戏谓游笑无度","或驰马击鞠"改为"或驰马击鞘","而不赌博财物者"改为"及赌博财物者"还可通用。"不当言而言,及当言而不言者"本来是两句,竟改为"不当言而言者"一句。"临事怠慢者",《图书编》作"临事怠惰者",倒没什么关系。尊幼辈行后面的小注,"谓长于己三十岁,一本作二十岁"完全略去;不过《宋元学案》改尊者为二十以长,《图书编》便仍是三十以长。造请拜揖第一条小注"唯四孟通用帽子,皂衫,腰带"的唯字,竟落去口旁而为"佳"字,真是岂有此理。"凡当行礼而有恙故",《图书编》作"他故",倒还说得过去。敌者冬至"辞见贺谢",《图书编》作"辞免贺谢",也说不通。第二条"主人使将命者先出迎客"脱去"使"字。小注"则少者幼者坚请纳拜","纳"误作"两","拜讫则揖而退"作"拜讫即揖退","则谢讫,揖而坐"作"则致谢请揖而坐之"。又同条"旅见则特拜"作"旅见则侍拜"。小注"徒行则主人送于门外"作"徒见则主人送于门外";"客徒行,则迎于大门之外"作"客徒至,则迎于大门之外","望其行远乃入",作"望其远则入"。请召迎送一条请尊长饮食,"明日亲往谢之",《图书编》作"明日亲往赴谢之",多加一个"赴"字。二条坐次"若有亲则别叙""叙"字变成"序"字,倒也相差不远。小注"不相妨者坐以齿",《图书编》作"不相妨者犹以齿",也还勉强可以过去。三条"曰凡燕集初坐",丢了一个"曰"字,"集"字改成"具"字。"以盃授赞者",《图书编》作"以盃授替者",正是鲁鱼亥豕的错误。庆吊赠遗一条小注"登第",在《朱子全书》《宋元学案》改作"登科",《图书编》则误为"登弟"。"其书问亦如之"脱去"亦如"两个字;"若家长有故",作"如家长有故";"则其次者当之"添了一个"曰"字,成为"则其次者曰当之"。下面"凡吊礼"也加上一个"曰"字,又改"吊"字的写法为"弔"字,成为"曰凡弔礼"。小注"主人答则拜之"少了一个"拜"字,"答"字跑到"则"字底下,成为"主人则答之",简直看不懂了。"具酒果食物而往奠之",果字改成菓字倒是一样的。下面"及葬又相率致赠","及"字成为一个空白;"及小祥,及大祥"里面第二个"及"字被删去,"凡丧家不可具酒食衣服以待吊客","吊客"二字也被删去。患难相恤五条小注"无令陷之于不义",多了一个"之"字,"势可以闻于官府"的"闻"字改成"乃"字;后面说明"其家告于约正",正字改作"长"字,"而先闻知者"少了一个"者"字,"则为之告于同约而谋之","同约"颠倒成"约同",真是错得无奇不有。①

---

① 《朱子大全》《图书编》朱子增损吕氏乡约对照表

《朱子大全》本	《图书编》本	地方
有	无	前序
以警励其不能者	以警其不能者	德业相劝尾句
讼谓告人罪恶	讼谓讦人罪恶	犯义之过一条小注
得已不已者	得已不已	同上
及为人侵损而诉之者非	为人侵损而诉之者非	同上
及发扬人之私隐	及发摘人之私隐	同上五条小注
受人寄托而有所欺者	受人寄托而有所负者	同上六条小注
所交不限士庶	所交不及士庶	不修之过一条小注
若不得已而暂往还者非	若不行已而暂往还者非	同上
及谒见人止务闲适者	及谒见人上务闲适者	同上二条小注

（接下页）

《五种遗规》有前序而无月旦集会读约之礼；不过朱子前序的前面，编者陈宏谋先生又有一个前序，称赞吕氏兄弟的道德，称赞吕氏乡约的完美。并且希望他自己的乡里，也能推己及人，媲美吕氏。他称赞的虽然是吕氏兄弟，吕氏乡约，不过他的标题是"朱子

（接上页）

《朱子大全》本	《图书编》本	地方
戏谓戏笑无度	戏谓游笑无度	同上
或驰马系鞠	或驰马系鞘	同上
而不赌博财物者	及赌博财物者	同上
不当言而言及当言而不言者	不当言而言者	同上三条小注
临事急慢者	临事急惰者	同上四条小注
谓长于己三十岁，一本作二十岁	略去	尊幼辈行后注
唯四孟通用帽子	佳四孟通用帽子……	造请拜揖一条小注
凡当行礼而有恙故	凡当行礼而有他故	同上
辞见贺谢相往还	辞免贺谢相往还	同上一条
主人使将命者先出迎客	主人将命者先出迎客	同上二条
则少者幼者坚请纳拜	则少者幼者坚请两拜	同上二条小注
拜讫则揖而退	拜迄即揖退	同上
则致谢讫揖而坐	则致谢请揖而坐之	同上二条
旅见则特拜	旅见则侍拜	同上
徒行则主人送于门外	徒见则主人送于门外	同上见敌者小注
客徒行则迎于大门之外	客徒至则迎于大门之外	同上见少者小注
望其行远及入	望其远则入	同上
明日亲往谢之	明日亲往赴谢之	请召迎送一条
若有亲则别叙	若有亲则别序	同上二条
不相妨者坐以齿	不相妨者犹以齿	同上小注
曰凡燕集初坐	凡燕具初坐	同上三条
以盂授赞者	以盂授替者	同上
登第	登第	庆吊赠遗一条
其书问亦如之	其书问之	同上
若家长有故	如家长有故	同上
则其次者当之	则其次者曰当之	同上
凡吊礼	曰凡吊礼	同上二条
主人答则拜之	主人则答	同上吊礼小注
具酒果食物而往奠之	具酒菓食物而往奠之	同上二条
及葬又相率致赠	口葬又相率致赠	同上
及小祥及大祥	及小祥大祥	同上
凡丧家不可具酒食衣服以待吊客	凡丧家不可具酒食衣服以待	同上三条
无令陷于不义	无令陷之于不义	患难相恤五条小注
势可以闻于官府	势可以乃于官府	同上六条小注
其家告于约正	其家告于约长	同上后叙
而先闻知者	而先闻知	同上
则为之告于同约而谋之	则为之告于约同而谋之	同上
以上乡约四条全部	略去	月旦集会读约之礼

增损吕氏乡约",他的内容也是朱子增损吕氏乡约,并且标题的下面,还载有大中、大防、大约、大临的名字,那是我们已经说过的。《五种遗规》的约文内容,虽然和《朱子大全》的约文大致相同,然而体裁却大大不同。德业相劝各目一项一项的分清,过失相规各目删去一二三四目次而仅标本题,礼俗相交,患难相恤各目也是如此。当然这样的布置,纲举目张,十分清晰;不过,过失相规各种不同过失,排在一块,仅注以上犯义之过,以上不修之过,反倒容易混杂,似乎有点美中不足。最大的脱略,是德业相劝业部的前段,"业谓居家则事父兄,教子弟,待妻妾;在外则事长上,接朋友,教后生,御僮仆"。也许编者以为这许多项目是德而不是业,并且德的里面已经包含有了,便应该说明何者为德,何者为业,而取消"至于"字样。过失相规里面犯约之过,完全删去了;因为犯约之过,只是全体约文的反面,犯了任何约文当然要受罚,不必提出来的。过失相规各条的小注,十分详尽,一点没有遗漏。礼俗相交四纲特为提出,各目作为小注,原有小注全部删去,解释似乎有点困难,排列却比较整齐。患难相恤除说明前段,"凡有当救恤者……且为之纠集而程督之"一段删去外,其余一切照朱子原文。《五种遗规》在普通的眼光看起来,是一本通俗的书籍,没有什么价值;不过编者陈宏谋先生,的确费了一番心血,普通社会里面,也有不少的影响。旁的我们暂为不讲,单就朱子增损乡约的改编,已经表现他的组织力和取舍力,使吕氏乡约一进再进成为简明清晰的约文。

《得一录》的学术地位,当然更不如《五种遗规》,不过有一二个重要的地方,我们必定加以考证。第一是序文所说的吕氏乡约作者,《五种遗规》以为是大中、大防、大约、大临;《得一录》提出大中、大临、大防、大约四人,人名完全相同,不过次序相异。大中当然是大忠、大约或者是大钧;因为吕氏兄弟四人,只有大忠、大防、大钧、大临,四人著名史籍,所以蓝田四献祠才奉祀他们。吕氏乡约的作者,断不会没有大钧,而是其他一位无名的兄弟的。这个共同的错误,已经使我们疑心《得一录》是转录《五种遗规》;等我们仔细分析《得一录》所载吕氏乡约本文以后,我们才敢肯定的那样说:因为《得一录》约文内部的组织,和《五种遗规》是一模一样的。《五种遗规》取消一曰……二曰……而仅列举纲目;《得一录》也取消纲目上面的数目。《五种遗规》取消"业谓居家……"一大段,《得一录》也没有这个;《五种遗规》取消犯约之过,《得一录》也没有他们;《五种遗规》略去礼俗相交小注,《得一录》也没有它们。总而言之,除了《五种遗规》标明朱子增损吕氏原定乡约以外,这两种版本完全是相同的。《五种遗规》的约文,是陈宏谋自己改编的,且在《得一录》编辑一百三十年以前(《五种遗规》一七三九年编成,《得一录》一八六九年编成);无论直接间接,《得一录》是从五种遗规转录来的。

《村制学》是近人的著作,当然更没有考证的必要,不过也有两点应当说明的。第一是"蓝田乡约"的名称;因为吕氏兄弟移家"蓝田",并且乡约是在"蓝田"实行,所以编者改称"蓝田乡约",像从前的"蓝田学案"一样。"蓝田乡约"这个名称,比较"吕氏乡约",要冠冕一点,要清楚一点,倒是一个很好的提议。第二《村制学》"蓝田乡约"的来源,恐怕是《宋元学案》;因为"蓝田乡约"的名称或者是从"蓝田学案"得来的,而"蓝田乡约"的内容,和《宋元学案》所修改的一样。"德业相劝"的"劝"字,除了《宋元学案》有意修改为"德业相励"外,其他版本都是作"劝",而《村制学》"蓝田乡约"单单作"励"。"好礼乐射御书数之类"的"好"字,也像《宋元学案》作"如礼乐射御书数之类"。其他各处有意无意的更改,除"动作无仪"两处外,《村制学》约文完全是和《宋元学案》一样的。"动作无仪"在《宋元学案》作"动作威仪",实在是说不过去;《村制学》改作"动无威仪",虽然不是旧观,也是编者一番苦心。

我们这个简短的考证,因为材料的缺乏,只好暂为收束,以待将来的补充和改正。总括的说起来,只有徐氏影本是吕氏的原有约文,最好版本;《朱子大全》本是朱子增损约文,最好版本。百卷本《说郛》和青照堂本虽然也是吕氏原约,而有编辑的错误,有印刷的错误,《古今图书集成》是抄录《朱子大全》而加以删节,《宋元学案》本是黄梨洲有意的修改,《五种遗规》是陈宏谋好意的改编,《得一录》本是从《五种遗规》改编朱子增损乡约,《村制学》便是从《宋元学案》修改朱子增损乡约。要看真正的吕氏乡约,自然要去领教徐氏影宋嘉定本;要看正真朱子增损乡约,最好看《四部丛刊》或是《四部备要》的《朱子大全》本;要看简明的乡约条文,自然要找《五种遗规》的改编。这些就是考证后的临时结论。

第四章 吕氏乡约的分析

吕氏乡约的基本理论,和现代的社会理论,非常接近。凡我们现在所认为社会基本的许多概念,如邻落社会(Neighborhood Community),共同利害(Common Interests),互相倚赖(Inter-dependence),社会距离(Social Distance),社会交通(Social Communication),社会互助(Mutual Aid),社会道德标准(Socio-ethical Standard),乃至渐次落伍的机体比证(Organic Analogy)都可以从乡约条文里面找出。不过吕氏乡约的创造人,兴趣不在学理方面,而在实用方面,所以基本的概念虽然都有,而理论的发挥却是没有的。然而"德业相劝,过失相规,礼俗相交,患难相恤"的四条约文,以及"人之所赖于邻里乡党者,犹身有手足,家有兄弟,善恶利害,皆与之同,不可一日无之。不然,则秦越其视,何与于我哉!"这一段启事,对于社会组织,农村组织的基本理论,也可以说是发挥尽致了。他们认定邻里社会,乡党社会是一个整体,像我们现在的社会科学,认定他们为一种社会,一种共同社会,一种地方共同社会(Community)一样。整个里面的分子,他们的休戚相关,利害相同,正如一个身体,手要靠脚,脚要靠手,手不能无脚,脚不能无手一样;也正如一个人家,兄要靠弟,弟要靠兄,兄不能无弟,弟不能无兄一样。他们只能共生共存,共倚共赖,而绝不能单独生存于世界。这种家庭思想,在中国固然是极端发展;这种家庭比证,在中国也是十分普通。"四海之内,皆兄弟也",就是世界社会的一种比证;"兄弟阋于墙,外御其侮",就是安内攘外的一种比证。不过乡里社会人数既少,关系极密,那种共同利害的程度,共同生活的程度尤其显著。"不可一日无之",自然说得太过一点;不过社会合作可以增加社会效率,人民幸福,那是没有疑问的。

吕氏乡约的基本主张,在树立共同道德标准,共同礼俗标准,使个人行为有所遵守,不致溢出标准范围以外。这种步骤在礼学里面,可以说是到了登峰造极的地位。因为前此的礼学,不是以个人的资格,身体力行,希望无形中可以感化民众;便是以官吏的资格,出来提倡,希望有形中可以感化民众。从没有一定的标准,共同的标准,使大家可以遵守,易于遵行。吕氏乡约的约文,只是吕氏兄弟"躬行礼义"的结晶,关中学者提倡礼学的集成。他们自己实践以后,家庭举行以后,朋友研究以后,还以为不足,要想变成具体的标准,有形的标准,团体的标准,社会的标准,希望从本乡到蓝田,从蓝田到关中,从关中到天下后世。虽然他们的志愿没有完全达到,他们的标准没有十分普遍,然而乡约在中国这千年来的影响,也不在其他制度之下。其实道德礼俗的标准,本也不能统一,不必统一;因为每一个地方有一个地方的背景,每一个时代有一个时代的背景,孔孟的学说都不能尽合现代环境,何况乡约!我们只承认吕氏乡约为一切社会道德标准的源泉,一切社会道德标准的标准;我们不敢希望吕氏乡约普遍全国,我们更不敢希望吕氏乡约继续万年。

吕氏乡约的第一个特色,是以乡为单位,而不是以县为单位。乡为社会的自然单位,基本单位。无论什么事业,都要从乡做起,才能根基稳固。横渠作县令,希望身体力行,化及全县,结果只有一县的感化,暂时的感化。荆公行新法,开始只是京兆一路,不久便遍行全国,结果不是敷衍塞责,便是变本加厉,良法变成恶法,助民反以殃民。下层组织不完善,上层组织虽然冠冕堂皇,炫耀一时,不久也是要倒的。正如一座壮丽的大厦,建筑在沙泥的基础上,看他炫耀得几天。由上而下的政治,由上而下的运动,距离愈远,关系愈疏,监督愈难,成绩愈劣,虽鞭之长,不及马腹,奈何欲以一人之智力,数年之光阴,达到一切穷乡僻壤!孔子的一贯政策,是修齐治平,由小而大;老子的一贯政策,由身而家,由家而乡,由乡而邦,由邦而天下,也是由小而大,由下而上。和叔身体力行,吕氏一门礼义,推而至于蓝田乡约,推而至于关中风俗,岂不是和孔子、老子由小而大的主张根本相同吗?这个大小上下的政教程序,可以说是中国的一个大矛盾,在理论上天天讲修齐治平,由小而大,由下而上,在实际上天天行官治主义,由大而小,由上而下。乡约绝对从小处着手,新法绝对从大处着手,同受《周礼》影响,同在熙宁时代,相差竟至如此之远;假使荆公能采用乡约的精神,新法至少可以行于若干乡里;假使后世能采用乡约的精神,民治至少已经有了相当根据。

吕氏乡约的第二个特色,是由人民公约,而不是由官府命令。这个特色自然和第一点有密切的关系,拿乡作单位人民可以缔结公约,拿县作单位政府便可以行使威权。所以要避免政府干涉,最好是以乡为单位,要想竖立人民自治,也最好是以乡为单位。不过中国人民的不能自约,不能自治,还有一个重大的原因,就是所谓政教合一的传统政策。仕而优则学,学而优则仕,那是多么古雅的成句;行政学术化,学术行政化,政治和教育打成一片,教育和政治打成一片,那又是多么新颖的口号。政教合一的结果,就是柏拉图所梦想的哲人政治,中国曾经实行的学者政治。就拿熙宁时代来讲,王安石、司马光、欧阳修、苏氏兄弟固然是有名的学者;就是富弼、韩琦、文彦博那一班元老也都是硕彦鸿儒;连神宗自己也不能说是不学无术。结果怎么样,智识阶级永远和政府打成一片,永远和人民分成两体;智识阶级不是作官便是教书,人民不是作工便是耕地。真是劳心者治人,劳力者治于人,截然两种阶级;一个统治阶级,一个被统治阶级。在当时固然是天经地义,没有人敢加以质问,没有人敢加以否认。然而现在的呼声,似乎又变了一个方向,到民间去,到田间去,农工商学兵联合起来,知识分子参加民众运动,一切一切都是吕氏乡约的精神。不参加政治,不利用政权,不拿政府的威权来提倡,不拿官吏的资格来提倡,这是吕氏乡约和荆公新法不同的地方,也是吕氏乡约和明道、古灵、横渠、天祺一切地方政绩不同的地方。乡村是人民的乡村,社会是人民的社会,大家有了了解,大家有了契约,才能办理乡村的事业,维持社会的礼教。一个人的法则,一个人的热心,自然也是相当的效果;然而人存政举,人亡政息,学者政治,领袖政治只会有暂时的效果,而不会成为社会的制度。①

吕氏乡约的第三个特色,是局部参加,自由参加,而不是全体参加,强迫参加。我们知道无论任何社会里面,只有两种组织:一种是地方组织,一种是事业组织。地方组织以地方为根据,凡是住在这个地方的人民,都是自然的属于地方组织,既用不着正式参

---

① 乡约是人民公约,吕氏乡约是吕氏族人的公约;虽然由吕氏兄弟发起,到底经过族人的赞同,才能够施诸乡里的。领袖的功用在乡约的组织里面也很重要;不过约已经成为一种制度,比起纯粹的领袖政治来,领袖的地位自然要略逊一筹。

加,也不能正式脱离。事业组织便以事业为根据,凡同情于某项工作,某种事业的人民,可以自由团结起来,去办理他所要办的工作,所要兴的事业。吕氏乡约在最初的开始,便是一个事业组织,一个自由组织,一个局部组织,谁高兴的可以参加,不高兴的可以不参加,参加而不高兴的也可以退出,参加而不努力的并且可以革除。当然这是一个优点,不过同时也是一个弱点;自由组织可以团结志同道合的人士,然而不志同道合的人士,就可不管吗?乡村好像一个人体,一个家庭,休戚相关,利害相关,不要说有一二十坏人,就只有三五个坏人,全村的生活就要受极大的影响。然而谁又能强迫全村人人参加,谁又能强迫坏人个个改良呢!在官治全盛的时代,除了政府,除了官吏,谁也没有这个权限。所以吕氏乡约是一个自由的组织,南赣乡约便成为强迫的组织;吕氏乡约是一个局部的组织,南赣乡约便成为全村的组织。好在现在民权逐渐伸强,政府固然可以强迫人民,人民也可以强迫自己,吕氏乡约的困难,可以说是不解自决了。

吕氏乡约的第四个特色,是成文法则。农村社会本来是一种亲密社会,一种习俗社会,一切成训习俗,都是世代相续,口头相传,从没有见之于文字,见之于契约。尤其是中国的农村,只讲礼而不解法,只讲情而不讲理,成文法则的发展尤其迟缓。二十世纪的中国农民,还不知法则为何物,只依照他们的父祖遗传,社会习俗去生活。不过口头的传授,一来并不清楚,二来易于遗误,所以十里不同俗,百年以后也许面目全非,甚至违反原来的意向。尤其是比较先进的社会,人类关系日多,行为标准日杂,假使没有一个具体的标准,成文的标准,恐怕社会秩序更不容易维持,社会合作更不容易取得。二十世纪的农村,除了中国以外,欧美日本都已有具体的方案,严密的组织,一则便于仿行,二则便于持久,三则便于由小而大,向上发展。一村之间还可以口头相传,世代相守;十村、百村、千村、万村之间,便不能不有比较具体的法则,成文的法则。由人民自动主持,人民起草法则,在中国历史上,吕氏乡约实在是破天荒第一遭。当然吕氏乡约并不是全体人民的手笔,全体人民也不能起草共同的契约,吕氏兄弟只算是乡约的发起人,起草员,而全约人民才算是乡约的主人翁,实行者。官治由政府官吏提倡,自治由人民领袖引导,官治自治的分别,也只争这一点。

吕氏乡约的约文共分四款:一曰德业相劝,二曰过失相规,三曰礼俗相交,四曰患难相恤。德业相劝和过失相规注意在个人的道德作业,前者注意正面,后者注意反面。到了礼俗相交,便发生人和人中间的关系,人和人中间的接触——社会接触或是社会交通。不过这种接触还是表面的,敷浅的,一定再进到患难相恤,才有真正的社会合作,团体活动。当然这只是我们的约言,我们的信条,怎么样去遵守,怎么样去实行,又是一个问题,我们暂时不去管他。我们暂时所要知道的,只是约文的本身,我们暂时所要讨论的,只是约文的优劣,其余的以后再说。

德业相劝这一条的下面,德和业在约文里面是分开的。照我们的普通见解:德应该是道德,关于对人而言;业应该是作业,关于对事而言。不过德的下面有"能事父兄""能教子弟""能御僮仆""能事长上";业的下面也有"事父兄""教子弟""事长上""御僮仆"各项。其实,业的内外两种:"居家则事父兄,教子弟,待妻妾;在外则事长上,接朋友,教后生,御僮仆"和德的全部,没有多大区别。惟有业的后部,"读书""治田""营家""济物"以及"礼乐射御书数之类",才是真正的对事,才是真正的作业。德的项目共有二十一条，不过那并不是二十一种不同的德行，有的是普通德行，有的是特殊德行，有的对人，有的对事，有的对内，有的对外。我们现在勉强分出八大类：

（1）见善必行，闻过必改　（2）能治其身，能治其家　（3）能事父兄，能教子弟，能御僮仆，能事长上　（4）能睦亲故，能择交游　（5）能守廉介，能广施惠，能受寄托　（6）能救患难，能规过失　（7）能为人谋，能为众集事，能解斗争，能决是非　（8）能兴利除害，能居官举职

第一类是普通的德行，正对德业相劝、过失相规而言；第二类也是普通的德行，从修身、齐家方面着想；第三类是家庭里面的特殊德行；第四类是家庭外面的特殊德行；第五类是经济方面的特殊德行；第六类是对患难相恤、过失相规两条约文而言；第七类似乎是社会方面的特殊德行；第八类似乎是政治方面的特殊利益。其实德业两方的条款，也可以分门别类，一件一件的列举，像过失相规、患难相恤的条款一样。过失是反面，礼俗是表面，患难是非常局面，都弄得一条一条，清清楚楚；而正面的德行，基本的德业，反前后重复，左右支离，不能替中国几千年的传统标准立一个基础，成一个系统，使天下后世有所感悟，有所遵从，真是一件不幸的事。就是原文的辞句方面，也不十分整齐；譬如"能为人谋"和"能为众集事"排在一块儿，便失去全部对仗的精神，所以朱子改为"能为人谋事"。业的"居家""在外"两部反为主体；"读书""治田""营家""济物"反为附属。所以陈宏谋改编朱子增损乡约的时候，便将"居家""在外"两部删去，而以读书、治田、营家、济物等等，作为业的

本部。

过失相规是德业相劝的反面,德业不相劝便是过失,过失不相规也是过失,乃至礼俗不相成,患难不相恤,都是过失。这都是犯约之过,其罚较轻,如不修之过。不修之过是犯约以外的许多轻过,共有五条:一曰交非其人,二曰游戏怠惰,三曰动作无仪,四曰临事不恪,五曰用度不节。每过皆有小注,注明他的详细性质。其实不修之过,还是各种标准的反面,交非其人便是能择交游的反面,游戏怠惰便是正当德业——勤——的反面,动作无仪,便是礼俗相交的反面,临事不恪和游戏怠惰相差不多,用度不节便是另一种正当德业——俭——的反面。惟有犯义之过,那种反社会的趋向,不道德的意义,比较的显著一点。犯义之过共分六类九种:第一类酗博斗讼四种,第二类行止逾违一种,第三类行不恭逊一种,第四类言不忠信,第五类造言诬毁,第六类营私太甚。这三大类过失——犯约之过,不修之过以及犯义之过,纲目虽然比较分明,排列也比较清楚;然而可以合并,可以增加,可以减损的地方还是很多,不能认为理想的约文。

其实吕氏乡约内容最空、布置最劣的部分,还是礼俗相交一条。全条约文,既不如过失相规,患难相恤的分门别类,纲举目张,也不如德业相劝的德业分别,排列整齐,只提出"凡行婚姻丧葬祭祀之礼""凡与乡人相接,及往还书问""凡遇庆吊""凡遗物""凡助事"五款。婚姻丧葬祭祀之礼,并没分别列举,只说"礼经具载,亦当讲求";所载何文,载在何经,如何讲求,都没有提到。底下:马上退步,"如未能遽行,且从家传旧仪",表示礼经所载不易遵行,家传旧仪亦可勉行;"甚不经者,当渐去之",何者不经,何者当去,何者先去,何者后去,他都没有告诉我们。这简直不像一条约文;这样也可以,那样也可以,这样要去讲求,那样可以修正!第二款"凡与乡人相接,及往还书问",底下只有"当众议一法共行之"八个大字,放在约文的里面,实在有一点丢丑。第三款"凡过庆吊",第四款"凡遗物",第五款"凡助事"款文比较长一点,也有几个具体的建议;不过那一百二百的细则,也没有什么重大的价值。

假使没有吕氏乡仪出来补充,吕氏乡约的第三条,一定成为白璧之玷,替吕氏乡约减色不少。因为有了吕氏乡仪,礼俗相交的缺憾,自然可以充分补足而有余。朱子对于礼俗相交一条,大事修改,有条有理,不紊不杂,也并不是朱子独出心裁,而是乡约乡仪的合为一气。吕氏乡约由晋伯署名,当时以为晋伯所草,固属情有可原;吕氏乡仪由苏炳(字季明)作序,而当时便题苏氏乡仪,真是岂有此理。假使朱子不细心翻阅和叔文集,和叔对于乡约乡仪的贡献,岂不是湮没无闻?我们感谢朱子增损乡约约文,使之成为完璧;我们感谢朱子提倡乡约制度,使之化行南宋;我们更感谢朱子找出乡约乡仪的真正作者,乡约乡仪的真正面目。在朱子所考定的吕氏乡仪,共分宾仪、吉仪、嘉仪、凶仪四种;里面有家庭的礼节,也有社交的礼节,大约是吕氏家仪的扩大,礼仪经典的缩小,成为这样一个简而易行的乡仪。所谓吕氏乡仪,所谓吕氏乡约,似乎是全族所采用,全族所约定,所以应该是吕氏全族的乡仪,吕氏全族的乡约,而并不是吕氏兄弟的家仪家约,吕氏一家的家仪家约。

乡仪四款之中,宾仪最繁,共列十五种之多,多半关系社会交际,所以多为朱子采用,去充实礼俗相交的约文。宾仪十五种名称秩序如下:

（1）相见之节	（6）往见进退之节	（11）献酢
（2）长少之名	（7）宾至迎送之节	（12）道途相遇
（3）往还之数	（8）拜揖	（13）献遗
（4）衣冠	（9）请召	（14）迎劳
（5）刺字	（10）齿位	（15）饯送

当然这十五种宾仪，不能代表一切的社会交际礼节，语句也未必一致，排列也未必整齐，然而对于日常生活，普通社交，也还可以通用。中国号称礼让之邦，我们也自诩"上国衣冠"；其实社会交际礼节，因为没有专门著述，现在反落在欧美的后面，我们读了千载以前的吕氏乡仪，又不知作何感想！吉仪共分四种：一曰祭先，二曰祭旁亲，三曰祭五祀，四曰祷水旱。前二者属于家庭宗教，后二者行于家庭以内，并不是关系社会的乡仪，所以朱子并没有采用。嘉礼只有二种，一昏一冠；冠礼久已不行，昏礼多目为家礼，朱子也没有采用。其实吕氏乡仪所载的吉仪嘉仪，并没有把礼节写出，只说应该如此，应该如彼，教乡里何以实行！凶仪亦有二种，一吊哭，一居丧；描写颇为详尽。不过二者之中，居丧为家庭礼仪，吊哭才是社会礼仪，所以朱子只采吊哭而不采居丧。大约吕氏乡仪由家仪扩大，所以关于家庭礼节颇为不少，社会礼节只占一部。其实家仪和乡仪的性质完全不同；家仪只及家庭的礼节，乡仪只及社会的礼节。家仪不可混为乡仪，乡仪亦断不可用为家仪。

其实吕氏乡约条文最完美，最整齐的还是最后的患难相恤一条。患难相恤的项目共有七款：一曰水火，二曰盗贼，三曰疾病，四曰死丧，五曰孤弱，六曰诬枉，七曰贫乏。每项的下面，都有相当的解释，和具体的办法。这一种救灾恤邻的办法，极似孟子的"乡田同井,出入相友,守望相助,疾病相扶持"主张。克鲁泡特金(Kropotkin)的互助研究,互助主张,和这一条差不多没有什么分别。不过克鲁泡特金所研究的社会,是一种原始社会;所考察的互助,是一种原始互助。那种互助的存在,完全在传统和习俗里面;那种互助的原动,完全在邻里情感里面:既没有一定的标准,也没有一定的方式。所以到了现代,具体的经济合作,具体的社会合作,就代原始互助而生,成为现代农村主要的生命了。乡约患难相恤的办法,虽然不如现代合作的章则完备,组织严密,然而比起原始互助来,又似乎是进了一步,似乎可以图谋久远。它没有原始互助的散漫,同时又能保存原始互助的情感,或者不至于像现代经济合作一样,目光完全注在经济,而把其他的社会合作忘却,亲爱精神忘却。

患难相恤里面所列举的七项,每一项可以说是代表一个社会问题,一个实际问题,需要我们通力合作,不像德业、过失的那样空泛,不容易见诸实行。老实讲起来,农村社会里面的重要问题,除了儿童教育和经济合作以外,差不多都包含在这些条款里面。水火就是现在的防河工作、治河工作、防火工作、救火工作。盗贼一方包含小盗,一方包含大贼:小贼由警察,看青(华北农村一种保护青苗的人),园丁去巡查;大盗由保卫团,联庄会去抵抗捕捉。疾病在积极方面有健康运动,有卫生工作;在消极方面有医生诊视,有药物治疗。死丧在私人方面有施材施地,在社会方面有公墓公祭。孤弱就是我们所提倡的儿童幸福。诬枉就是我们所提倡的息讼公断。贫乏就是我们所提倡的慈善救济。我们暂且不说积极方面的教育建设、经济建设,以及精神方面的宗教问题、娱乐问题;消极方面的农村改造,可以说应有尽有。这种患难相恤的精神,不惟行之约内,并且行之约外;所以本条后面,附有"凡有患难,虽非同约,其所知者亦当救恤,事重则率同约者共行之",更合乎现代地方组织的办法。

我们很可惜吕氏乡约没有把教育、经济包在里面;我们很可惜吕氏乡约没有把农村事业打成一片,连现成的保甲、青苗都不知道去利用。自然吕氏兄弟他们的想法,他们注重的是道德,是礼俗,社会的精神方面,亲爱方面。所以和叔答刘平叔书:"至于孝弟忠信,动作由礼,皆人所愿,虽□有不勉,莫不爱慕,今就其好恶□之相劝相规而已";又说"至□礼俗患难,人情素相问遗赒恤,间□有惰而不修,或厚薄失度者,参酌贫富所宜,欲使不废"。① 他们为什么单从道德礼义去看,而不从整个农村下手,倒是一个有意思的问题。他们在学术上偏重礼学,在实际工作里面自然会注重礼义——一方面是人生生活的张本,一方面是人类行为的节制;其他的生活,其他的事业,都是标而不是本,客而不是主,忽略一点也是不大要紧的。当然这种极端唯心主张,在现代不容易取得唯物主张者的赞同;不过在千年以前的社会里面,是没有什么反对的。何况"庠序则有学规,市井则有行条,村野则有社案"(《致刘平叔书》),都和乡约的办法相差不多,连"小民有所聚集,犹自推神头行老之目"见《答仲兄书》。乡约并不是一个万能的组织,一个万有的组织,只在道德方面,礼俗方面,分工负责,希望可以同其他的社会组织,共同担任农村的事业。当然一切组织的上面,还需要一个太上组织,去综理一切的农村事业,去调剂一切的农村关系,像外国

---

① 上面的那些空白,是影宋嘉定本原有的;因为他书并没附录《答伯兄》等三书,所以我们也无从校正。不过,照语气来看,这几个空白不管,原文也可以说得过去。

现有的农村地方组织（Rural Community Organization），中国现有的村公所似的；不过，那又牵到政治的漩涡去了。

中国政治的传统方案，是由上而下，由大而小。要想宰制一切，就得爬上政治舞台；要想自己主动，就得脱离政治关系。所以吕氏乡约宁愿自己主动，不愿牵入政治漩涡，以免受人指挥；宁愿担负一部，不愿宰制一切，以免引起纠纷。青苗、保甲便是乡约一个前车之鉴，他们行之于州县还可勉强通行，他们施之于全国便弊端百出。乡约固然不敢效法青苗、保甲，用政治的力量去推行，连人家已经推行的青苗、保甲，也不敢酌量采入。一方面也许他们有门户之见，学派之争：唯心学派，礼学学派，地方自治学派，要提倡人民公约，提倡道德改善；唯物学派，经济学派，国家社会主义学派便要提倡经济改善，秩序安全，并且要利用政治的力量去推行。那个时代的知识阶级，要想提倡一种社会改造，要想参加一种民众运动，实在是阻力横生，障碍百出。吕氏乡约这样避免政治关系，这样偏重道德关系，人家都要"过加论说，以谓强人之所不能，似乎不顺；非上所令而辄行之，似乎不恭"见《答刘平叔书》：真是欲加之罪，何患无辞。难怪和叔大发牢骚以为"善无大小，必待有德有位者倡之，则上下厌服而不疑；今不幸而出于愚且贱者，宜乎诋訾之纷纷也。"见上。假使乡约里面再加上教育、经济、青苗、保甲，恐怕有人会以为吕氏兄弟在那里私自行动，图谋不轨呢！

上面讲的只是乡约的理论和约文，而对于乡约的组织、集会、赏罚以及实际推行的状况，还没有提到。吕氏乡约最初的组织，是极端简单，正和组织严密的保甲制度相反。保甲制度和捕捉盗贼有关，和攻守军事有关，没有严密的组织，不能内清奸宄，外御强梁。道德工作便用不着什么严密组织，许多集会讨论，只有一两个公正领袖，一两次简单集会，便可达到劝善规恶的初衷。所以吕氏乡约只有约正一人或二人，由约众公推正直不阿的领袖主持，专门主持善恶的赏罚。此外有直月一人，一月一更，依年龄长少轮流服务，去管理记录、款项、聚餐、集会一切杂事。集会每月一小集，具食，每季一大集，具酒食，由直月轮流预备。凡各种善恶的书籍，赏罚的执行，都在大小会集中举行。善行的奖赏，只有书籍的办法，恶行的处罚，除了书籍以外，还可罚钱，最后的惩罚是除名。犯义之过，其罚最重，由三百至五百；不修及犯约之过则较轻，只罚一百至三百。不过轻过规之而听，及能自举者，止书于籍而不行罚。轻过再犯，规之不听，听而复为，都和大过一样，立即行罚。大约这些善恶的书籍，以及罚则的执行，都由约正公平处理，不必取得大众同意。惟有不义已甚，士论不容，及累犯重罚的事件，才提出众议，或设法惩罚，或断然革除。

这些善恶的大小，赏罚的轻重，我们自然无从讨论，也不必仔细讨论；不过我们要问书籍是不是一个好办法，罚钱是不是一个好办法，除名是不是一个好办法？还有一个问题，就是怎么可以知道这人作善，那人作恶，这人有德，那人有过，怎么才叫作见善必行，怎么才叫作闻过不改？本来善恶、道德、过失各种问题，有时比较具体，还可以斤两计较；有时便十分模糊，没有法子证实。譬如酗酒、赌博、斗争、诉讼，乃至鸦片、吗啡等问题，我们不惟可以耳闻目击，并见有时可以指出数目轻重。行止逾违，行不恭逊，便有一点模糊；能事父兄，能教子弟，叫我们到哪里去找标准呢！道德善恶本来是无形的标准，就应当用无形的感化；书籍，罚钱已经落了痕迹，除名更是绝人于善。老子所谓处无为之事，行不言之教，自然有一点高不可攀，然而未尝没有一点真理。精神事业是互相感动的,互相传染的:一个人可以感动十人百人,传染十人百人;十人百人又可传染千人万人……以至无量数的人群。所以曾国藩以为风俗之厚薄,在乎一二人心之所向:此一二人之心向义,则众人与之赴义;此一二人之心向利,则众人与之赴利曾国藩《原才》。横渠谓"秦俗之化,先自和叔有力";未始非和叔个人"躬行礼义,久则至焉"的结果。乡约约文已著形迹,书籍,罚钱又有什么效果!道德制裁的结果,使人不愿为恶;法律制裁的结果,使人不敢为恶;我们赞许乡约的始意,却不敢赞同乡约的罚则。所以朱子增损吕氏乡约,毅然将罚则取消,而只留善恶两籍以纪善恶;善籍可以朗诵,而恶籍则只可默观,以收隐恶扬善之效。

关于除名问题,关系更为严重。假使乡约为全乡公约,便无所谓参加除名;假使乡约必需个人同意参加,自然可以团体同意拒绝,也可以团体同意除名:不过,那便成了一部人民的私约,而非全乡的公约。乡村人口稀少,集合不易,就是全体参加,犹且不易维持;只有一部参加,自然更形单弱。一部参加的结果,小之可以减杀团体力量,大之可以分化农村组织,你为你,我为我,你们是你们,我们是我们,势均体敌,旗鼓相当,还有什么事情可作,什么成绩可言。在乡约团体里面,固然可以除名了事,免除种种纠纷;然而他们还是乡里乡党,还有共同利害,实际上是无法分离的。一个农村社会是一个整体,烂手连累好手,烂脚连累好脚,乡约外面的恶劣分子,自然还要连累乡约里面的优秀分子。独善其身的办法,在一家里面固然办不到,在一村里面也是办不到的。我们固然不应当为恶俗所沾染,我们也不应当弃子弟于化外,只要有我们的真诚,我们的操守,只有我们同化人家,没有人家同化我们的。除非是罪大恶极,不可救药,应当由政府法律处理以外,其他人士都有

第四章 吕氏乡约的分析

可化的机会,都无决绝的理由。

吕氏乡约是中华民族破天荒的第一次民约,我们不敢希望中国民治一蹴即成,我们不必苛求吕氏乡约百端俱备。在圣君贤相互相标榜的时代,在青苗、保甲横行乡里的时候,人民有这一点元气,有这一点活动,实在是难能而可贵。我们生在二十世纪,君权完全推翻,民权完全竖立,我们人民的生气在哪里,我们人民的活动在哪里,我们对不起二百年以前的民约,我们对不起千载以前的乡约。不过这一点小小的人民公约,理论上会不会发生效果,实际上有没有发生效果,我们也得简单的讨论一下。我们上面已经说过许多次,乡约制度的根本政策,是中国的传统感化政策。所以我们现在要问感化政策有没有效力,怎样才能发生效力,怎么才能维持永久。感化政策的效力,我们自然不能用统计的方法去计算,然而人心的可以感动,那是无可疑问的。不要说在讲情讲礼的中国是如此,就是讲法讲理的外国也是如此;不要说在讲情讲礼的中世纪是如此,就是讲法讲理的二十世纪也是如此。现代的学校教育,社会教育固然含有许多感化的成分;就是罪犯的处置,也渐渐的丢弃刑罚政策而利用感化政策。刑罚政策是治标,感化政策是治本;刑罚政策是治形,感化政策是治心;刑罚政策是追究于既往,感化政策是防患于未然。所以社会工作专家,常说一两的预防,等于一斤的医治;而社会工作专家里面的犯罪学家,尤其是主张感化政策最力的人物。就是在社会方面,政策方面,感化的力量也是未可厚非。列宁之所以成为列宁,甘地之所以成为甘地,莫沙里尼之所以成为莫沙里尼,一方面自然有他们的学术知识,一方面也是因为他们有真人格,有真性情,可以感人,可以动人。讲到研究科学,自然要有冷静的头脑,理智的决断;讲到社会工作,便要在科学的外面加上宗教，理智的外面加上感情。纯情感固然是盲人瞎马，暴虎冯河；纯理智又何尝不是空中楼阁，纸上干戈呢！

我们姑且承认感化政策是有相当效力的，第二步便要问怎么样才能发生效力。感化政策的实行，不能绳以虚文，见之外表，更不能计较斤两，度量尺寸。一定先有一个感化的中心，然后才有感化的波浪，逐层推进，以至于无穷。正如水波的外展，电流的四射，都是一层一层的向外推送，一直到水尽电穷的时候为止。这个感化的中心，也许是一个个人，也许是一个团体，他们的品德愈高，团结愈坚，他们放射出来的波浪力量愈大，速度愈大，距离愈远。海司（Hayes）所认为三大行为之一感情放射（Sympathetic Radiation），便是代表这个程序。当然外界的环境，对于感情放射的力量、速度、距离和时间，也有莫大的影响：环境发生助力，则放射力量大而快而远而久；环境发生阻力，则放射力量小而慢而近而暂。不过中心力量的大小、浓淡，对于放射力量的大小、快慢、远近、久暂，影响尤其重要。不过单有领袖而没有制度，感化的效力要随领袖为转依；领袖在这里自然是有效力，领袖不在这里便风平浪静，一点声息也没有了。徒法固不足以自行，徒人也不足以持久，先有领袖，后有法制；先有领袖的提倡，后有法制的维系，然后才能行之天下，传之后世。吕氏兄弟是死了，关中礼俗也完了，然而乡约制度至少已经有了千年的历史，比起濂溪、明道、横渠、古灵的德政，又不知多了几千百倍；这是吕氏兄弟的功劳，也是吕氏乡约的功劳。

至于吕氏乡约在当时有没有发生实际效果，因为年代湮远，记录稀少，我们实在不容易下一个肯定的判断。吕氏兄弟的行为品格，在关中风俗有相当地位，那是无可疑问的。吕氏兄弟承横渠的衣钵，一面讲求学理，一面实行礼俗，直接受他们教诲影响的人当然不少，间接受他们感化改善的人自然更多。胡安定弟子至一千七百余人，陈古灵弟子亦过千人，吕氏兄弟同在横渠门下的朋友，以及吕氏兄弟及门弟子的数目，一定也不会少的。和叔躬行礼义，久而弥笃，感化后进的能力，自然也会特别伟大。横渠谓"秦俗之化，先自和叔的力"；范育谓"朋友信之，乡党崇之"；自然难免没有过誉的地方，然而也不能毫无根据，信口开河。不过乡约约文的本身，到底有多大效果，又是另一个问题。乡约告成于熙宁九年（一〇七六）十二月，而和叔死于元丰五年（一〇八二）六月，中间只有五年半的光景。这五年半里面，和叔又曾监过凤翔船务，也曾随征西夏，所以实际住在乡里，亲身提倡乡约的日子也是不多。大约除了他们的本乡以外，旁的地方还没有采用这种约文；就是他的本乡乡约，外人固然非议不少，就是里面也不见得精神一致。我们只消仔细分析和叔致伯兄、仲兄和刘平叔的三信，便可得到一个间接的结论。致伯兄的信讨论入约出约的问题；入约固然很多，出约的大约也不少。致仲兄和刘平叔书便表示外界传闻，惊为异事；平叔疑为不恭不顺，仲兄惧罹党祸，甚至要他放弃乡约，出来游宦，或者改为家仪学规，以合时俗。和叔对仲兄的牢骚，"而在上者不体悉子弟之志，必须从己之令，则亦难为下矣"；和叔对于刘平叔的牢骚，"今不幸出于愚且贱者，宜乎訾訾之纷纷也"：一方面固然表示外界的怀疑态度，一方面也表示和叔的自信心理。

一个人民自治、人民公约的乡约，在一个国家集权、君主专制的时代里面产生，外面阻力的环境，那是意料所及的。民国成立几年以后，北京政府还禁止合作社的成立；十几年以后，孙传芳还枪毙提倡佃农组织的教师。吕氏乡约没有明文禁止，吕氏兄弟没有公开处死，已经是吕氏乡约的万幸，吕氏兄弟的万幸。只要他们不斩草除根,留得一个根芽在那里,迟早会要发出的!金人到了关中,关中风俗为之扫地,吕氏乡约也根本消灭;然而到了朱子手里,又开起花来,到了王阳明、吕新吾手里又开起花来。所以我们可以说吕氏兄弟个人的影响在当时的关中,吕氏乡约制度的影响在天下后世。

第五章　吕氏乡约的增损

吕氏乡约是中国历史上第一种人民公约,所以有无上的光荣;同时因为他是中国历史上第一种人民公约,所以也有许多的缺憾。假使没有朱子出来修改,出来提倡,不惟吕氏乡约的条文不容易完美,吕氏乡约的实行不容易推广,恐怕连吕氏乡约的原文,吕氏乡约的作者,也会葬送在故纸堆里,永远不会出头。中国民治精神的损失,中国乡治制度的损失,那是多么重大呢!所以和叔是乡约制度的第一功臣,朱子便是乡约制度的第二功臣;和叔是乡约制度的创造人,朱子便是乡约制度的继承人。因为朱子是有宋以来的大儒,也许是孔孟以后最受人崇拜,最为人信仰的一位大师,所以没有人留意他对于乡约组织的办法,他对于乡约制度的贡献。也正因为他是一个名重全国,名闻后世的大儒,乡约制度才受天下后世的重视,乡治组织才有四面八方的发展。他的重大贡献是在整个文化方面,整个学统方面,我们虽然不能把他的所有思想加以分析,至少应该把他的政学思想,以及其他乡村组织加以简单的叙述。可惜他没有把乡村的整个性质,乡村的全体问题,以及各个问题中间的关系看得清楚,所以提倡乡约的时候,便只提倡乡约,提倡社仓的时候,便只提倡社仓,提倡小学的时候,便只提倡小学,而没有把他们打成一片,达到一种分工合作的地步,作成一个整个乡治的系统。

朱子著述极富，发明亦多；不过他的最大贡献，还在集解方面，他的最大声誉，也在汇解方面。我们现在通行的《四书》，在《论》《孟》后加上《学》《庸》，便是他的产品。此外各种经书，以及其他性理书籍，也都有他的品评，有他的集解。他远溯孔孟，近追周程，把一切儒家思想冶为一炉，真是集天下之大成，几乎可以同孔子比美。他自然也做过几次地方官吏，颇有相当政绩，也上过多次奏议封事，颇有远大谋画，然而他的理学名声太大，所以掩过其他一切的政治经济，而不为人所称道。他的遭际正和曾文正相反，曾文正的政绩超过他的学术，朱子的学术便超过他的政绩。假使他的机会较好一点，他的地位较高一点，也许他的政治思想，经济思想，可以大行于当时。虽然不敢说会像曾文正的政过乎学，至少会像王阳明的政学并见，真是中国政治的不幸，也真是中国学术的大幸！

朱子作过四次地方长官，第一次同安主簿，第二次知南康军，第三次知漳州，第四次知潭州，都能以学教民，以礼化民，和横渠、古灵、天祺是一样的办法。他当同安主簿的时候，对于学校教化，兵戎守备，便已有相当的成绩，并且"参取《周礼》《仪礼》《开元礼》肄行之，身率诸生，厉以诚敬，开以义理，皆疏而尊师之"。《朱子年谱纲目》二十四岁他知南康军的时候，首下教三条：一、以役繁税重，求所以宽恤之方；二、俾人士乡老教诫子弟，使修孝弟忠信之行；三、令父老选择子弟入学。年谱五十岁他离南康军的时候，并且亲载酒食，巡行乡里，劝父老教导子弟，劝子弟尊敬父老。年谱五十二岁他知漳州的时候，对于漳州土俗，多所纠正，又作劝谕榜十条，有劝谕保伍，互相劝戒，孝顺父母，恭敬长上，和睦宗姻，周恤邻里，各依本分，各修本业等语句，极似明太祖的洪武六谕。年谱六十一岁他在会稽禹穴发现一篇陈古灵的劝谕榜，所以把他刻印出来，不但分送亲朋,并且给予投讼的人民,使他们有所感悟,有所悔改,那是何等别致的感化方案。劝谕文见第二章他知潭州的时候,虽然修武备,戢奸民,抑豪强,而一以章教兴学为主,并措置岳麓书院,以立定教化中心。年谱六十五岁

孝宗即位不久,颇思恢复旧物,召求封事,朱子乃一上封事,三上札子,极论时政得失,和战方针。那时候的南宋,正是国家多难之秋,金人横行中原,国家根本动摇,南宋君臣反倒因循苟且,忍辱偷生,和仇事房。朱子对于和议极力反对,主张"闭关绝约,任贤使能……数年之外,志定气饱,国富兵强,于是视吾力之强弱,观彼衅之深浅,徐起而图之"。见上孝宗封事他对于井田经界也是十分留意,以为田地不得自由买卖,豪强不得多所兼并,简直是现代社会主义的口吻。井田经界的问题,大约是从孟子开始,他说"夫仁政必自经界始,经界不正,井地不均,谷禄不平,是故暴君污吏,必慢其经界,经界既正,分田制禄,可坐而定也"。横渠是一位鼓吹井田经界的先生,和叔也是一位鼓吹井田经界的先生,朱子也是一位鼓吹井田经界的先生;所以朱子不单是乡约的继承人,并且是井田经界的继承人。朱子因为经界不行,豪富兼并土地,隐漏赋税,十分害民,十分误国,所以悉心考究丈量方法,上书请予实行,卒因豪富大户反对,不能见诸实行。他以为丈量方法十分复杂,乡民不易通晓,所以找出一个简法,"只于田段中间,先取方正步数,却计其外尖斜屈曲处,约凑成方,却自省事"。《朱子年谱纲目》六十一岁他又作了一篇井田类说,把古往今来讨论井田,限田重要意见,都包含在里面。他以为井田制度,只能施行于人民众多的时候;民少地多,豪强兼并自多,规复自然不易。人民稀少的时候,"宜以口数占田,为立科限,民得耕种,不得买卖,以赡贫弱,以防兼并"。同上或

《朱子大全》卷六十八总而言之,他的主张完全是机会平等,是拿有余去补不足,和现代社会主义根本精神相差极少。可惜朱子的际遇不好,他的计划始终不蒙采纳,他的官阶也随时浮沉,永远没有辅翼朝廷,独当一面的机会。不然,朱子的政绩,朱子的功勋,也是不可限量的。

他的礼学虽然在他整个学统里面,不是中心的系统,然而在著作上,在实际上的贡献也不比他人落后。我们上面已经说过,他作同安主簿的时候,便已酌量采用《周礼》《仪礼》《开元礼》。母丧的时候,不用俗间浮屠礼法(佛法),而实行手自编定的"家礼"。一直到了最近的过去,士大夫阶级里面,还有不用佛法,而奉行文公家礼的。后来当焕章阁待制的时候,屡次讨论丧服,山陵,祧议,并乞修三礼。他的礼仪著作,有《家礼》五卷,《乡礼》三卷,《学礼》十一卷,《邦国礼》四卷,《王朝礼》十四卷,《仪礼经传通解》二十三卷,比起礼学著名的张横渠,都要渊博许多。我们现在所研究的乡约制度,也是朱子所编定,朱子所增损,并且附加月旦集会读约之礼。和叔的乡约,是和叔整个的灵魂;朱子的乡约,不过是朱子枝叶的工作。不过和叔身体力行,朱子只是考据增损;我们不能不佩服朱子的博学多能,我们还是要佩服和叔的以身作则。

除了政事和礼学以外,朱子对于教育和经济也有相当的贡献。白鹿洞书院教条,五教之目,为举之序,修身之要,处事之要,接物之要,立定书院教育的基础,是对于中等教育方面的贡献。小学集注内外二篇,共分立教、明伦、敬身、稽古、嘉言、善行各章,立定小学教育的基础,开创明清小学教育的先声。他的"童蒙须知",把"衣服冠履""语言步趋""洒扫涓洁""读书写文字""杂细事宜"都列为规矩,仍然是以礼教民的本来面目。在乡村生活里面也有他

第五章 吕氏乡约的增损

的贡献。经界井田的制度,虽然是国家行政,然而对于农村生活,农民经济,也是有密切的关系。我们在上面已经略为申述朱子的见解和主张,所以用不着再来重复。最后一种重要的农村经济设备,和我们乡约有密切关系的,便是朱子所首创的社仓法。社仓最初的试验地点,是朱子居留的建宁府,崇安县,开耀乡,社仓最初的试验时期,是乾道四年(公历一一六八年)乡民乏食的时候。社仓的提倡,自然是朱子的功劳,社仓的管理,便是刘如愚的贡献。他们从府里领到常平米六百石,夏间出借,冬间偿还,并纳息米每石二斗,不过年成不好,便酌量减免。过了一十四年以后,(淳熙八年即公历一一八一年)社仓成效大著,不惟原借常平米本早已还清,本地所积仓米竟至三千一百石之巨,并且自建仓库以备贮藏。所以朱子在淳熙八年奏请朝廷,下其法于诸路,以备人民自由采用,不得抑勒骚扰。社仓制度和小学规程,都是乡村建设的根本,再加上乡约制度,便成了鼎足而三。其实保甲制度在南宋已渐渐成为乡村的流行组织,所以朱子的社仓法,也采用十家为甲,甲推一人为首,五十家为一社,社推一人通晓者为社首的办法。后来朱子知漳州,有劝谕保伍各条,禁约保伍各条,似乎保伍的组织,在他的管辖区域,也是曾经实行的。① 可见乡约,保甲,社仓,社学四种乡村

---

① 朱子漳州劝谕榜第一条,和吕氏乡约约文,古灵劝谕榜文,以及明太祖洪武六谕,都有共同的地方;我们现在把全榜十条都抄在这里,以供读者参考:《朱子年谱纲目》六十一岁:

今具节次,施行劝谕事目如后:

一、劝谕保伍,互相劝戒事件。仰同保人互相劝戒,孝顺父母。恭顺长上,和睦宗姻,周恤邻里,各依本分,各修本业,莫作奸盗,莫纵饮博,莫相斗打,莫相论诉。孝子顺孙,义夫节妇,事迹显著,即仰具伸,当依条格旌赏;其不率教者,亦仰申举,依法究治。

(接下页)

建设，都受过朱子相当的注意，都得到朱子相当的提倡。不过保甲方法是当时的流行组织，社仓方法是当时的应急方案，乡约也只是考据修订，没有特别的提倡。只有小学在朱子学术系统里面的地位，比较稳定一点，超越一点。朱子的眼光，完全在修身齐家，安内攘外，并没有看见乡村是一切社会的基础，乡村建设是一切政治的基础，所以整个的乡治，人民的自治，在朱子手里并没有丝毫的进展。

（接上页）

一、禁约保伍互相纠察事件；常切停水防火，常切觉察盗贼，常切禁止斗争；不得贩卖私盐，不得宰杀耕牛，不得赌博财物，不得传习魔教。保内之人，互相觉察；知而不纠，并行坐罪。

一、劝谕士民，当知此身本出于父母，而兄弟同出于父母，是以父母兄弟，天性之恩，至深至重，而人之所以爱亲敬长者，皆出于本心之自然，不是强为，无有穷尽。今乃有人不孝不弟，于父母则辄违教和，敢阙供承；于兄弟则轻肆忿争，忍相拒绝：逆天悖理，良可叹伤！宜亟自新，毋速大戾。

一、劝谕士民当知夫妇婚姻，人伦之首，媒妁聘问，礼律甚严。而此邦之俗，有所谓管顾者，则本非妻妾，而公然同室；有所谓逃叛者，则不待媒聘，而潜相奔诱：犯礼违法，莫甚于斯！宜亟自新，毋陷刑辟。

一、劝谕上民，乡党族姻，所宜亲睦；或有小忿，宜各深思、更宜委曲调和，未可容易论诉。盖得理亦须伤财废业，况无理不免坐罪遭刑，终必有凶，切当痛戒。

一、劝谕官户，既称仕宦之家，即与凡民有异，尤当安分循理，务在克己利人。又况乡邻无非亲旧，岂可恃强凌弱，以富吞贫；盛衰循环，所宜深念！

一、劝谕遭丧之家，及时安葬，不得停丧在家，及攒寄寺院。其有日前停寄棺柩灰函，并限一月安葬。切不须斋僧供佛，广设威仪，但随家丰俭，早令亡人入土。如违依科条杖一百。官员不得注官，士人不得应举。乡里亲知，来相吊送，但可协力资助，不当责其供备饮食。

一、劝谕男女不得以修道为名，私创庵宇；若有如此之人，各仰及时婚嫁。

一、约束寺院民间，不得以礼佛传经为名，聚集男女，昼夜混杂。

一、约束城市乡村，不得以禳灾祈福为名，敛掠钱物，装弄傀儡。前件劝谕——只愿民间各识道理，自做好人；自知不犯，有司刑宪无缘相及。切须遵守，用保和平；如不听从，尚敢干犯，国有明法，吏不敢私。宜各深思，无贻后悔！

第五章　吕氏乡约的增损

我们现在明白了朱子理学、政治、经济、教育、礼学各种思想，各种工作的背境，可以进一步来讨论朱子对于乡约的贡献。朱子对于乡约的贡献，可以分成两部分讨论；一部是朱子编考吕氏乡约的贡献，一部是朱子增损吕氏乡约的贡献。吕氏乡约署名者为大忠晋伯，吕氏乡仪名为苏氏乡仪，当时的人士固然不知吕氏乡约乡仪的真作者，后世的人士几乎不知吕氏乡约乡仪的真面目。朱子在《和叔文集》里面，找出吕氏乡约全文，并有致伯兄、仲兄、刘平叔三书，才断定乡约为和叔所定，而非大忠晋伯所定。朱子又在和叔文集里面，找出吕氏乡仪全文，里面并有苏炳季明的序，才断定乡仪亦为和叔所定。这是朱子编辑考订吕氏乡约的贡献，我们在上两章已经提过的。不过吕氏乡约事属草创，缺憾颇多，礼俗相交既不清楚，集会读约亦无定章。吕氏乡仪虽然和吕氏乡约各有心得，可以互相补救，然而究竟是两个东西，有打成一片的必要。所以朱子编成吕氏乡约乡仪以后，还以为不足，又"取其他书，及附己意，稍增损之，以通于今，而又为月旦集会读约之礼"，这就是朱子对于乡约的第二种贡献。

吕氏乡约在原约以后，本附有罚式、聚会、主事三段，朱子完全删去罚式，改聚会为月旦集会读约之礼，放在最后，改主事为组织簿册，放在最前。关于赏罚的问题，我们在上一章已经有相当的讨论，觉得书籍的办法虽然不一定有多大效果，然而还可勉强施行；罚钱的办法过失轻重既不易定，钱文多少也难取决，并且这种金钱的处罚，物质的处罚，根本上违反精神感化原则。朱子大约也想到这些地方，所以在增损乡约约文里面，毅然将罚金取消，而只留书籍的办法。就是书籍的办法，也说得十分委婉，要大家"各自省察，互相规戒"；规戒的方式，是"小则密规之，大则众戒之"。一定要规戒不听,才在会场中提出,提出以后还不急于书籍,先由约正以义理诲谕之;谢过请改,才书于籍以俟。可见朱子对于这个处罚的问题,也曾反复思量,才提出这样一个审慎办法。朱子和吕氏一样,承认乡约为局部私约,可以自由参加,可以自由退出;不可救药的约众,才只有采用听其出约的办法,名义上虽然没有革除,实际上同革除是一样的。

月旦集会读约之礼加在最后,我们以后再说。现在只依全文的次序,讨论增损约文的前序。前序中首提德业相劝,过失相规,礼俗相交,患难相恤四条,和吕氏原约一样。次提都约正一人,副约正二人,直月一人,较吕氏原约之"约正一人或二人",多了一人或二人。最后提到书写善恶,出入乡约的簿册,共有三种,"凡愿入约者书于一籍,德业可劝者书于一籍,过失可规者书于一籍",都归直月执掌,每月月终告于约正,而轮流交替给第二月的直月。这大约是吕氏原约的成法,不过吕氏原约对于出入乡约,只有启事后面的"苟以为可,愿书其诺"两句;关于劝善规恶的记载,只有"每犯皆书于籍""遇聚会则书其善恶"两句。朱子增损约文在前序说明三种簿册的功用,以后每条约文后面,又附一点短短的说明,"右件德业……""右件过失……""右礼俗相交之事……""右患难相恤之事……",真是清清楚楚,有条有理。

约文第一条德业相劝,原文组织颇佳,所以朱子增损也不多。"能御僮仆"之下,"能事长上"之上,朱子加了一句"能肃政教"。"能救患难"的下面,朱子加了一句"能导人为善";下面原来的"能规过失"因为和新加的"能导人为善"对仗起见,所以改成"能规人过失"。"能为人谋"也因为和下面"能为众集事"对仗起见,改为"能为人谋事"。德的后面,吕氏原约本来有"凡有一善,为众所推者,皆书于簿以为善行";而业的后面,吕氏原约便没有"凡有一恶,为众所指者,皆书于籍以为恶行"。所以朱子把德后面的那一段也删去,而在全条约文以下,加了这么一长段:"右件德业,同约之人,各自进修,互相劝勉!会集之日,相与推举其能者,书于籍以警励其不能者"。此外业的里面,在"营家济物"的后面,朱子又加入了"畏法令,谨租赋"两句;一面固然是可以描写乡民惧怕政府心理,一方面似乎又在那里替政府说话。吕氏兄弟是以乡民领袖的资格起草约文,朱子是以地方官吏的资格增损约文,无怪乎吕氏忘了法令租赋,而朱子偏又把他们提出来。

过失相规的犯义、犯约、不修三款,以及三款的各种细目,一点没有更改。不过小注里面字体的更改颇多,犯义之过一条小注"恃酒喧竞",朱子作"恃酒喧竞","博赌财物",朱子作"赌博财物","告人罪慝",朱子作"告人罪恶","意在害人者"一句,朱子延长为"意在害人,诬赖争诉,得已不已者"。犯义之过二条小注"逾违多端",朱子改成"逾礼违法"。三条小注"侮慢有德有齿者",朱子作"侮慢齿德者","持人长短及恃强凌犯众人者",朱子作"持人长短者","凌犯众人者"。四条小注"为人谋事"上加"或"字,"陷人于不善"改"陷人于恶","与人要约"上亦加"或"字,"及诬妄百端皆是"改"或妄说事端,荧惑众听者"。五条小注原本有空白二处,我们在第三章讨论徐氏影印本的时候,已由《朱子大全》本反推补正。不修之过一条小注"若与之朝夕游从",朱子改为"而已朝夕与之游处","若不得已暂往还者非",朱子更为"若不得已而书往还者非"。二条小注有空白一处,亦曾引朱子补正;"或驰马击鞠之类不赌财物者",朱子改为"或驰马击鞠而不赌财物者"。三条小注"进退太疏野"上加"谓"字,"当言而不言者"上加"及"字,"衣冠大饰"增为"衣冠太华饰","不衣冠入街市者"增为"不衣冠而入街市者"。五条小注"不计家之有无"改为"谓不计有无","过为侈费者"改为"过为多费者","而非道营求者"改为"非道营求者"。原约犯义之过,不修之过后面,都没提到行罚,惟有不修之过后面,有"以上不修之过,每犯皆书于籍,三犯则行罚"。朱子为遍顾各款,并谋一致起见,所以删去此段,而代以"右件过失,同约之人,各自省察,互相规戒! 小则密规之,大则众戒之;不听则会集之日,直月以告于约正,约正以义理诲谕之。谢过请改,则书于籍以俟;其争辩不服,与终不能改者,皆听其出约"。上段不惟包括一切过失的处罚,并且连原约的罚式也包括在内,用不着重述了。

　　礼俗相交一条,我们上面已经说过,是吕氏原约最不完整,最不健全的一部分,所以朱子对于这一部的增损也特多。因为增损特多,所以吕氏原约的面目全非,我们几于无从比较。不过朱子增损的根据,虽不在乡约原文,而却在乡仪原文,尤其是乡仪里面的十五种宾仪。然而我们还是没有法子逐句讨论,只好把朱子增损的"礼俗相交"单独分析,单独讨论。礼俗相交分四款:一曰尊幼辈行,二曰造请拜揖,三曰请召送迎,四曰庆吊赠遗。尊幼辈行凡五等:一曰尊者,谓长于己三十岁以上(一本作二十岁),在父行者;一曰长者,谓长于己十岁以上,在兄行者;一曰敌者,谓年上下不满十岁者;一曰少者,谓少于己十岁以下者;一曰幼者,谓少于己二十岁以下者。吕氏乡仪中,本有长少之名一项,列举长者,敌者,少者三种,朱子又加入尊者,幼者二种,成为全璧。造请拜揖凡三条:第一条讨论礼见的时候,和燕见的原委;第二条讨论登门拜访时候的礼节;第三条讨论道途相遇时候的礼节;大约是酌量吕氏乡仪"相见之节""往还之数""衣冠""刺字""往见进退之节""宾主迎送之节""拜揖""道途相遇"各条草成。请召迎送凡四条:第一条讨论请客方式,相当于乡仪的"请召";第二条讨论坐位高下,相当于乡仪的"齿位";第三条讨论献酒方式,相当于乡仪的献酢;第四条讨论远出送迎,相当于乡仪的"迎劳"和"饯送"。庆吊赠遗凡四条:第一条只泛言吉事则庆,凶事则吊,颇似吕氏乡约礼俗相交第三条;第二条讨论庆吊礼仪,礼物,助力,颇似吕氏乡约礼俗相交第四条第五条;第三条只言丧家不可招待吊客,吊客亦不可受招待;第四条讨论辽远不能亲吊办法。礼俗之交后面,也像其他各条一样,附以"右礼俗相交之事,直月主之:有期日者为之期日,当纠集者督其违慢;凡不如约者,以告于约正而诘之,且书于籍"。

患难相恤一条,原约组织最佳,朱子增损亦少。不过各项小注,经朱子缩短之处颇多。水火小注,"大则亲往"朱子作"甚则亲往","并吊之耳",朱子作"且吊之"。盗贼小注,"居之近者,同力捕之,力不能捕,则告于同约者,及白于官司,尽力防捕之",朱子作"近者同力追捕,有力者为告之官司,其家贫则为之助出募赏"。疾病小注,"稍甚则亲为博访医药"朱子删去"稍"字,"亲"字,"博"字;"贫无资者,助其养病之费",朱子作"贫则助其养病之资"。死丧小注,"阙人干则往助其事",朱子作"阙人则助其干办";"阙财则赙物及与借贷吊问",朱子作"阙财则赙赠借贷"。孤弱小注,增损颇多,我们用圆括代表原文,方括代表朱子,引载在下面,以免重复。孤遗无(所)依者,若(其家有财,可以)"能"自赡,则为之"区"处(理)。"稽其出内",或闻于官"司",(或择近亲与邻里可托者主之,无令人欺罔;可教者为)"或"择人教之,及为求婚姻。(无财不能自存者),"贫者"协力济之,无令失所:若(为人所欺罔)"有侵欺之者",众人力(与)"为之"办理;若稍长而放逸不检,亦防察约束之，无令陷于不义（也）。诬枉小注，"有方略可以解"，朱子加一"救"字，作"有方略可以救解"；"众以财济之"，朱子加一"共"字，作"共以财济之"。贫乏小注，一点没有更改。

患难相恤约文背面的说明，朱子按照上面各条的样式，加入"右患难相恤之事，凡有当救恤者，其家告于约正；急则同约之近者，为之告约正，令直月遍告之，且为之纠集而程督之"一大段在前面。"皆有罚"，朱子作"论如犯约之过，书于籍"。下面的两段，相差颇多，我们只好都引载在下面。吕氏原约"凡事之急者，自遣人遍告同约；事之缓者，所居相近及知者告于主事，主事遍告之。凡有患难，虽非同约，其所知者亦当救恤；事重则率同约者共行之"，朱子作"邻里或有缓急，虽非同约，而先闻知者，亦当救助——或不能救助，则为之告于同约而谋之；有能如此者，则亦书其善以告乡人"。

其实吕氏原约增损最多的地方，还是集会一项；在原约只是寥寥数语，说明会期、聚餐和善恶的书写、赏罚的执行，在朱子增损约文则扩为月旦集会读约之礼，连篇累牍说明详细的仪节。原约每月一会，朱子亦是每月一会；不过朱子注明月朔开会，原约则没有注明。假使朔日有故不能开会，可以在三日以前，别定一日。集会的时候，当然同约的人士都应该到会，不过远道者仅赴孟朔，又远者每年只赴一二次；个人有事不能到会，应该先一日告知直月请假。大约入籍的，赴会的都是为家长的父兄，"子弟虽未能入籍，亦许随众序拜，未能序拜，亦许侍立观礼"。开会的地点，应该在乡校，如无乡校，则别择一宽闲处所，并于会场之北悬挂圣先师的像，以备礼拜。约正、副正、直月先在本家行礼，次在东序互相礼拜，然后引约众礼拜尊者，长者，稍长者，最后由稍少者，少者，幼者礼拜约正。礼拜完毕,直月乃抗声读约一过,副正推说其意。不明了的人可以随时质问。乃开始作善恶的推纠,有善者众推之,有恶者直月纠之;约正遍询约众公意,没有异议的时候,才分别记录在善恶簿上。善簿的善行,由直月朗读一过,使众人闻风兴起;恶簿则仅传观,使被罚者不致无地自容。仪式既毕,乃从事聚餐,餐由直月率钱预备,每人不过一二百,孟朔则酌量增加。同约的子弟虽然可以观礼,但不得聚餐——或者略为设备点心,以资点缀。餐后约众可以自由活动,或讨论学问,或练习射箭,使身心得以发展;惟不得辄道神怪,私议朝廷,以及扬人过恶。

这个月旦集会读约之礼,自然是计划得周详审慎,不过在现代人们眼光看起来,总觉太繁一点。乡约人民生活简单,虽然颇讲礼节,而礼节也是简单的。这样繁复的礼节,除了孔门弟子的士大夫以外,在农民队里是不容易实用的。当众推善纠恶的办法,也有考虑的必要;善行由约众推举倒还可行,恶行由直月提举,恐怕流弊不少。我们知道直月是轮流充任的,一约之中有好人,有坏人,直月自然也有好人,也有坏人。好人固然会疾恶知仇,秉公办理。直月自己的过恶,他自己会提出吗?直月朋友的过恶,他会提出吗?轮流办事自然是一个劳逸均平的好法子,轮流纠恶便是一个互相标榜,互相掩护的坏法子。就是直月自己是一个好人,他也不定会提出他朋友的恶行,他亲戚的恶行;他也不一定敢提出乡绅的恶行,他也不一定敢提出地主的恶行。我们要从正面下手,防恶于未形,既已成恶便没有法子可以救济。罚钱固然不是办法,纠恶也未见得是一个好办法。行礼以后,可以自由行动,文的讨论学术,武的练习弓马,倒是一个文武并重的办法。政事也是学问的一种,也是讨论的必要;今天的言论自由,已经为天经地义,然而那时的言论不自由,也是天经地义,朱子不能说不小心。然而当时忌者,还是攻击不已,甚至目为伪学,厉行禁止;做人真是不易。

这个集会问题,我们在吕氏原约中本来就应该讨论;不过因为原约关于集会办法简略,朱子月旦集会读约之礼甚为详尽,所以我们留到这里一并讨论。集会的礼节问题,我们上面已经略为提及;现在要讨论的,有两个根本的问题:一个是集会能否持久?一个是集会有无效果?照我们现在的经验,集会结社的权利虽然不容易取得,集会结社的义务尤其是不容易担负。我们要费时间,我们要费金钱,我们要费脑力,我们要丢面子……所以第一次到了百分之九十,第二次便只有百分之八十,第三次便只有百分之七十……到了十次,二十次以后,也许连一个人都没有了。我们的经验是如此,不知道那个时候,那些约众的经验如何?世界上的高调,虽然是义务过于权利,而世界上的公式,还只是义务等于权利;有权利可享的我们愿尽义务,无权利可享的我们便不愿尽义务。专尽义务,不管权利,专管栽种,不要收获的人自然是有的,然而我们不能责之一切农民,一班约众。单有仪式举行,单有善恶推举恐怕不易维持集会的长久,一定要在讨论学问,练习武艺方面多下工夫,才能引人入胜。必要的时候,音乐,游戏也得酌量加入,以维持约众的兴趣。关于集会的效果,我们更不容易讨论。乐观地说起来,集会行礼是十分有用的;规矩谨严的礼节,可以使我们幡然改容,肃然起敬,不敢因循苟且,不敢胡作妄为。德业的推举,引起我们的向上心理;过恶的纠正,打消我们的向下心理,使我们日趋善远恶而不自知。乡村人民距离较远,见面不易,每月有一次的接触,对于彼此的了解,对于彼此的感情,一定可增进不少。他们自己接人太少,闻见太狭,仿佛社会饥馑(Social Starvation)一样,对于一月一次的社会食粮（Social Diet）比较容易欣赏一点。何况他们还可讨论学术，练习弓箭，对于身心的发展也是不可限量。悲观的说起来，又似乎没有多大效果，我们上面已经说过，每月集会不一定能长久维持，不一定有多人到会。像现在的礼拜堂、纪念周一样，到会的人不过十之一二，哪里会有多大效果？就是集会可以长久维持，约众能够多数到会，表面的形式，就可代表内心的改革吗？那些长向礼拜堂、纪念周的先生们，应该个个是正人君子；那些不到礼拜堂、纪念周的先生们，应该个个是无用小人；然而谁敢那样的说呢？越是无用小人，越会投机，越要上礼拜堂，越要赴纪念周，表示我是上帝的信徒，总理的信徒。所以单行仪式的集会是非常无用的，非常危险的！一定要有话讲的会，有事做的会，使我们人人参加，我们才能人人发展。

　　至于实际上朱子所增损的吕氏乡约，朱子所订定的月旦会读约之礼，在当时有多大效果，在后世有多大效果，比吕氏乡约效果伟大，或是比吕氏乡约效果薄弱，更不容易有一个正确的答案。《朱子年谱》从没有提过乡约，《朱子大全》关于社仓的材料很多，关于乡约的材料，只有这个增损吕氏乡约，所以朱子自身是否用过乡约，都是一个疑问。讲到朱子增损吕氏乡约在社会里面的势力，自然也是一个疑问。因为朱子屡次上疏切谏，为宁宗所不喜，为韩侂胄所深恨；又因为赵汝愚的缘故，目为奸党，指为伪学，几至身家不保。那时儒学之士，连周程书籍都不敢看，哪里敢来亲近朱子，效法朱子，去推行乡约的组织，去提倡乡村的道德。吕氏一门德义，为当时美谈，又有微仲官居高位，所以声势比较浩大，影响也自然要比较伟大。不过朱子庆元六年（公历一二〇〇年）三月才死，嘉泰二年（一二〇二年）十月便已追复官制，嘉定二年（公历一二〇九年)十二月竟赐谥曰文公,四年四月刊朱子四书于大学,宝庆三年(公历一二二七年)正月竟追赠太师信国公,嘉熙元年(公历一二三七年)二月诏经筵兼讲朱子《通鉴纲目》,淳祐元年(公历一二四一年)正月又加封徽国公,并从祀孔子庙廷。这四十一年之中,朱子的学术日昌,地位日隆,影响日大,朱子所提倡的乡约自然也会有相当的影响。所以李大有才在嘉定五年(公历一二一二年)刊行朱子编辑乡约乡仪,以广流传,使"平居周旋里党,无一不中节"。见《吕氏乡约乡仪后跋》不过李大有为什么不刊行朱子增损乡约,为什么不提倡朱子增损乡约,难道是不知朱子有比吕氏原约更完美的约文?所以朱子自身所增损的乡约,在当时影响的多少,又成了一个疑问。百世以后,吕氏乡约固然是名满全国,朱子增损乡约也通国皆知;不过实际上增损约文多而吕氏原约少,吕氏声名大而朱子贡献多,不能更有彼此高下之分了。

吕氏兄弟固然是乡约的创造人,朱子固然是乡约的继承人,然而乡约的影响,在元代便已中断;假使没有明太祖、明成祖,以及王阳明、吕新吾诸人的提倡,一定不会造成明末全盘发展的形式;假使没有清代各帝的提倡,一定不会造成清代全国发展的形式。所以朱子在当时的直接影响不伟大,对于后世的直接影响也不过如此。他的最大贡献,还是一种间接的贡献,他的最大工作,还是一种整理的工作,使天下后世知道吕氏乡约乡仪的真作者,吕氏乡约乡仪的真面目,使天下后世可得比较完备的乡约乡仪,比较整齐的乡约乡仪。至于采用与否,实行与否,不和朱子发生重大关系,我们也不必去多管闲事了。

第六章　明代乡约的演进

元朝以异族入主中国,并且享国的日子不久,然而他们的君臣,颇能励精图治,一方面减轻赋役,以谋休养生息,一方面组织村社,以谋团结精神。村社的组织,把劝课农桑,惩戒游惰,以及社仓,社学等事务,都包括在里面。可惜他们把重要的乡约忘了,所以在精神生活上,社会合作上,总有一点美中不足。到了明朝整个村社组织不复存在,不过各种农村事业也还发达,所以乡约、保甲、社学、社仓都能继续存在。乡约的名称自经南宋以后,久已不复见诸实行,太祖虽然注意农村礼教,他也没有采用乡约的制度。太祖的大诰三篇,以及各种教民榜文,申明三纲五常,提倡孝弟忠信,已足表示太祖治民的根本主张。洪武里社礼制虽是偏重农业宗教,自然宗教,以祀五土五谷之神,为祈祷雨旸之用,然而誓词的内容,颇似吕氏乡约的约文。不过一个是乡村人民的公约,一个是皇帝钦定的誓词,根本精神是两样的。按照洪武礼制的组织,乡村人户每百户为一里,立坛一所,祀五土五谷之神。凡有水旱为灾的时候,大众都去祈祷,若遇五谷丰收的年成,便在春秋祭祀。祭祀的时候,有各种跪拜的仪节、并且宣读谢神的祀文:"惟神参赞造化,发育万物,凡我庶民,悉赖生植,时维仲春,东作方兴(或时维仲秋,岁事有成),谨具牲醴,恭伸祈告(或报祭),伏愿雨旸(或亨)时若,五谷丰登,官赋足供,民食充裕,神其鉴之"。此外还另设坛一所,祭无祀鬼神，专祈祷民庶安康，孳畜蕃盛，每岁三次，礼仪相同。每次祭毕，都举行集会聚餐，并读"抑强扶弱之誓"；"凡我同里之人，各遵守礼法，毋恃力凌弱，违者先共治之，然后经官。或贫无可靠，周给其家，三年不立，不使与会。其婚姻丧葬有乏，随力相助。如不从众，及犯奸盗诈伪一切非为之人，不许入会"。这个誓词虽然没有乡约约文的完美，然而用意是一样的，精神是一样的。会誓的目的，在于"和睦乡里，以厚风俗"不过加入一点神道设教的微意，比起乡约的礼仪为教当然是较逊一筹。《图书编》卷九十二。

洪武礼制以外，还有一种新的制度，和过去乡约制度根本相同，和以后乡约制度发展相续，我们不能不略加讨论。大约是洪武五年（公历一三七二年）的时候，太祖令乡里各建申明亭子，以宣布人民的恶行，和吕氏乡约书籍，元代村社书门同是一样办法。不过申明亭子系公共建筑，来往行人，随时可见，触目惊心，比书籍书门的办法还要明显。恶行的书写，不知系何人主持，大约是乡里老人之类，后来他们居然可以在申明亭处决户婚、田土、斗殴等事。这个申明亭子在明代颇为重视，所以刑律里面注明"凡折毁申明亭房屋及毁板榜者，杖一百流三千里"。（见《皇明世法录》卷四十八页四十四）除了申明亭子以外，还有一种旌善亭子，不知是何时创设，一个是纪恶，一个是纪善，正和朱子的善簿纪善，恶簿纪恶一样。据《象山县志》记载，林时的话，宣德七年（一四三二年）的时候，该县的申明旌善亭子多已废弃，洪武五年到宣德七年不过六十年的光景，申明旌善亭子都已废弃，一方表示这种办法也是不易维持长久，一方表示这两种亭子由来已久，大约都是洪武时候设立的。申明旌善亭子虽然维持不易，实行不久，然而后世的乡约亭，乡约所，以书亭办法代替书籍，都是从洪武礼制发源出来的。

此外诰文屡下,无非欲使民守礼法,尊五常,专职业,孝父母,使风俗淳厚,复返于古。不过和后世乡约制度最有关系的文告,还是那盛行明清两代的圣训六谕:"孝顺父母,尊敬长上,和睦乡里,教训子孙,各安生理,无作非为"。宣扬圣谕的办法,比较普通的文告较为精密,普通文告只能达到城市,而不容易及于乡村,只能激动一时,而不容易维持长久。所以太祖规定每乡每里,各置本铎一个,于本里内选年老及残疾不能生理之人,或瞽目者令小儿掌引,持铎循行本里,每月六次,且行且击,且击且诵,以惊悟人民,仿佛从前的暮鼓晨钟,现在标语口号一样。《图书编》卷九十二。这种办法固然不易发生多大效果,这种圣谕也不见得能触目惊心,感动民众。不过自从阳明提倡南赣乡约,把圣训六谕和吕氏四条打成一片后,圣谕便加入了乡约的组织,以后继续发展,遂成为乡约的中心。南赣乡约集会所读的戒谕,大约不是太祖的圣谕,所读的乡约,也许不是吕氏的乡约。不过约前的咨文,"自今凡尔同约之民,肯宜孝尔父母,敬尔兄长,教训尔子孙,和顺尔乡里,死丧相助,患难相恤,善相劝勉,恶相告戒",前四项完全同于圣训六谕的前四项,后四项便同于吕氏乡约的患难相恤,德业相劝,过失相规三项。到了吕新吾时候,圣谕牌早已成了乡约的中心,圣训六谕自然成为乡约的约文,吕氏乡约反倒没有提及。这个圣训六谕的变成乡约中心,不知始于何时,大约是在王阳明举行乡约以后,吕新吾举行乡约以前。吕新吾的乡甲约,以为乡约保甲为"累朝之所申明,庙堂之所建白"是乡约保甲的正式提倡,已经有了相当历史。"时逢朔所,聚者岂无千人,待至未申,讲者不闻一语",是阳明朔日集会和朱子朔日集会的办法已经采用,讲约的办法也已经创始。"圣谕昭揭,遵违谁复知闻,粉壁分明,奸宄全不觉察",是圣谕牌纪恶牌亦久已应用。至于政府提倡,圣谕主体的确实时期,我们一时也不敢决定。

因为圣训六谕到了嘉靖万历以后,成为讲解的蓝本,所以注释的人也颇多。《图书编》所载的明末乡约总叙,便有两种圣训的解释:一种是释义,只照孝顺父母各条原意论解,一种是释目,每条先分若干目,然后一目一目的注解。我们现在援引孝顺父母一条的释义在下面,以见一斑:"父母生身养身,恩德至大,为人子者当孝顺以报本。平居则供奉衣食,有疾则亲尝汤药,代其劳苦,顺其颜色,务使父母身安神怡,不至忧恼。如父母偶行一事,不合道理,有违法度,须要下气,再三劝谏,如或不从,则请父母素所交好之人,婉辞劝谏,务使父母不得罪于乡党,不陷身于不义而后已。此孝顺父母之道也,故圣祖教尔以此者,欲尔尽事亲之仁,以为孝子顺孙者也"。释义只是解释本条意义,所以较为简单,释目便要先分细目,然后逐目解释,所以较为复杂。我们现在先把各条的细目胪列于下,以备参考:

孝顺父母(1)常礼　　(2)养疾　　(3)谏过礼
　　　　(4)丧礼　　(5)葬礼　　(6)祭礼
尊敬长上(1)处常　　(2)遇衅
和睦乡里(1)礼让　　(2)守望　　(3)丧病
　　　　(4)孤贫
教训子孙(1)养蒙　　(2)隆师　　(3)冠礼
　　　　(4)婚礼
各安生理(1)民生　　(2)士习　　(3)男务礼
　　　　(4)女工礼
毋作非为(1)毋窝盗贼　　　　(2)毋受投献

(3)毋酗博讪讼　　　　(4)毋图赖人命
(5)毋拖欠税粮　　　　(6)毋斗夺
(7)毋伪造　　　　　　(8)毋霸占水利
(9)毋违例取债　　　　(10)毋侵占产业
(11)毋强主山林　　　 (12)毋纵牲食践
(13)毋纵下侮上　　　 (14)毋傲惰奢侈
(15)毋崇尚邪术　　　 (16)毋屠宰耕牛

当然我们也不能一目一目的详细讨论,只好援引一二目的解释,以见一斑。和睦乡里第二目守望解释:"凡同约所以更相守望,保御地方,无事则彼此获安,有变则同心协力,如盗贼所生发水火不测,邻保互相应援救护,此所谓患难相扶持也。如有临事而坐视不赴者,各保长告于约正副,呈县治罪,仍量罚银米,给被害之家,为约中不义之戒。乘机枪掠者,以赃以窃盗论"。教训子孙第一目养蒙解释:"人教子孙,多姑息于婴孩之时,殊不知幼而不教,养成骄惰,长途难改。自其识人颜色,知人喜怒之时,便加教诲,导以礼节,防其欺诈,使为则为,使止则止,有犯则严训以禁之。入塾教以入事父兄,出事长上,而于孝弟忠信,礼义廉耻等语,时常解讲,证以日用实事,俾之易晓,十五以上,量其才质,各守一艺,以责其成"。其实《图书编》所载的乡约办法,不单演讲圣训六谕,并且采用吕氏乡约四条,各具条件,定为约规。明太祖的圣训六谕,在明末渐渐成为乡约中心,当然有相当的道理。谁知清世祖入关以后,也于顺治九年(公历一六五二年)把明太祖的圣训六谕碑文颁行八旗直隶各省。到了顺治十六年(公历一六九五年),又令五城及直省府州县,每月朔望举行乡约,宣讲圣训六谕。一直到了清圣祖手里,才独出心裁,撰成上谕十六条,在康熙九年(公历一六七〇年)

颁行，去代替明太祖的圣训六谕。所以康熙九年以后，清圣祖圣谕十六条便成了乡约的中心，作为演讲的材料。不过明太祖的圣训六谕，后来还有人以为是清世祖的圣谕，继续在那里提倡。譬如同治年间出版的《宣传拾遗》，一面明知圣祖圣谕十六条，一面仍然在那里例解"世祖章皇帝圣谕六训"，明太祖的这六句话，在后世乡约里面的地位真是伟大，真是长久。

明太祖虽然对于民间礼教，有种种的诰令，有种种的设施，然而当时并未采用乡约的名目。方孝孺的"二廪三学"办法，前则合乎社仓，后则合乎社学，不过都含有乡约的意味。廪之法，凡丰岁夏秋，百亩以上人家计亩纳稻麦于廪，少不得下十升，多不得过十斛，记数共守以备荒凶。纳谷的原理非常满足，"其入也先富，而出也先贫；出也视口，而入也视产"。廪之左立祠，以祀入粟多而及人溥者，祠之左右揭嘉善、愧顽二版；嘉善书善，愧顽书恶，颇似太祖所颁行的申明旌善亭子。学之法，各立师一人，司教二人，司过二人，司礼三人，月吉乡人衣冠谒学，暇则讨论学问，有过失师治之，有悖教师亦罚之，愿似朱子月旦集会读约之礼。（见《古今图书集成》乡甲部艺文一之三所载"体仁"篇）一直到了成祖即位以后，才取吕氏乡约"列于性理成书，颁降天下"，乡约在明代的名称，大约到这个时候才始固定。至于乡约的实施情形，我们一点不知，不过据南赣乡约的条款、语气，似乎政府还没有规定，乡约还没有普遍，或者南赣乡约就是第一次的施行也未可知。史桂芳在嘉靖时代题汝南乡约册，例举前贤，只有昔时的明道先生，近日的阳明先生，明道是宋朝的开路先锋，阳明便是明朝的开路先锋。见前书。

阳明先生的事功远过朱子，阳明先生的学问也近似朱子，来提倡乡治，来提倡乡约，自然是意中的事件。因为乡村为政治的单位,要想倡明政治,一定要先治理乡村,要想治理乡村,一定要采用乡约、保甲、社仓、社学各种方案。保伍方法,阳明少时钦差督造威宁伯王越坟,即以驭使夫役。正德五年莅任庐陵的时候,为政不事威刑,惟以开导人心为本,常稽洪武旧制,慎选里正三老,坐申明亭,使之委曲劝谕,(年谱三十九岁)虽无乡约的制度,已有教化的基础。正德十二年巡抚南赣,一面劝谕人民"务要父慈子孝,兄爱弟敬,夫和妇随,长惠幼顺,小心以奉官法,勤谨以办国课,恭俭以守家业,谦和以处乡里,心要平恕,毋得轻意忿争,事要含忍,毋得辄兴词讼,见善互相劝勉,有恶互相惩戒,务兴礼让之风,以成敦厚之俗";一面十家为牌,开列姓名,按牌审察以防内奸,而御外寇,乡约的精神已经存在,保甲的规模也逐渐立定。平漳以后,竖立兵符,以为"习战之方莫要于行伍,治众之法莫先于分数""务使上下相维,大小相承,如身之使臂,臂之使指,自然举动齐一,治众如寡",虽然讲的是治兵,然而只是保伍的根本原理,在军可以治兵,在官便可以治民。巡抚南赣的时候,一面创立社学,延师教子,歌诗习礼,以立小学教育的基础;一面举立乡约,联属父老,率引子弟,敦礼让之风,成淳厚之俗。他不像旧日唯心的人物,只管精神的感化,而不管组织的严密;他也不像现代唯物的人物一样,只管组织的严密,而不管精神的感化。他以为组织固然要紧,精神也是不可缺少,所以有了保甲,又有社学,有了社学,又有乡约。阳明的乡约保甲,虽然没有吕新吾那样的打成一片,然而提倡保甲的时候,总是不忘教化,提倡乡约的时候,也是不忘保甲。不过吕新吾以约为主,保甲为辅,阳明以保甲为主,乡约为辅;吕新吾除了乡约,保甲以外,还提倡社仓社学,王阳明除了乡约保甲以外,只有社学而没有社仓;吕新吾几乎把乡约、保甲、社仓社学打成一片,王阳明则分列提倡,没有整个的系统,这是王吕不同的地方,也是王不如吕的地方。

　　王阳明的南赣乡约,可以说是明代第一次的乡约,可以和宋代的吕氏乡约比美。这两种乡约共同的地方固然是很多,不同的地方也不少。第一,吕氏乡约是一个人民自动的乡村组织,所以和叔说是"乡人相约,勉为小善"(《答刘平叔书》);南赣乡约便是一个政府督促的乡村组织,所以阳明说是"故今特为乡约,以协和尔民";一个是民治的胚胎,一个是官治的传统;从前的人也许说南赣乡约为上所令,其势甚顺,现在的人便要说吕氏乡约为下所行,其基甚固。当然吕氏乡约也不是绝对人民自动,而是由乡约领袖,乡村绅士出来提倡,和南赣乡约只是五十步百步之差。不过我们看了吕氏乡约的后跋,南赣乡约的前序,吕氏乡约和南赣乡约的根本精神,优劣情形,便可不言而喻。吕氏乡约以为大忠素病于此,且不能勉,愿与乡人共行斯道,惧德未信,动或取咎,敢举其目,先求同志,苟以为可,愿书其诺,成吾里仁之美,有望于众君子焉,完全是发起人的口吻。南赣乡约开口第一句便是"咨尔民",讲到新民弃畔情形便说,"往者新民盖常弃其宗族,畔其乡里,四出而为暴,岂独其性之异,其人之罪哉,亦由我有司治之无道,教之无方,尔父老子弟所以训诲戒饬于家庭者不早……则我有司与尔父老子弟咸宜分受其责",仿佛是皇帝的罪己诏书。"故今特为乡约,以协和尔民,自今凡尔同约之民,咸宜孝尔父母,敬尔兄长……务为良善之民,共成仁厚之俗……尔等慎思吾言勿忽",便完全是命令的口吻了。阳明以为民俗的善恶,由于习俗使然,可谓深中旨要;他的昔人譬喻,蓬生麻中,不扶而直,白沙在泥,不染而黑,也觉十分切当;他的有司分责,表示自己的谦退;他的忽往追来,尤见积极的精神。

不过乡里小事,由位置很高,距离很远的提督出来提倡,已经是鞭长不及马腹,用命令的口气,布告的方式出来提倡,尤其是牛头不对马嘴,不能不说是南赣乡约的基本错误。阳明提倡以后乡约完全成为地方施政的工具,清朝开国以后乡约又转辗成为政府宣传的工具,状况愈下,工作日卑,未始非阳明始作之俑!

第二,吕氏乡约是一个自由的组织,局部的组织,南赣乡约便是一个强迫的组织,全村的组织。吕氏兄弟是地方的绅士,只能劝勉人民,自由参加,参加的也许不少,不参加的自然也是很多。南赣乡约的建筑在政府威力之下,所以全村的人民,不论愿与不愿,也不问愿与不愿,都是包括在内,有善则奖励,有恶则惩罚,好人固不能独善其身,坏人也无所隐藏其恶。由政府来主持乡村事业,由命令来代替人民公约,自然是一个绝大的缺憾,我们在上一节已经简单说过。全村人民大众参加,全村人民强迫参加,在理论上,在实际上又不能不说是一种进步。乡村人口已经那么少,维持一个乡约组织已是不易,只有一部分的人参加,规劝工作尤其无从发展。何况南赣乡约,渐次向政治的反面推行,渐次的和政府法令发生密切关系,不用强迫方法,是不会发生效力的。南赣乡约既然是一个全村组织,强迫组织,除名的问题便可迎刃而解,不像吕氏乡约那样大费研究。本来乡约的功效,只在教化的正面,只是防患于未然,不要说书籍是没有什么效果,罚金没有什么效果,就是除名也不会发生什么效果。无过可以防止,小过可以悔改,大过便不容易悔改,过而不改,只有依法办理,南赣乡约的强迫,不能说没有相当的意义。

第三,吕氏乡约的约文,是纲举目张的条款,南赣乡约的约文,便只是一条一条的文告。在吕氏乡约里面,德业相劝,过失相规,礼俗相交,患难相恤四大目标,占据约文的中心地位,组织,集会只是一种附带的项目。在南赣乡约里面,"孝尔父母,敬尔兄长,教训尔子孙和顺尔乡里,死丧相助,患难相恤,善相劝勉,恶相告戒,息讼罢争,讲信修睦,务为良善之民,共成仁厚之俗"成为乡约的章文,而组织、会员、会期、会所反占了乡约的本部。假使我们不看南赣乡约的标题,单看南赣乡约的本部,我们一定不相信这是一种乡村人民的公约,一个南赣人民的乡约。我们充其量只能承认是一种乡约规条,和嘉靖以后的保甲规条,乡约规条相差不远。南赣乡约本文共分十五项;第一项讨论职员簿扇,第二项讨论会员饮食,第三项讨论会期请假,第四项讨论约所赏罚,第五项讨论通约难事,第六项讨论寄庄完粮,第七项讨论放债收息,第八项讨论斗殴争执,第九项禁止军民人等阴通贼情,贩卖牛马,第十项禁止吏书义民总甲里老百长弓兵机快人等下乡要索,第十一项和劝各寨居民新民,第十二项劝谕新民改过自新,第十三项谕称家有无,随时嫁娶,第十四项谕称家有无,办理丧葬,第十五项讨论集会礼仪步骤,虽然包含不少,而遗漏亦多,并且没有严整的神色,较之吕氏乡约只能说是退步而不能说是进步。

第四,南赣乡约的组织,较之吕氏乡约大为扩充,吕氏乡约仅有职员二三人,南赣乡约便增加至十七人之多。吕氏乡约规定约正一二人,直月一人;朱子增为约正一人,副正二人,直月一人,也不过四人之多。南赣乡约也是有约长一人,约副二人,由同约中公举年高有德,为众所敬服者充任。从前一约之长叫作约正或是都约正,现在一约之长却叫作约长;从前约正之副叫作副正,现在约长之副却作约副。约正改为约长,副正改为约副,当然没有重大的关系。不过南赣乡约里面,除了约长,约副以外,还有约正四人,由

乡甲会图

（《实政录》卷五页十四）

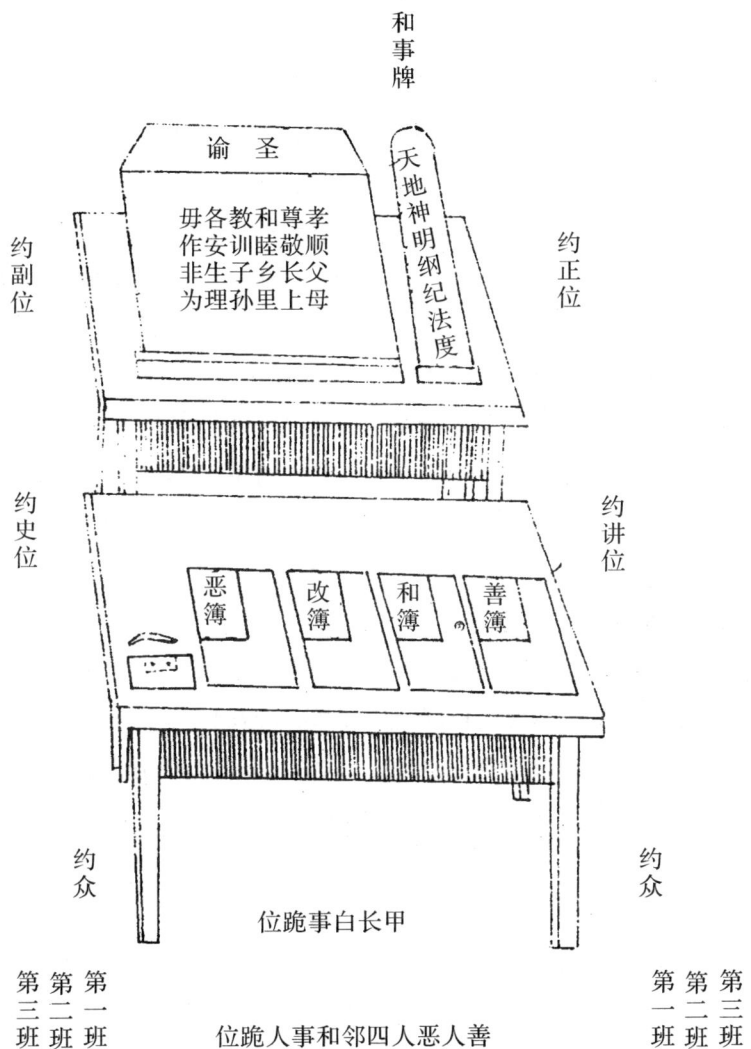

同约公推公直果断者四人充任。南赣乡约的约正,并不是吕氏乡约的约正;吕氏乡约的约正是合约之长,南赣乡约的约正便只是辅助约长副,在会场宣读乡约,质问善恶等事,非复全约的领袖。约长的名词固然可以表示一约之长,约正的名词也正好和约副相对,共谋全约的福利。约正从前在约副之上,现在在约副之下,从前为一约之长,现在居襄赞的职,名词含混,成语更改,实在是可以不必的。除了约正四人以外,还有约吏四人,公推通达明察者四人充任,平日考查同约的善恶,集会则宣告善行恶行,及记载善行恶行。此外还要公举精健廉干者四人为知约,掌理一切杂务,礼仪习熟者二人为约赞,开会临时司赞礼仪。总共全约职员有十七人之多,未免过事铺张一点。乡村组织因为人民的稀少,人才的缺乏,本来就应该因陋就简,以少为多,同约会员不过数十百人而职员竟至十七个之多,似乎有点头重脚轻的毛病。其实约正、约吏、知约、约赞用不着分得那么清楚,每种也用不着四人之多。有了约长副三人,再加上助理三四人,岂不是可以应付一切吗?也许阳明因为直月制度不好,所以加以取消,又恐人民无参加工作的机会,所以才弄出这么许多职员,以示机会均等的意思。直月轮流充任,每人都要担任义务,每人都有担任权利,自然是训练民治的一个良好办法。不过直月纠恶书恶,很不容易办理,并有许多弊端,那是我们在上面已经说过的。南赣乡约一面应用分工合作的原理,一面挽救人民参加的机会,所以才用十七个办事人员,我们或者可以赞同的。

第五,南赣乡约的集会,比起吕氏原约自然是较为复杂,比起朱子增约却是另有风味。会期不以月朔而以月望,只是一种无关紧要的更改,也许朔日公众集会或私人祭祀太多,望日倒可免除冲突。有事不能到会者,应先遣人通知;无故不到者,除作为过恶,名誉处罚以外,还要每次罚银一两,可见条例处罚的严厉。会所不在乡校而在道里均平,地方宽大的寺观;会场只悬告谕牌,而不挂先圣先师的遗像。饮食自然也是十分简单,不过不是由直月轮备,而由同约每人出银三分,交知约代备。开会的仪式,也大为变更,所有朱子月旦集会读约之体各种尊长敀少幼分班行礼,一概删去,只留东西交拜和少者酌长者二礼。开会的第一幕,是宣读戒谕,由约正宣读,约众跪听,约长然后合众扬言:"自今以后,凡我同约之人,只奉戒谕,齐心合德,同归于善,若有二三其心,阳善阴恶者,神明诛殛",约众皆应声:"若有二三其心,阳善阴恶者,神明诛殛",皆再拜。第二幕宣读乡约,约众出会所外,分东西立,先由约正宣读,然后约正大声曰,"凡我同约,务遵乡约",众皆曰是,乃东西交拜,以次就位,并由少者各酌长者酒三行。第三幕为彰善,由知约设彰善位于堂上。陈彰善簿于桌上,约赞鸣鼓三,使约众起立,然后请约众举善,约众推请约史。约史乃就彰善位,一一推举"某有某善,某能改某过,请书之,以为同约劝"。约史举后,约众亦可各就所知,自由推举。如约众对所举者无异议,即由约正请善者就彰善位,约史为善者书彰善簿,约长酌善者曰"某能为某善,某能改某恶,是能修其身也;某能使某族人为某善,改某过,是能齐其家也。若人人若此,风俗焉有不厚,凡我同约,当取以法"。善者亦酌约长曰,"此岂足为善,乃劳长者过奖,某诚惶怍,敢不益加砥砺,期无负长者之教"。第四幕为纠过,和彰善相差不远,惟彰善为赏酒,纠过为罚酒,彰善在约长为奖励,在善者为自谦;纠过在约长为劝戒,在恶者为自省。酒饭既毕,最后一幕为申戒,约众皆起,约正中立扬言:"呜乎,凡我同约之人,明听申戒,人孰无善,亦孰为恶,为善虽人不知,积之既久,自然善积而不可掩,为恶若不知改,积之既久,必至恶积而不可赦。今有善而有人所彰,固可喜,苟遂以为善而可恃,将日入于恶矣,有恶而为人所纠,固可愧,苟能悔其恶而自改,将日进于善矣。然则今日之善者,未可自恃以为善,而今日之恶者,亦岂遂终于恶哉?凡我同约之人,盍共勉之"。

  这戒谕、读约、彰善、纠过、申戒各种宣言,仪式,似乎有点近乎机械,然而也有相当的价值。戒谕和乡约的宣言,颇似一种誓词,使我们决心从善;里面所有的"神明诛殛",固然不免神道设教的意味,然而那个时候的人民,实在是有一点相信神明。"信之为神明,敬之为父母",是中国民族心理的根本,阳明可谓善于利用民族心理。吕氏乡约完全是士人阶级口吻,应用士人阶级心理,虽然在理论上比南赣乡约高出一层,而在群众里面的实用,也许南赣乡约又要高出一层。彰善纠过的办法,使善者逊谢,恶者愧谢,一方固不过于奖励善者,一方也不过于压抑恶者。当然从隐恶扬善的原则说起来,纠过还嫌大显一点,或致恶者竟至无地自容。不过阳明也想到这一层,主张忠厚之道,所以彰善者词可显而决,纠过者词应隐而婉。如有人不弟,不要直书不弟,只说"闻某于事兄敬长之礼,颇有未尽,某未敢以为信,姑书之以候"。假使有难解之过,不可先纠以澈其怒而肆其恶,只由约长副阴与之言,使其自首,约众亦共同诱掖奖励,以兴其善念,假使恶者能够自首,也同小恶一样,先予试书于籍,不能改乃真书,又不能改乃白之官府,又不能改乃送之官府,如不能执送,甚至可以呈请官兵,同力捕灭。乡约制度到了阳明先生手里,不惟成为政府的规条,并且成为政府的工具,可以查察奸非,助行法律,和保甲制度的功用相差不远。最后的申戒,也有一点至理,善恶只是一时的善恶,而不是永久的善恶,今天的善人明天可以作恶,今天的恶人明天又可为善,善者固不可因奖励而自骄,恶者亦不必因规戒而自馁。以前种种譬如昨日死,以后种种譬如今日生,自省便是善念,自谦亦是善念,有过则改,无则加勉,才能都为良善之民,共成仁厚之俗。

第六,南赣乡约渐渐成为政府的一种工具,政府的一种帮助,去维持乡村的公正,去执行政府的法规。大奸大恶的举动,白官送官,请兵剿灭,我们在上面已经提及。"通约之人,凡有危难难处之事,皆须约长会同约之人,与之裁处区画,必当于理,济于事而后已,不得坐视推托,陷人于恶,罪坐约长约正诸人",约长约正的事务也就不少,约长约正的责任未免太大。乡里争执,也要约长晓谕解释,不使闯祸,不使成仇,或则呈官诛殄,几乎跑进司法的范围。此外对于寄庄人户的纳粮当差,大户客商的放债收息,军民人等的阴通贼情,贩卖牛马,走传消息,吏书义民总甲里老百长弓兵机快等揽差下乡,常求贲发,约长都应指实劝戒,呈官究治。甚至新降乱民的提撕晓谕,嫁娶丧葬的酌量办理,也要约长随时省谕。南赣乡约的约长,和催办粮役的粮长,又有多少差别!一个道德感化的制度,参加许多的官样文章,一个道德感化的领袖,担任许多的差遣杂事,乡约的前途何在,乡治的前途何在?

南赣乡约虽然是封疆大吏的命令,然而只是阳明一人的命令,南赣一地的规章,还没有成为正式的法规。一直到了嘉靖年间,才有一种正式的乡约规条产生。这种乡约规条产生的年份,已经不能确定,不过我们还有两个间接的证据,使我们断定在嘉靖末年。明代乡约规条是在《图书编》里面发现的,《图书编》从嘉靖末年下手编纂,到万历初年出版,所以乡约规条的颁布,断不能在万历以后。乡约规条并不是一种单独规条,而是和保甲规条,社仓规条,社学规条排在一起,也许就是同时颁布的。社仓在嘉靖八年才有,社仓规条一定在嘉靖八年以后颁布,乡约规条自不能在嘉靖八年以前颁布。《图书编》的乡约规条,保甲规条,社仓规条,社学规条一面告诉我们,说中央政府已经采用乡约,列入国法;一面告诉我们,说乡约、保甲、社仓、社学他们四种制度,是有密切关系的,是不能偏废的,《图书编》卷九十二的首篇为"保甲乡约社仓社学总序",《图书编》卷九十二的尾篇又为"保甲乡约社仓社学总论",便可想见编者章本清先生,对于乡治系统的见解。王荆公,吕和叔各有他们的见地,各有他们的方案,我们不能希望他们替整个农村着想。朱子集先贤之大成,对于每种农村组织,都有一点认识,都有一点贡献,然而他竟错过了整个的认识,综合的工作。阳明有保甲,有乡约,有社学,然而他也没有看见乡治的整个性,保甲、乡约、社学、社仓的相关性。《图书编》集天下古今之大成,居然能替乡村组织预备相当的篇幅,能替乡村组织找出整个的系统,真是我们始料所不及的。因为原书编者以保甲、乡约、社仓、社学相提并论,我们不能不把其他的规条,以及四者中间的关系,也来申述一点。

《图书编》"保甲乡约社仓社学总序"里面,开篇便已指四者各个的地位,以及四者相互的关系。"是故保甲之法,人知足以弭盗贼也,而不知比闾族党之籍定,则民自不敢以为非。乡约之法,人知其足以息争讼也,而不知孝顺忠敬之教行,则民自相率以为善。由是社仓兴焉,其所以厚民生者为益周;由是社学兴焉,其所以正民德者为有素。可见四者之法,实相须也。使以此行之一乡,则一乡之风俗同,道德一,弦诵之声,遍于族党,礼让之化,达于闾阎,民日迁善违罪而不自知,而古道其再见于今乎"。编者拿保甲、乡约、社仓、社学作为乡治的工具,拿同风俗、一道德、弦诵礼让、迁善违罪,作为乡治的目标,乡约的中心地位,已经隐约可见;乡治的整个理论,也自渐次完成。在实际方面,除保甲办公不需地址,里社可利用本村神庙外,乡约亭、社仓、社学都应建筑在一处。各村选择空地一块,中立一堂,傍立二仓,外有墙垣,乡约亭即在此,社仓亦在此,社学亦在此。建筑的费用,可以节省不少,看守的责任,可以委之教师,岂不是一举而数得!所以章潢以为这种打成一片的办法,可以"礼法兼资,教养俱备,使盗息民安,政平讼简,风移俗易",可见他对于整个乡治的重视。

乡治的范围只有一乡,似乎对于全国的政治,没有多大的关系,所以普通不为人所重视。不过县是乡的集团,省是县的集团,国又是省的集团,乡不治则县不治,县不治则省不治,省不治则国不治。那一班天天谈治国的人物,他们以为只要取得全国的政权,其他的问题便可迎刃而解。聪明一点的人,或是胆小一点的人,知道治国太空洞,太高远,所以全神专注在省政方面。他们只看见上层政治的力量,上层政治的威权,而不知那是空中楼阁,有时而来,有时而去,随时可得,随时可倒,泥沙上的大厦,怎么能支持长久!就是他们拿上级政权,作为过渡的势力,想去彻底改造,从头组织,也有一点鞭长不及马腹,弩末不穿鲁缟的困难。所以《图书编》谈到整个的乡治,以为"乡乡皆然,县有不治乎?县县皆然,天下其有不太平乎"?并且引孔子观于乡而知王道之易易,以表示乡治的基本政治,治乡为基本政策。其实这种乡治基本主张,在老子理论里面也是有的,在孟子理论里面尤其显著。后人如陆桴亭,顾宁人,李刚主也都采同样的论调,陆桴亭以乡为王化之基,所以作治乡三约,顾宁人以为天下紊乱,实因乡官不备,乡法不备的原故,李刚主则主张提高乡官地位,并县令亦由乡官升充,清末的孙诒让,也抱同样的理论,使乡民自相组织,自举乡正,以立民治的基础,以除官治的旧习。可惜历代君主以天下自私,历代臣工以家臣自命,不敢让人民放手做去,从乡到县,从县到国,完全民治的统系。

《图书编》所载各种礼制,乡法,都是洪武时代颁行的,我们在上面已经讨论,不必再事重复。保甲总叙所述的保甲理论,"保人所以自保,图危所以居安",也还十分动听。虽然不能恢复兵农合一的古制,不能兵即为农,农即为兵,人民至少有保护自己的责任。其实除了国防以外,军队和保甲是不可并立的,军队为的是保民,保甲为的是自保,既有人保,何必自保,既已自保,何必人保!当然理想的办法是自保,不过人民势力日盛,君主势力便会日衰,保甲保了人民便无君主,军队保了人民尚有君主,中国君权如此之大,中国保甲哪里有出头的日子。保甲规条无非是十户一甲挨户编排,无事互相保守,有事逐户挨查等等。十户一甲,审编甲长一名,百户一保,审编保长一名,每四街四关,及大村大镇,不拘甲数多少,各编保正一名,其小村小镇则三五处合编保正一名,这就是保甲的编制,和乡约并不发生关系。不过讲到寻常的工作,实际的工作,乡约和保甲又发生一种不可脱离的关系。保甲规条前五条都没提到乡约,第六条讲到寺庙僧道,才"仰各照例与民家一体编入保甲,随行乡约以便稽查",又"听乡保正长人等稽查,毋令遗漏以滋他弊"。第七条讲到人口"出入存亡,应增减姓名,令上揭报于约正保正",约正保正便成了双头首领。第八条说明保甲人等,应于每月初二赴乡保会所,申明乡约保甲条规一次,并于每月十六赴官递结,即带善恶簿听查。第九条保甲人等各随地里远近,人户多寡,酌量立为一会,每月初二保正率诸保甲同乡约正赴会所行礼,由约正保正点名验到,不能到者应先向约正请假,秋成无事则每月十五再举行一次。这一样虽然讲的是保甲人等如何集会,而实在

第六章 明代乡约的演进

是乡约集会的各种规定，可见保甲乡约已经混不可分。第十条完全讲的是乡约规条，如何推请约正，如何拣选生员五六人司赞礼鸣鼓讲谕之事，如何拣选老人二人振铎，如何月轮五六人直月。最后按语，便居然说"保甲既定，即此举行乡约，诵读圣谕六言，申明规约四条……"，简直是保甲乡约共同的规条，而不是单纯的保甲规条。就是保甲牌册的名称，也叫"乡保牌册式"，保甲牌册的里面，也有太祖的圣谕六训，并且约正的姓名还放在保正保长的上面。这种乡保牌册在形式上看起来，几乎像一张现代的人口调查表格，可惜每户门下地位太少，不能尽载各种事项，并且事项混新，不能一目了然。

东西南北	街关乡	某里某坊第几牌	约正	某保某处第几牌人	保正	某保某处第几牌人	保长	某保某处第几牌人
乡保牌册式		孝顺父母	一户	某乡宦书号余书名兄某年若干或保举监生员等项弟侄子孙各书名如上家人某年若干为何生理实共人若干	六户			某年若干原籍某县某处人今在何处作何生理或己房或住何人店或作田或住某人庄屋弟男皆各上书名
		尊敬长上	二户		七户			
		和睦乡里	三户		八户			
		教训子孙	四户		九户			
		各安生理	五户		十户			
		毋作非为	某年　月　日		每月挨户悬挂十家用而复始互相觉察			

保甲规条虽然处处不离乡约，似乎乡保只是一个系统，而乡约规条里面，便绝口不提保甲，不知道是什么原故？乡约总叙把蓝田吕氏乡约，洪武里社乡厉，太祖圣训六谕，以及大诰三编，教民榜文都作为乡约的前身，在那里大加鼓吹。乡约的条文，既有太祖的六

训，又有吕氏的四条，可谓兼收并蓄，既不敢弃皇祖的圣谕，也不愿弃先贤的名言。其实圣谕六言只作为集会演讲的蓝本，会中约规还是要从吕氏乡约的四条，"各具条件，定为约规"。乡约的组织，和保甲规条里面所定的出入还少，一个是"每百家或二三百家，随其远近，联为一会"，一个是"保甲人等各随地理远近，人户多寡，酌量立为一会"。乡约的领袖，便和保甲规条里面所定的大不相同，一个是"众推一人有齿德者为约正，有学行者二人副之"，一个是"该州县即移文该学，共推请乡士大夫数位为约正，以倡率士民，无士大夫处则推高年耆德，众所尊信者为之，又选生员五六人司赞礼鸣鼓讲谕之事，老人二人振铎，月轮五六人为直月，置办会事"，不知道哪个是对，哪个是不对？会所置圣谕牌一面，薄三扇，一书同约姓名及举约费用，一记德行，一记过失，由会首（疑即直月，因下有轮流意思）以次相传。坐次各乡约与府州县约微有不同，乡约举监学校东外，乡缙绅耆老东内，约长副西内，约众西外；府州县约则诸生东外西外，府州县官学官东内，乡缙绅齿德西内，一个是以约长副为首领，约众为主体，一个是以官吏为首领，诸生为主体。仪节也还简单，先行礼，次讲谕二句，歌诗一次，六谕讲完然后再举善行恶行，并费用书之于簿。圣谕的讲解颇多，《图书编》引了两种，我们在第六章讨论太祖圣谕的时候，曾经略为提及，所以不在此处重复了。

乡约的后面便是社仓，虽然目的仅在备荒，然而和保甲乡约也有相当的关系。社仓的设立，完全在原有的乡约保甲以内，所以《图书编》说："合于各保甲乡约中，各创立社仓"。积谷的开始，一面由官吏捐俸提倡，一面由人民自由输助，就是迎神赛会的香钱，乡保规条的罚金，都可用为基金。以后便按照户口贫富，富者若干

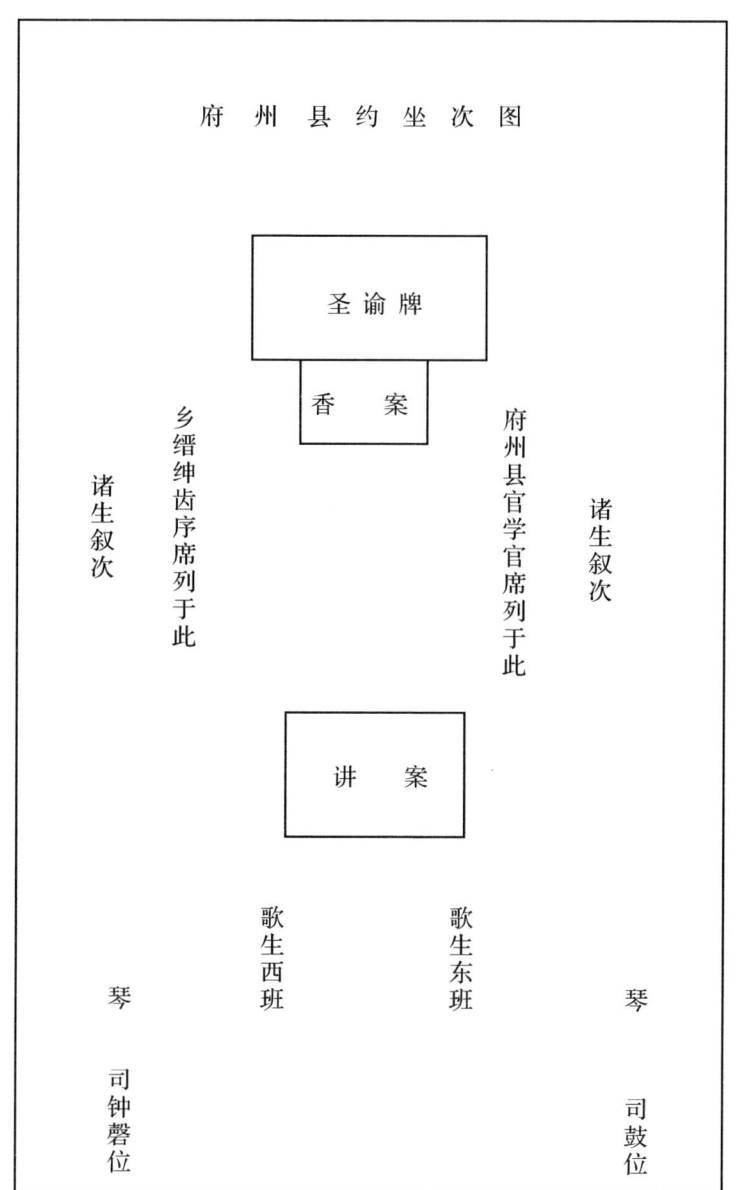

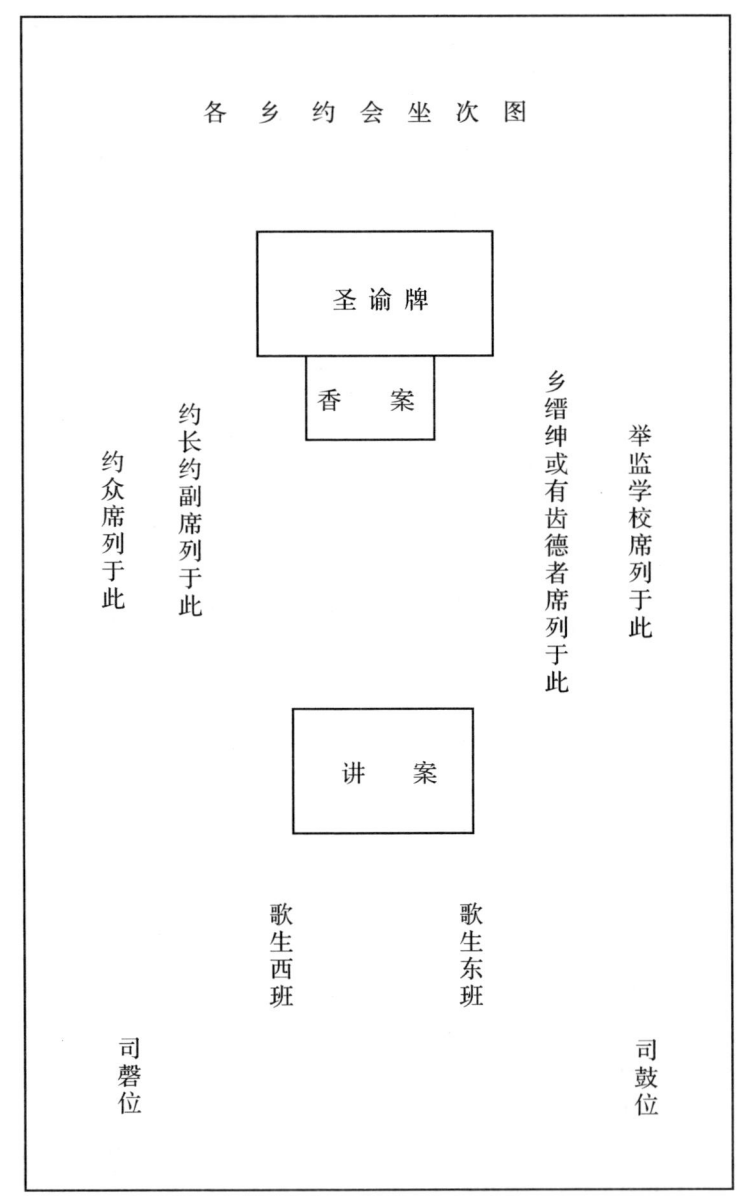

石,贫者若干升斗,或每亩量出多少,征收作为正式基本。社仓既在乡约保甲以内,并无专任职员,只由约正副以及保长会同办理一切查验、收谷、借谷事项。借谷以十石为度,每年息谷二分,秋收之日纳还。因为举行乡约,禁止一切迎神赛会花费,不过愚民有愿意施舍,准作香钱,收买义谷,以济人贫穷。春秋祭祀报神,照旧可以举行,由义谷开支,祭毕并可举行社饮,申明约法,把社仓乡约简直打成一片。此外"贫不能存,丧不能举者",亦可由义谷内酌量补助,好像乡村慈善机关一样。前此的社仓,或是为预备荒年,或是为调剂谷价,或是为调剂有无,同公共费用,慈善救济尚少发生关系。《图书编》所描写的社仓组织,工作,显然是一个进步,显然是向农村组织的经费方面发展。到了陆桴亭手里,治乡三约的恤约,便正式成了地方财政的机关。因为教化固然是要紧,财政也是十分要紧,巧妇不能为无米之炊,有教化而无经费,农村事业也是没有办法的。现在北平附近的青苗会,可以说是农村组织的基本,他们的出发点便在经费一方面。谁有钱,谁有势,谁出钱,谁得势,倒是心理势力的一个对头,乡约教化的一个帮手。

社仓的后面,才是小学教育的社学,因为乡约、保甲、社仓是成人的事业,实际的工作,所以同这样小社会,预备社会不大发生关系。不过教学的主旨,还离不了圣谕六训,乡保规条,所以对于爱亲敬上,歌诗习礼尤其注重。社学的课业,完全以"孝弟忠信,礼义廉耻"为主,至于"栽培涵养之方,则宜诱之歌诗,以发志气,导之习礼,以肃威仪,讽之读书,以开知觉",多半是根据王阳明的训蒙大意来的。最后又有"保甲乡约社仓社学总论",把四者的立场关系重复申明,使整个乡治的理论,愈益明显。他以为比闾族党,为保甲的前身,属民读法为乡约的前身,太祖里甲组织为比闾族党的遗意,里社乡厉为属民读法的遗意。所谓保甲,只是十家为甲,十保为党,使之出入相友,贫乏相助,平居则互相觉察,有警则互相救援。所谓乡约,即举行里社乡厉,并以申明国朝的圣训,斟酌吕氏的规条,使之道义相勉,礼让相先,善则记之以示劝,过则罚之以示惩。"保甲固足以弭盗矣,然富者得以保其财,而贫乏何能以自给也。莫若于一保之中,共立社仓,以待乎凶荒之赈,则衣食有籍,庶乎礼义其可兴矣",可见单有消极的防卫,而没有积极的救助,也是不行的。"乡约固足以息争矣,然长者得以读其法,而子弟不可以无教也。莫若于一约之内,共立社学以豫乎童蒙之训,则礼教相向,庶乎道德共可一矣",单有成人的教育,没有儿童的教育,岂不是本末倒置,轻重悬殊吗?所以这四种制度,实在是一种制度的四面,多一点也许是可以,少一点一定是不行的。

　　嘉靖以前的乡约,只是局部的开展,暂时的发达,可以说是一种预备时期,演进时期。嘉靖以后,保甲乡约社仓社学已经确定,成为政府的功令,乡约才有一个普遍的发展,永久的发展。尤其是在吕新吾,刘蕺山,陆桴亭,陈确庵诸人手里,更占一个中心的地位,基本的地位。因为材料太多,我们只好分成数章,在下面继续讨论,而不限于本章以内。所以我们可以说,明代乡约创始于明太祖,完成于陆桴亭。陈确庵的为善三约,只是一点尾声。

第七章 乡约保甲的合用上

乡约保甲具体的关系,虽然是发展很迟,而乡约保甲基本的关系,却是发展极早。《周礼》比闾族党的组织,一方面有上下相维,大小相承的情形,一方面又有教民礼仪,化民习俗的情形,岂不乡约保甲合而为一吗？程明道令晋城,一方面编民为伍保,以察奸伪,一方面也设法使人民力役相助,患难相恤。王阳明的十家牌法,虽然和南赣乡约没有具体关系,然而没有实行乡约制度以前,十家牌法的里面早已有了乡约精神。《图书编》的乡约规条,虽然没有提到保甲,然而保甲规条里面,却处处看见乡约。只有王荆公的保甲,是纯粹的保甲,吕和叔的乡约,是纯粹的乡约,不生关系,不相为谋。自从阳明以乡约精神——教化——提倡保甲以后,乡约保甲的关系日益密切,有的是乡约而兼保甲,有的是保甲而兼乡约,后来乡约保甲居然冶为一炉,成为一个单纯的组织。最初的论调,是"乡约之行,于民间风俗甚有益,其与保甲相兼行者,则善俗而弭盗,于民间尤更有益者也。"(姜宝《议行乡约以转移风俗》)还是以乡约为主,保甲为辅。慢慢变成"夫敷教同风,莫善于乡约,禁奸止乱,莫善于保甲,盖相表里,会而通之,实一法也",便是二而一,一而二的局面。(史桂芳《题汝南乡约册》)到了吕新吾手里,认为"乡约之所约者此民,保甲之所保者亦此民",故"议将乡约保甲总一条编",而名之曰"乡甲约",二而一的局面,至此才成为定局。所以乡约保甲理论上的关系虽然由来已久,乡约保甲实际上的合作也曾试验不少,不过真正的合并人物还是吕新吾,真正的合并制度还是乡甲约。

吕新吾是明末的一位大政治家,大学术家,虽然不及王阳明文事武功,然而也是第一流的人物。他的著作很多①,最出色便是他的《呻吟语》和《实政录》,《呻吟语》是一部性理的书,《实政录》便是一部政事的书。我们所要研究的乡甲约,便是《实政录》里面的一个重要部分。其实《实政录》里面,对于乡村组织的贡献,除了乡甲约以外,还有社学社仓两种,几乎把所有的乡村组织都包含在里面。不过乡甲约的重心是乡约,副心是保甲,社学社仓虽然也在吕新吾政治设施里面有相当地位,然而地位较小,并且是和乡约保甲分别较清。他遭遇的是治世,所以注意乡约,以化导为先;阳明遭遇的是乱民,所以注意保甲,以究诘为重;治世有余粟可积,所以新吾先生可以提倡社仓,乱民无宿粮可食,所以阳明先生提倡赈济,完全是环境的不同,不能作以讨论两人的优劣。《实政录》的第一卷,是有名的"明职"立定官吏的职责。第二卷是养民,不惟是教养

---

① 《四礼翼》,成于三十八岁母忧期中。
《省心记》,成于四十五岁吏部主事任内。
《闺范》,成于五十五岁山西按察使任内。
《实政录》,成于五十七岁巡抚山西任内。
《呻吟语》,成于五十八岁协理院事时。
《宗约歌》,成于六十四岁家居。
《疹科》,成于六十九岁家中。
《救命书》,成于七十二岁家中。
《阴符经》,注于七十四岁家中。
《四礼疑》,成于七十九岁家中。
《去伪斋文集》十卷,先生子孙所辑。

兼施,并且是富而后教,所以第三卷便是教民,教而后治,所以第四卷才是治民,第五卷的乡甲约,便是教化主义在乡治里面的具体方案。

吕新吾的施政初步,是农村经济的发展,所以他说:"养道,民生先务,有司首政也……王道有次第,舍养而求治,治胡以成;求教,教胡以行。"他又引"孔子答子贡之问政,曰足食;答冉有之在卫,曰富之",表现他自己的基本主张。从现代眼光看起来,尤其是从唯物眼光看起来,他这种主张是一百二十分的对。他的养民政策,不惟行之消极方面,并且行之积极方面,不惟提倡社仓以预防饥荒,并且提倡种植以开发利源。当然劝课农桑,在中国政治里面早已有相当地位,不过信仰最深,提倡最力的人物,还要数吕新吾第一。朱子,真德秀他们那些学者政治家,也曾三番五次,申令劝农,不过比起吕新吾的"山东劝栽种语"来,他们的文字都成了官样文章。当然在农业推广已经盛行的今日,"山东劝栽种语"没有多大的精采,然而在那个时代产生这样一种周详恳切的文告,实在是不容易的。消极方面他自然注意仓庾,以防灾荒,所以他又说:"宇内之重,无量于民生矣;王政之急,无急于积贮矣",又说:"本院入仕以来,极重仓庾",他的旗帜何等鲜明。关于普通禁约,州县积谷我们不必在这里多说,只好讨论一点乡村"会仓"制度。吕新吾所谓"会仓",就是朱子所谓"社仓",都由人民按照家庭经济,家庭人口尽量节省存积,富家至少每岁二十四石,贫者至少每岁二石四斗,直至大歉之年,才能照数分领,救治一家生命。会仓组织附属于本约,择殷实好义者一人为司贮,能通书算者一人为司记,如果公勤慷慨,众所推服,并且积谷至三百石以上,众无怨言者,公禀于官,验实旌奖。当然吕新吾的会仓,和朱子的社仓,不无大同小异,社仓可以出借取息,会仓只能贮积防饥,他们两个的优劣高下,我们也

不能多管了。(以上俱见《实政录》卷二养民)

　　按照富而后教的步骤,民生以后的问题,自然是民教,所以《实政录》第三卷便是教民。我们知道农村教育,普通共分两种:一种是成人教育,一种是儿童教育,所以吕新吾教民之道,第一为乡甲约,第二为社学。他的"兴复社学"告谕的按语,说"王道莫急于教民,而养正莫先于童子",可以窥见他对于小学教育的态度。他也知道官师的制度没有恢复的希望,不过觉得社学还有可为,所以极力出来提倡。凡城市四关都要设立,村镇在二百家以上的设立一处,以便儿童就学。凡儿童八岁以上,十六岁以下,作为读书年龄,由甲长查明报于约正,送往社学读书。每年十月上学,三月放学,夏秋则在家中帮助一切,至少每人三年,成绩恶劣者三年后可以辍学。社学教师"取年四十以上,良心未丧,志向颇端之士"每县二十余人,予以一年训练,考试合格后挨次拨发各处社学服务。社师束修由入学学生家庭自备,或由社学社田供给,多则每岁二十石,少则十二石,视社师的学问,功效而定。

　　吕新吾的成人教育方案,便是乡甲约制度,所以教民第一篇便是"查理乡甲",第二篇才是兴复社学。查理乡甲的正面是劝善惩恶的乡约,反面是缉奸弭盗的保甲,查理乡甲的教科书便是乡甲约一书。当然乡甲约不一定是一本很好的民众读本,更比不上现在通行的千字课;宣讲方法也不一定是一个很好的教学方法,更谈不到现代的什么实证方法(Demonstration Method)。不过明清两代的民众教育,也只有这个乡约宣讲办法,明清两代的文化背景,也只能产生这个乡约宣读制度。吕新吾对于民众教育的贡献,自然不在这个乡甲约制度,因为保甲根本不是教育,乡约也是前人已有的功绩。他的民众教育贡献,完全在他的白话劝语,说得十分简单,十分清楚,应该和提倡白话的胡博士比美。其实吕新吾的作品,不单只"乡甲劝语"一篇,富有白话文学的意味,我们上面提过的"山东劝栽种语",大部都是白话,提倡积储的"救命书劝语",和成人教育的"乡甲劝语",便是完全白话。譬如救命书的穷汉积储,说得真是活跃;"那穷汉就要积攒,那里得来?果以性命为重,自有个穷算计。你就穷时也少不得一日吃两顿饭,有一时也买一壶酒,一斤肉吃,或有人带累到官也有费一二百钱时,或随会进香盖庙也有费三五百钱时,我劝你一日应吃十文钱,只吃九文,便饿不死,每日攒得一文,一年可攒三百六十文。"乡甲劝语也是如此,我们且看开篇一段:"说与尔山西百姓,乡甲之行,有十利而无一害,一则些小事情,本约和处,记于和簿,省得衙门告状,受怕耽惊,打点使用,吃打问罪,坐仓讨保,破了家业,误了营生"。其实吕新吾的白话文学,不单应用在劝告文字,民众教育方面,连韵语诗歌也已经有了,可惜他自己没有鼓吹白话文学的重要,后人也没有替他鼓吹的,以致湮没无闻。他父亲的小儿语,譬如"宁好认错,休要说谎,教人识破,不当人养",他自己的续小儿语,譬如"一不积财,二不结怨,睡也安然,走也方便",都是上品的四言白话韵语。他的宗约诗歌,不惟"极浅,极明,极俚,极俗",并且讹字从其讹字,方言仍用方言。十六世纪的儒家学者,居然有此胆量,有此作品,我们现在只引一首"劝友爱"在下面,以见一斑;"兄弟不和只为钱,同胞却结生死冤,平居只把情肠薄,患难谁知骨肉怜,多让些儿房里物,少听几句枕边言,人生惟有孤身苦,请读周公棠棣篇"。

其实乡甲约不单是民众教育的工具,也是乡村政治的工具,中国的政教本来不分,"仕而优则学,学而优则仕",早就成了中国政治的传统方案。所以吕新吾一方面拿乡甲约放在教民篇里面,作为乡村教育的一部,一方面又以为"守令之政,自以乡约保甲为先",要"寓教养于乡约保甲之中,则词讼日息,差粮自完,簿书不期省而省矣"。所以乡甲约的制度,大之可以包括教养二政而有余,小之则只能作为教民的一部,前面讲的是政教合一的政策,后面讲的是乡村教育的自身,所以发生这样一个小小的矛盾。从前的乡约制度,专门注意教化——实在是民众教育,所以人民也可以提倡,政府也可以提倡,而不必和政治混为一谈。保甲虽然也可以自己举办,然而自从王荆公以后,官督民办已经成为传统的习惯,政治的系统。现在吕新吾把乡约保甲打成一片,一方面加重乡约的势力,一方面也可以说减轻乡约的势力,因为拿政治的力量出来提倡乡甲约,也许会事半而功倍,不过乡约而借助政治的力量,也就不成其为乡约了。乡约保甲的合用,是吕新吾的优点;乡约保甲的合用,也是吕新吾的弱点。乡约因合于保甲而施行愈广,乡约因合于保甲而地位愈低,神圣民权的表示,成了卑污政治的工具,卢梭民约何其幸,吕氏乡约何其不幸!

当然这个问题和吕新吾的整个政治理论有关,和中国传统的政治理论有关,不能单看乡约保甲分合的关系。王阳明的南赣乡约,岂不是单独举行的吗,那是人民的公约,还是政府的命令?王阳明如此,吕新吾也是如此,中国几千年的政治传统思想都是如此?王阳明的"咨尔民","我有司","你父老子弟",已经够上司口吻,吕新吾的"钦差提督雁门等关,并巡抚山西地方,都察院右佥都御史吕"又是何等声势?他根本就相信官吏,而不相信人民,所以他对他的属吏说:"故得千良民,不如得一贤守令"。(《实政录》卷五)他以为良民是没有用的儿女,守令是最有用的父母,儿女固然希望父母来生我养我,父母也要负责去扶助他们。他在明职里面讨论知州知县职责；"而惟守令人称之曰父母,父母之者生我养我者也,称我以父母,望其生我养我者也。故地土不均,我为均之,差粮不明,我为明之,树木不植,我为植之……使四境之内,无一事不得其宜,无一民不得其所……是谓知此州,是谓知此县"。这样的父母官,真是万民的雨露,官吏的上乘,然而我们这样会走路,能作事的儿女,就永坐在"慈母之怀",永含着"慈母之乳"吗？现代的政治思想,民治思想告诉我们,会走路的人应该自己走,会做事的人应该自己做,会组织自己的人应该自己组织自己,会治理自己的人应该自己治理自己。我们不单只重民,并且要用民,不单只用民,还要人民自用。职业阶级自动组织的那一天,职业阶级自己治理的那一天,便是中国治民思想灭绝的那一天,便是中国士人阶级堕落的那一天。

关于乡约条文,乡甲约的情状,恐怕和南赣乡约相差不远,都是一条一条的混合列举,而没有吕氏乡约的那种纲举目张的条规。因为乡甲约是乡约保甲的总和,所以乡甲约里面的条规,自然比南赣乡约为多。恐怕乡甲约全书,都是乡约条文,至少是乡约底本。因为乡甲约全书,就是乡约领袖训练的教本,无论约正,约副,约讲,约史,都要熟读此书,并且能够讲解。约正、约副、约讲、约史,自然是同约自由选举,不过选择以后,还要经过一个短期的训练。这种乡村领袖的训练,在中国可以说破天荒第一次,虽然不算十分完备,我们也不能替他稍为解释。其实吕新吾不单训练乡甲约实行的领袖,并且还训练"训练乡甲约领袖"的领袖,所以训练工作共有两种：第一步先训练"训练乡甲约的领袖"的领袖,第二步才由训练乡甲约领袖的领袖去各约,分别先后训练乡甲约实行的领袖。明代的学人最贵,所以训练乡甲约领袖的领袖的原料,自然也是在学人中选拔，每县三四十人，都要"年长老成"，"善为讲说者"。他们每人各给乡甲约一册，令其自己研究，半月后在明伦堂当官讲解，善者有赏，不善者再令习学，再令讲解，三四月以后，全体学生便已精熟。他们这班领袖的领袖训练好了以后，然后分发各约去训练约正、约副、约讲、约史。大约每人分任数约，每约只住二日，"将约中事体，尽令正副讲史甲长，人人明白，个个通晓"，然后再往他约继续训练。这样的分批训练，大约两个月以后，全县便可告竣。然再由县官召集各约正副讲史，每日十约，至明伦堂考验，精通者教练员及正副讲史皆有赏，不通者教练员记过，正副讲史再行学习，务使精通而后已。吕新吾对于正副讲史的训练可以说是比较认真，因为他迷信领袖治民，而不信任人民自治，所以他说"约正副讲史，但有一个识字通文的人，能守规矩，倡率鼓舞，其约自行"（《实政录》卷三查理乡甲条）从现代眼光看起来，乡甲约领袖训练的材料太少，训练的时期太短，不易造成良好的领袖，不易推行复杂的组织，然而当时能够办到这个地步，便是难能而可贵的了。

  乡甲组织因为合乡约保甲治之一炉，自然要比较复杂，比较严密；乡约重精神，保甲重组织，乡甲合一便是以乡约的教化精神，灌注在保甲的严密组织里面。大约城镇以百家为率，村落以一里为率，作为一约。里在明代是乡村的基本组织，是户粮的基本组织，乡约建筑在里上，便不致重楼垒阁，里有里的区域和组织，乡约有乡约的区域和组织，保甲有保甲的区域和组织。现在有许多地方，约的名称变成了基本组织，代替了一切名称，也许是受了吕新吾的影响。每约有约正副一人，选公道正直的人民担任，以统一约之人；约讲一人，约史一人，选善书能劝者各一人充任，以办一约之事。他废除了约长的名称，以免与约正名词混新不清，而仍用约正副的名词,代表全约的领袖,倒是一个很好的复旧办法。至于南赣乡约约正的工作,现在由约讲担任,所以乡甲的约讲,就是南赣乡约的约正,乡甲约的约正,便是南赣乡约的约长。约史的名称,约史的工作,还是照旧保存;知约和约赞的工作,分配在约史和甲长身上,所以名词也就取消了。南赣乡约的约正、约史、知约都是每种四人,约赞亦有二人,连同约长一人,约副二人共有十七人之多。乡甲约的约讲只有一人,约史也只有一人,连同约正一人,约副一人,才有四位职员,虽然不敢说是太少,至少不能算多。

乡甲根本组织虽然十分简单,只有职员四人,不过下面还有一个十甲四邻的保伍组织,旁边还有一个保正保副的组织,上面还有一种公正的组织,都属于乡甲约的本身,也就不能说是十分简单了。十甲的组织,是十家为一甲,十甲为一约,每甲有甲长一人,由甲内九家公举。四邻的组织,是以五家为一组,由本家算起,加入前后左右四邻共为五家。不过每家都有四个邻居,所以甲的四邻为乙丙丁戊,乙的四邻为丙丁戊已……并不是每五家组成一邻,每二邻组成一甲,甲长四邻的功用,完全在互相劝化,互相考察,使奸民无处容身,盗贼无所遁迹。因为一家有恶,四邻要负责劝化,劝化不听则四邻告知甲长,甲长告之约正,书之记恶簿以示惩罚。凡重大过恶,四邻知而不报罪坐四邻,四邻举发而甲长不报罪坐甲长,甲长举发而约正副不书罪在约正副,所以一人有罪,九十九家俱有干系,拿九十九家的耳目,来考察一人的过恶,奸恶自然无所逃形。不特规恶如此,劝善也是如此,一人有善,四邻以告于甲长,甲长以告于约正,书之记善簿,以示奖励。这连坐相司的方法,完全是保甲的方式而不是乡约的精神,完全是荆公新法的副本,而不是吕氏乡约的替身。

约正约副是乡约的本身的组织，十甲四邻是地方基本的组织，现在所要讨论的便是和乡约组织平行的保甲组织。每约百家选保正一人，到了一百五十家便可量加保副一人，平时挨户查察、有事则率领各甲壮丁互相救护。挨户查察限于普通住民，房主地主便只能访问，阶级的情势还是不免。这个保甲组织，不是乡甲制度的正统，保正保副，也不是乡甲制度的首领。乡甲制度的基本组织是十甲四邻，乡甲制度的中心组织是乡约，乡甲制度的中心领袖，还是约正约副。这也是中国政治的传统思想，重文轻武，正文副武，表示教化在先，刑法在后的意思。保正副要选家道殷实，力量强壮，行止服人者充当，他们自己不得推诿，地方光棍也不得顶充。因为盗贼不打劫穷人，保甲专保护富户，地方光棍没有切肤之痛，当然不十分出力，殷实人家却是痛痒相关，何能推诿他人，倚赖他人。其余农民虽不充任保正，首当其冲，然而十六以上，六十以下的壮丁，也得全体参加救护工作。平日一二百家可觅教士一人，教习人民各种武艺，或本甲转辗相教，务使人人习熟，完成农兵的资格。

其实乡约的上面，还有一种"公正"组织，分理全县的乡约，监督全县的约正约副人等。乡约组织是一种单层组织，只有地方一级，而没有区的组织，县的组织，省的组织，以及全省的组织，因为乡约注重在人民自动，在地方分权，所以各村有自己的乡约，有自己的活动，而不和其他农村发生联属关系。吕新吾知道"国初设老人二名，以佐州县之政"，仿佛秦汉的县三老似的。不过老人名义虽有，实际上早已沦为差役仆隶，无复尊敬乡老，引用乡贤的至意，所以普通的人士，谁都不愿意充当。吕新吾为提高老人地位，隆重老人身价起见，另立"公正"一级，概选殷实有德的人士担任，城中二人,四乡八人,分理城中及各乡乡约。凡各约约正约副人等,有不公不法的事情,公正可以纠察,或是更换,或是惩戒。更换的时候,公正也可保举胜任的人士充当。"公正"虽然不真是乡约的高级组织,不真是乡约的行政组织,然而至少有纠察监督的权限,乡村领袖的地位,无疑地是提高了不少。

　　乡甲约里面乡约会期,每月二次,比以前多了一次,既不像朱子月旦集会读约在朔日举行,也不像南赣乡约在望日举行,而是在初二和十六两天举行,大雨雪则向下改移一日。开会的时候,凡是本约的人民,都要前来与会,不能来的得向甲长请假,既不来又不请假,便记过一次,三次不到则禀官,亦不许连给三假,善恶有关的人士不许请假,夏忙和秋忙则放通假二次。朱子月旦集会读约之礼,没有请假处罚的规定,南赣乡约疾病事故可以请假,无故不到作为过恶并罚银一钱,乡甲约也可以请假,自由不到便要记过,要禀官,强迫的程度日深,处罚的规程亦日重。开会的地点,不拘寺庙、公馆或大家厅房,只择能容百人处所。会场上下共设两桌,上桌立圣谕牌一面,及和事牌一面,下桌列善簿、恶簿、和簿、改簿,四种簿书。圣谕牌上书明太祖"孝顺父母,尊敬长上,和睦乡里,教训子孙,各安生理,毋作非为"圣训六谕,和事牌上书"天地神明纪纲法度"八字,圣谕牌不知是王阳明首立,吕新吾首立,和事牌大约是吕新吾首创。圣谕牌桌的两旁,设约正,约副席次,簿书桌的两旁,设约讲,约史席次,其他约众则坐右右站立或坐下。集会的礼节,也十分简单,当场择少年读书者四人为约赞,先合拜圣谕,后分班对揖,就算了结,对于长幼尊卑的序拜完全删去。从前是以约正为中心,注意人和人中间的班序,现在是以圣谕的中心,注意政府在人民中间的威权,似乎有点违反乡村的习俗,民治的原理。

行礼已毕，便要举行善恶的记载，都是由甲长出班向牌跪举，某甲某人某日行某善，为某恶，某人见证，然后善人（或恶者）证人出向牌跪，由约正副问明，约史记录。善恶分别举毕，乃由约正副劝戒一番，约史讲劝戒一番，然后再由约讲讲劝善一条，律例一条，画卯而散。我们在上面已经屡次说过，善恶的标准就不容易决定，善恶的大小尤其是无法测量，然而假使要实行乡约，举察善恶，又不得不有相当的标准。吕氏乡约善行无等级，恶行分为轻重两等，不修之过和犯约之过都是轻过，犯义之过便算重过。南赣乡约一点没有标准，乡甲约便有很详细的标准，以便实际的执行。善行共分大中小三种，小善五次等于大善一次，中善三次等于大善一次。凡有大善的人民，他们的姓名都写在旌善亭上以资奖励，其后犯了公罪，可以减免，犯了私罪，可免记恶。各种善行条件的大小，次第，性质，都有可以非议的地方，不过我们篇幅有限，不能一一指摘，只好引证几条于下作为参考：

一　孝顺父母者一事为一大善。

一　尊敬长上者一事为一善。

一　舍义学，义塚，舍饭，舍衣，舍药，舍方，及报信指路者为一善，多者为一大善。

一　劝化十人改过者为大善，五六人为中善，一二人为小善，能恶大恶者一人准作十人。

一　他人告状劝回和解者，一事为一善。

一　能成就好事者一事为一善，大者为一大善。

乡甲约恶行的分别，没有善行那么清楚，也没有大中小的名义，大约是轻者记恶，较重者禀官，最重者送官。不过此外遇有特别事件，也有特别罚则，譬如赌博送官，财物赏人，并罚谷三石充赏；游食光棍一月记过，再月拘令照月应当轿扛等夫；私用大小斗称尺者，罚银三两给赏。恶行条件条款较多，内容亦比较复杂，不过有许多还是相对善行条件而言。譬如恶行条件第一条，"子妇冲撞父母，及自吃酒肉，父母粗茶淡饭，自穿绢帛，父母破衣烂裳，自骑鞍马，父母先行，自享安闲，父母劳苦，及一切不服管束，自恼爷娘，亲死三年不葬，服内宿娼作乐者，是为不孝之子"，便是对善行第一条"孝顺父母者"而言。还是不忘洪武六谕的原意。第二条讨论尊敬长上事项，如"卑幼侮慢尊长，兄弟互相结冤仇，邻里以小事相争，亲戚以微嫌起怨"，初犯约正副为之和处，再犯则报官究处。第三条讨论家庭争执，第四条讨论邪异端……以下便和善行条件，太祖圣训没有什么关系。

除了这两个善恶标准以外，吕新吾还发明了一种圣谕格叶，一方面为的是调查户口农桑，一方面为的是记载善恶行动和善行条件，恶行条件可以互相为用。圣谕格叶里面的条款，是按着太祖圣训六谕的精神排列的，第一款关系孝顺父母，第二款关系尊敬长上及和睦乡里，第三款关系教训子孙，第四款至第十三款都是关于各安生理，第十四款至第十七款则是关于无作非为。第一款的父母在否，第三款的子孙人数，第四款的土地顷亩，差粮完纳，第五款的何种生理，都于格叶领到的时候，由约讲史查明誊写。其余的条款，每年到了十二月十六日，先由约正率领十甲长焚香誓神："凡我会人，审填格叶，遵行者不许诬枉，违犯者不许回护，如有不公不实，神鬼鉴察，身家被祸。"然后由约正轮流唤各甲长，到圣谕前分别填写。到了十二月二十以后，约正即将已填格叶册单，订好送掌印官处考查，全遵无违者记大善一次，全违无遵者记大恶一次，半遵半违者，分别处罚。这个圣谕格叶的条款，有许多同善恶条件相

圣 谕							
	州县	字约第 甲		系	籍	户	
一	父母	在衣食	缺	忤逆祭扫		缺	
一	长上	尊敬乡里		和睦放债		违禁	
一	子		孙			教训	
一	地顷 亩	分差粮		完	完	完	完
一		生理	勤	惰用度		俭	奢
一	救命会积钱	千	百	十	文量贫富为多寡		
一	积茎	百	十	斤	积粪	十	车
一	养牛	只驴	头猪	口羊	只鸡	十	只
格 叶							
一	栽桑	百 十	株枣	百 十	株榆	百 十	株
	柳	百 十	株杂果	百 十	株杂树	百 十	株
一	取茧丝	十	斤	两纺花	十	斤	两
一	衣食	足			身无破絮家无糟糠		
一		荒闲地土		亩 分种菜		亩 分	
一		赌博	宿娼	酗酒		诈财	
一		聚众行凶		白莲随会			
一	容留奸盗生人			行使大秤小斗			
一	被人告		次刁告人		次唆证人	次	

差不远，一个平日书簿，一个年终誊写，本来可以并行不悖，不过善恶条件的赏罚较重，圣谕格叶的赏罚较轻，善行条件里面的一款即可作为大善，恶行条件里面的一款即可作为大恶，而圣谕格叶一定要全遵无违才作大善，全违无遵才作大恶，似乎有点彼此矛盾，假

使善恶在乡约记载以后,又重新在格叶记载,岂不是善者再赏,恶者重罚吗?

其实这个善恶重复的毛病,不单是善恶条件与圣谕格叶为然,申明旌善亭的设立,州县竖牌的设立,也有一点重楼叠阁的嫌疑。吕氏乡约以簿书记善恶,洪武礼制以亭牌记善恶,簿书隐而婉,亭牌明而显,自然各有各的好处。不过两者目的相同,功用相同,有了簿书似可不必再用亭牌,有了亭牌似可不必再用簿书。吕新吾采用吕氏乡约的根本方案,以簿书记善恶,不过大善大恶惧其不显,又采用申明旌善亭子方法,罪大恶极便另用一种州县竖牌,使全县人民都知其恶。竖牌共有十种,长二尺,宽八寸,上书过恶,下书姓名,钉于本犯门左。凡过恶严重,钉有竖牌的人,街民不与往来,集会跪地听讲以示辱。竖牌的种类如下:

1. 不孝某人——不养父母,时常忤逆
2. 不义某人——骨肉无恩,尊长无礼,夫妻无情,父子生分
3. 做贼某人——偷鸡摸狗,拔树掏谷
4. 赌博某人——赌博开场
5. 光棍某人——游手帮闲
6. 凶徒某人——生事殴人
7. 奸民某人——诡隐地粮,教唆词讼,阴险害人,贪婪利己
8. 诈伪某人——口无实言,行无实事,搬弄是非,妄传诬告
9. 无耻某人——诓骗财物,勾引妇人
10. 败子某人——淫荡破家

吕新吾对于恶行的惩罚,虽然是十分严厉,然而他以为普通人民,"眼不见诗书,耳不闻义理,心不知古道,口不讲王法,今日才入乡约,才学好人,旧心歪心,怎能就变"。所以又设立一种改过簿,

许人民改过自新,除了"杀人放火,强奸断路"要依法处治以外,只要自己悔悟,有人保证,便可将罚规酌量改轻。凡小恶三月不再犯,中恶(三犯小恶)六月不再犯,大恶一年不再犯者,由乡约领袖担保改悔,大恶而钉竖牌者,并要全约人民共同担保,才能发生效力。一切过恶改悔以后,都记在改过簿上,旧有罪名虽恶簿不除,实际上全部取消,不再计算。我们现在把"大恶限满保状式"引在下面,以备参考:

"本县某字约约正副讲史某人,本甲甲长某人,甲众某人,为改过事,本约某人某月日为某事记大过一次,至今限满,并无违犯,情愿改过,如再犯者某某等甘心一例同罪,须至保状者。"

过恶的事情可以悔改,争执的事情自然也可以和解,所以吕新吾本着息讼止争的本意,又设立和事牌,上书"天地神明纲纪法度",无事设于圣谕之旁,有事移于圣谕之前,以代表和解处断的权威。他自己是一个大吏,曾经作过几次州县,知道那时司法黑暗,书吏贪污,所以毫不客气的打开官厅黑幕,打断人民痴心,教他们自己和处,不要倚赖官司。他引用的两句成语,"原告被告,四六使钞""官府不明,没理的也赢",正和我们的"衙门八字开,有理无钱莫进来"一样。应和条件,共分婚姻不明,地土不明等九条,由约正副两造问明,秉公处断。本来洪武时候,老人里长在申明亭处理词讼,可以笞杖断决,吕新吾恐怕是非连累,所以只许口说和处。不服和处的人民,可以再到衙门告状,假使和处不公,约正副便要坐罪,假使和处极公,上告人分外加责。这同我们现在所有的息讼会,或是调解委员会相差不远,虽然不能改革司法的本体,至少可以避免司法的黑暗。

上面讲的都是吕新吾巡抚山西的时候,对于乡约保甲所有种种的设施,不惟他处无人仿行,吕新吾亦未行之他处。不过他对于乡约的思想,是表示的很早,对于乡约的提倡,也曾略为点缀。他在万历二年(公历一五七五年)任襄垣令,颇著成绩,三年去任,四年民为之立祠,五年民为之立牌,以志纪念。他自己不好意思,提议改为乡约所,并且说:"夫邑之有乡约,以崇圣训也,士民暇则与聚焉,谈礼义,敦情好,以保其丘卢,而俗益长厚,盖有邑则有之矣。向余念弗及此,实阙然有遗罪焉",可见吕新吾乡约的思想,到此时才正式产生,乡约的组织,便等到巡抚山西的时候,才正式定成。他五十九岁以后便在刑部任事,没有地方的责任,六十二岁至八十二岁,家居二十年之久,自然不能再借官府的力量,来提倡乡约保甲的工作。不过他对于礼仪教化,社会集约的信仰还是很深,提倡还是很力,所以宁陵乡里,宗约会约也就渐次发达,成为地方的根基,民众的力量。他是吕氏的子孙,自然要提倡吕氏宗约,使宗人修祀事,讲宗法,睦族情。吕氏宗约岁二十四会,倡行不久,倡者倡馆,事亦寻废,新吾兄弟乃出而提倡,并亲作宗约以备其法,以久其事。他不惟作宗约法,并且作宗约歌八十五首,劝同宗祭祖,孝亲,笃亲,友爱等等,用"极浅、极明、极俚、极俗"文字,"但令入耳悦心,欢然警悟"。宗约的赏罚,似乎也是应用一种书籍的办法,不像从前作官时候的科罚。纪善的簿册叫作鹄史,记恶的簿册叫作颚史,都是他创作的名词,创作的制度。

  鹄史颚史形状如何,内容如何,我们不易求得原本,也无从代为描写。不过《去伪斋文集》里面,有一篇"鹄史序",一篇"颚史序",对于赏罚的原理,说得十分切当,几乎替我们解决了我们欲言而不能,欲言而不敢的乡约赏罚问题。"惟君子不待赏而劝,不以不赏而沮",所以赏的问题,在修养有素的领袖方面,是用不着考虑的。他们有一定的目标,有一定的步骤。一步一步的向前进行,易也是如此,难也是如此,赏也是如此,不赏也是如此。所以奖赏劝善,完全是对一班普通的民众,一班没有定向的民众,一班可以为善,可以为恶的民众而言。不过民众的人数那么众多,民众的善行也有大小,我们还是赏少呢,还是赏多呢,还是赏大呢,还是赏小呢?吕新吾的答案,是"赏之所及,则所赏者终其身不敢为赏辱;赏之所不及,则虽不欲赏而以不见赏为耻。是赏一事非以一事也,赏一人非以一人也。是故赏善不在大,赏小则人皆曰善无微而不录;赏善不在贤,赏愚则人皆曰善虽愚而不异;赏善不在明,赏幽则人皆曰善无隐而不知。吾赏其小者,愚者,幽者,以为大者,贤者,明者慰,以为未必大,未必贤,未必明者劝,此赏善之道也"。他并且引赵武灵王赏一舞女而九女皆劝的故事,作为赏一奖百的比证。

恶行在吕新吾的乡甲约里面,是轻则记恶,重则禀官,最重则送官;不过到了吕氏宗约里面,吕新吾才发见记恶的效力,反比送官的效力为大,真是在官言官,在宗言宗,到底是他在那里发明新理,还是在那里顺应环境?他从前信任官吏,信任刑罚,以为惟有良吏可以治民,严法可以威民。现在乡居日久,对于农村社会,乡民心理,似乎又多了一层了解。刑法是稀疏的网,而不是严密的布,更不是水泄不通的象皮,所以漏网的恶人一定很多,漏网的人越多,作恶的人愈无所惮,由是倒行逆施,莫敢谁何。就是落网的人也还可以自宽自解,欺人骗人,说自己冤枉,官吏贪污,仿佛殉道的志士,取得社会的同情。颚史纪恶,祖考在上,父兄在旁,子孙在下,众口共举,众目共斥,这种道德的羞辱,这种社会的羞辱,到哪里去躲,到哪里去洗。所以吕新吾说史权重于铁钺,史录其过重于铁加其身,不能说没有相当道理。其实中国史官在古代曾有无上威权,所谓一字之褒,一字之贬,布之天下,传之后世,谁敢去倒这个霉;后代的御史,也曾朝奉弹章,夕草参折,破过多少权奸的胆,拆过多少元恶的台。乡约记恶,是乡里的史官御史,宗约记恶,是宗族的史官御史,只要不怕威势,不贪贿赂,颚史的威权是不可以磨灭的。

会约的性质,大约和宗约相仿,都是追随吕氏乡约的遗规,由人民自己团结,互相规劝。不过宗约以宗族为主,会约便是不同宗族的人,或是没有宗族的人,也联络起来,组织起来,去作记恶赏善的工作。桃堽居民为里社之会,里面有新吾先生的哥哥参加,新吾先生名之曰老实会约,并且替他们作了一篇序,说明老实的哲学:"夫存心老实则心有余闲,持身老实则身有余乐,治家老实则家有余财,处人老实则人有余爱,干事老实则事有余稔,是故五谷必老实而后可食,材才必老实而后可用。是会也崇真尚朴,务质守俭,以此而居乡则人情厚,以此而奉祀则鬼神享"。《去伪斋文集》卷五老实会约序。艺人孙节等有葬亲合作的组织,也愿受约立于讲外,新吾先生名之曰孝和会约,也作序赞美他们的举动。同上孝和会约序。此外各里各业的会约,大概不在少数,可惜新吾先生没有一一提及,我们也无从忆断了。总而言之,乡约自动的精神,乡约互相的精神,到了明代末年,已经完全成熟,宗族有约,学人有约,乡里有约,艺人亦有约,高攀龙的高子宪约,刘宗周的证人会约,尤其是出人头地,风靡社会,卢梭民约论以前一百多年,居然也有这么伟大,这么流通的一个民约运动。可惜当时的学者,重文轻武,重道德而轻保卫,卒被一个新兴的民族完全征服,这是乡约的美果,还是乡约的恶果?

第八章　乡约保甲的合用下

吕新吾是乡约保甲合用的第一人,刘蕺山便是乡约保甲合用的第二人,吕新吾草创规模,自然不能十分完善,刘蕺山师事成规,自然易于斟酌损益。不过吕新吾的官职大,时代好,所以成绩也比较优良;刘蕺山起初施行乡保的时候,只是一个府尹,后来襄赞朝廷的时候,又到了崇祯的末年,乡约保甲固然不能挽回明末的劫运,时机也没有允许他们去挽救。所以我们研究吕新吾乡甲制度的经历,是吕新吾一段成功的历史,一段得意的历史;我们研究刘蕺山乡保制度的经历,是刘蕺山一段失败的历史,一段伤心的历史。

刘蕺山在明儒理学的地位,自然是十分超越的,虽然赶不上王阳明先生,然而也在前五名以上,和顾宪成高攀龙齐名。他所作的人谱,阐明太极阴阳动静的道理,和周濂溪的太极图,有同样的价值。"人谱"见《刘子全书》卷一。他主持的证人社,虽然不及东林书院的声气浩大,然而在明末学术界里,也有相当的地位。社人会约的办法,有约言,有会讲,颇有乡约的遗意。明末学者组合的会约极多,证人会约由蕺山主持,在侪辈中自然是比较有声有色。"证人会约"见《刘子全书》卷十三。他不但是一位第一流理学先生,并且是一个第一流政治家,一个第一流经济家。他作官的职分不大,日子不久,本来可以不必多所论列,多所参奏,然而他总是知无不言,言无不尽。他作"行人"的时候,便实行《周礼》行人的职掌,去讨论藩卫封建的问题。见"敬循使职,咨陈王政之要,恳祈圣明,端本教家,推恩起化,以裨宗藩,以治万田治安疏,《刘子全书》卷十四。他自己知道是使署冗员,分不得论列天下事",然而以为世教人心之责,又不能不出来说几句话。所以他一则疏论"修正学以淑人心,以培国家元气",再则疏论"躬礼教以端法官之则,以化天下",三则曰"参正孔庙祀典,以为万古师道",乃至学校,选举,兵事,财政,莫不有恳切的呈请,精确的论断。不过他的根本主张,总不外教化两个大字,差不多可以说是中心的主张,惟一的主张。他初任顺天府尹的时候,便请修明京兆职掌,大者击断贵戚,小者翦戮豪强。崇祯二年清兵围困北平都城的时候,他正是顺天府尹,有守城守土的专责,蕺山乃编排保甲,安插流亡,并力辟迁徙之议。他的"保民训要",寓乡约于保甲之中,寓教化于刑法之内,便是这个时候产生的。他作都察院右都御史的时候,便更要执行御史的弹纠,图谋风纪的严肃。他的"乡保事宜",寓保甲于乡约之中,寓刑法于教化之内,便是这个时候产生的。

他对于赋役方面,也有不少的见解和工作。治理京兆的时候,清汰赋役,裁革冗额至一万六千余金。他归隐田里的时候,对于地方徭役不均,每于攒造黄册的时候,提倡均役的办法。因为浙江旧例,缙绅大家不在里甲之内,所以细民百亩而役,大家万亩亦不役。崇祯十四年又值攒造黄册的日期,蕺山愿以身作则,率领缙绅大家参加里甲,以分平民徭役。后来蕺山应召北上,邑令欲专排刘姓缙绅尽入里甲,计地八千亩合为二十甲,其他姓因族人反对,故仍不列入。刘姓本仅应役十甲,因为蕺山提倡的原故,增至十四甲。蕺山地近百亩,依缙绅例无役,依平民例役一年,而蕺山因分布两里,故以百亩之地,而应二年之役。可见蕺山对于均役问题的以身作则,也可见均役办法的不易通行。见《年谱录遗》页十至十一。

他不但对于人民赋役十分关心,主张平均,并且对于其他国民经济,社会福利,也作过不少的工作。他的本乡山阴县天乐乡,因受浙江、西江、麻溪三水合流影响,潦时常为泽国,因受麻溪坝隔绝影响,旱时亦成荒乡,所以民生异常困苦。故老相传,以为"天付吾乡乐,虚名实可羞,荒田无出产,野岸不通舟,旱潦年年有,科差叠叠愁,世情多恋土,空白几人头"。蕺山查察山川形势,依照历代进展,才知道"碛碾永不可塞,麻溪永不可开"的厉禁,已经失去当时的原有效用。他提出三个主张,上策移坝,中策改坝,下策塞坝洼。移坝者移麻溪坝于猫山,专备横决之浙江、西江,而不备细小的麻溪。改坝者加大麻溪旧坝,使麻溪得以畅通而免水患。塞坝洼者,使坝内外居民,旱年皆可分润麻溪之水,而不为坝内居民所独占。以上见"天乐水利议",在《刘子全书》卷二十四。猫山闸本来是大水关闭,小水开启,以避浙江、西江二水的倒灌,而闸夫贪利,大水亦开闸通过船只,以致天乐常遭水患。所以蕺山又作猫山闸议,主持更闸制,使大水时闸低不能通舟;更闸夫,使大水时为民而不谋利。见《刘子全书》卷二十四。

他不但关心水害,也关心民食,预防方面他提倡社仓,实际方面他参加赈济。崇祯十二年秋收不佳,十三年春收无望,浙江发生饥馑,乡绅乃极力筹捐,一面赈济,一面平粜。蕺山以为"年年议储米,年年议平粜",结果总是无成。所以主张提出一部捐款,办理社仓,以为百年长久之计,并引孟子"制田里,教树畜,为王政本",而以社仓为"近世之田里树畜"。见"社仓缘起",在《刘子全书》卷二十四。当时惟有友人钱钦之赞同,在昌安厢一地实行,后来全府也采同样办法,令行三十九坊限坊储米,以备荒年。蕺山也和同里朱邢各君,醵米二百石,成为昌安社仓,并作有昌安社仓记。《刘子全书》卷二十四。里面有"储米于今日,即社仓之虚著,储米于他日,即社仓之实著","不狃于目前可喜之功,而必为千百世无穷之虑",并且提到蓝田吕氏,关中横渠氏,称道他们联属乡人的功劳。社仓事宜有入例,有出例,有平粜,有赈粥,有周恤,每年推老成殷实者一人,掌管一切出纳,以三年为任期。"社仓事宜"见同书。至于实际赈灾的工作,他也行过多次。他作京兆尹的时候,因为京师被危,难民千万,流离失所,乃以地方长官的资格,会同缙绅尽力赈济。崇祯八年天乐,桃源,紫岩等乡被水,蕺山募银二百四十两,米十五石遣诸生赈之,其后政府亦拨米一百八十石助赈。崇祯十年嵊县旱灾,蕺山募集银六百三十七两,米一百七十一石,又募本地八百九十余石,遣诸生分设粥厂一百三十七所,日赈四五百人。夏季又募三千余金,赈饥民四万二千一百三十口。

　　此外乡约保甲,更是他的政治根本办法,没有一地不如此设想,没有一时不如此设想。他作京兆尹的时候,曾实行过乡约和保甲,并作有"保民训要"一篇,描写他的乡保制度。崇祯七年他乡居的时候,邑令提倡约,他便作乡约小相篇,比"保民训要"更加详明,可惜令不能行。他的乡约理想既不行之乡里,他便作"刘氏宗约",转而行之宗族,正和吕新吾乡居的工作一样。他作都察院的时候,又有"乡保事宜",要把乡约保甲方案,行之他的旧蜀京兆地方。后来都城沦陷,崇祯殉国,浙绅有举蕺山担任浙东团练乡勇事务者,蕺山又作乡书,广乡书;乡书言乡保积储城守义勇诸务,广乡书则兵农里甲合议,并于朔望会士民讲乡约,习武艺,以谋守御。见《年谱录遗》页十二至十三。然而都城是失陷了,崇祯是殉国了,南京又失陷了,连他们浙江的杭州也失陷了。蕺山知大事已去,独木难支,一方面自愧不能挽救国难,一方面又怕被迫失身异族,所以绝食二十余日——顺治二年六月十五绝食,二十五日投水未死,七月初八绝命——先生的饿食,比起文天祥,方孝孺,又不觉有"慷慨从戎易,从容就义难"之感。他这种学术,他这种精神,为什么不能挽回明末的劫运,自然是我们很关心的一个问题。他这样的提倡乡约制度、提倡保甲制度,乡约制度,保甲制度加上他的学术,加上他的精神,仍然无补明末的大局,更是我们要研究的一个问题。

不过在没有问答上面两个难题以前,我们必需先来分析他的乡保制度内容,研究乡保制度的环境,以及乡保制度的进展,才敢有一个具体的答案。他实行的乡保制度共有两个,一个叫作"保民训要",以保甲为主,乡约为辅,一个叫作"乡保事宜",以乡约为主,保甲为辅。"保民训要"是在崇祯二年(公历一六二九年)任顺天府尹的时候颁布的,"乡保事宜"是在崇祯十六年(公历一六四三年)任左都御史的时候奏呈的。十四年前的乡保制度,是教化寓于保甲之中,十四年后的乡保制度,是以乡约行保甲之法,名义虽然不同,而根本原则,主要办法是一样的。他颁行"保民训要"的时候,是一位顺天府尹,京师为帝都所在,五方杂处,所以第一个问题自然是地方治安。并且那个时候,流贼遍地皆是,清兵出没近畿,尤其不能不讲保甲,不讲守御。所以"保民训要"开宗明义,便是"为通行保甲以安地方事",并且以为"弭盗安民,莫善于保甲"。"保民训要"里面的名称,也是什么"保甲之籍","保甲之政","保甲之教","保甲之礼","保甲之养","保甲之备","保甲之禁"等等。"保甲之籍"是普通的户口编查,还可勉强说是保甲的工作,"保甲之政","保甲之教","保甲之礼",便近似乡约的工作,"保甲之养",近似社仓工作,只有"保甲之备"和"保甲之禁"才是真正的保甲工作。我们现在先将"保民训要"里面的内容稍加分析,然后再去讨论"乡保事宜"的内容,以及这两种制度的异同优劣。

保甲之籍共分军民两种,军有屯军、营军,民有土著、流寓以及士、农、工、商、庶人在官、道、僧、优人、乐户、流乞十种的分别。军人除战守有事外,都要听有司(地方长官)的节制;不过因为军人本有名籍,本有编制,所以"保民训要"并没谈到军人的名籍和编制。民人如士、农、工、商、庶人在官五种,是没有问题,一体编查。下面的五种,则"妖道有禁""游僧有禁""合班梨园有禁""土娼有禁""奸细有查"尤其是流乞的管理,弄得特别周到。"凡流乞总甲收之各铺房,查其来历,冬月以官糈养之,至春遣还原籍收管,驱以力农"。不过无家可归,或离家太远的流乞,也可通融办理,流寓京师。民人的编制,自然不外乎十户为甲,甲有长,十甲为保,保有长的旧法。不过十保的上面,蕺山加上一个乡的阶级;若干乡的上面,又有一个坊的阶级,五坊的上面为城,五城的上面为畿,五城的外面为郊,郊的外面为都鄙。他这个乡保制度,虽然有乡长的名称,虽然有都鄙的名称,有近似吕氏乡约的六条,有洪武乡里的六谕,然而老实说起来,大部是城市的工作,不是乡村的工作。乡村是一个基本的社会单位,自然的社会单位,彼此互相认识,彼此互相信托,奸宄才容易查察,教化才容易推行。拿乡村的办法去推行到城市,去推行到五方杂处,万恶会萃的京师,无怪乎地方治安,人民风俗只能纠正于一时,不能传留于永久。然而保甲到底是保甲,乡约到底是乡约,我们不能因为他们移到城市,便不去研究他们,更不能因为他们在城市不易实行,便不去研究他们。蕺山也知道彼此认识,彼此了解,是保甲乡约的基本条件,所以一甲之内,"各户互相亲识,以听命于甲长;一保之内,各甲互相亲识,以听命于保长";一乡之内,各保互相亲识,以听命于乡长……一甲之内只有十户,自然彼此熟识;一保之内共有百户,还可勉强相识;一乡之内共有千户,便没法认识,乡的上面人户更多,认识更谈不到了。也许戢山的原意,不是指人民的认识,而是指领袖的认识,譬如一保之内,十个甲长互相亲识,一乡之内,十个保长互相亲识,便没有什么困难了。不过单有十户里面的人民相识,十户以外便只有领袖相识,而没有人民相识,治道或者可以维持,教化实在是不容易推行的。因为教化的推行,完全根据情感的放射作用,人民彼此不相认识,情感关系也便无从发生,乡约之所以为乡约者以此,乡约之所以不为市约亦以此!

因为"保甲之籍"管的是人民户口,所以一定要有一种户口表格,去登记每户的人口状态。"保民训要"的后面,附带有四种保甲牌式,第一种是民户用的,每户一纸,下面的三种便是甲长、保长、乡长用的,每人一纸。民户用的牌式,和普通的保甲牌式相差不远,由乡长给与,并加盖乡长私记。内容无非是某城某坊某乡某保某甲人,某业某籍,何时迁来,何处迁来,父某,母某,兄某,弟某,妻某,子某,客某,仆某等等。不过人口记载的后面,还有一个附录,说明成丁、门面、户税、行税、月粮、器械的数目,以便有事的时候,可以征发人夫、筹画饷械。甲长的牌式前面有甲长个人的登记,也是某城某坊某乡某保某甲甲长,某业某籍,何时迁来,何处迁来。牌式的中部,专载本甲十户各户长的姓名和职业。牌式的后部,添上几句有趣的文字,"火烛相诫,盗贼相御,忧患相恤,喜庆相贺,德业相劝,过恶相规",极像吕氏乡约的条款,也就是戢山所谓寓教化于保甲的办法。保长、乡长的牌式,和甲长是一样,都是由政府发给的,当然下面所辖的阶级名称,自然要跟着更改的。不过乡长牌式的里面,又有两个小小的问题,值得我们的讨论。一个是本籍的申明,"必用土著士绅",在甲长、保长牌式里面是没有的。这是不是说甲长,保长可以不用本籍人士,而乡长必需用本籍人士?甲长、保长是按照住宅的次序排列的,举到某人便是某人,所以不能分别本籍客籍。并且甲长,保长的关系比较轻一点,所以寄籍也可充任。第二个问题是乡长的名称,在"保甲之籍"的本文原作"乡长",在乡长牌式的前后也作"乡长",不过到了中间便叫作"乡约长",把乡约的意味又加多了一点。乡长不但有牌式,并且有专札,里面的文气,便乡约多而保甲少,我们不妨转录在这里,以资参考:"某府县为乡约事,照得京师首善之地,保甲王化之基,积甲成保,积保成乡,厥任弥重,实惟吉人端士,乃克胜之。咨尔学行老成,众所推允,兹特立尔为一乡约长,约尔一乡之民,使出入相友,守望相助,共成敦睦之风,永效君亲之戴。尚有异数,俟尔殊能,须至札者"。

"保甲之政"名为保甲之政,其实是乡约之事,纲目六款像上面保甲牌式所载的一样,"一曰火烛相诫,二曰盗贼相御,三曰忧患相恤,四曰喜庆相贺,五曰德业相劝,六曰过恶相规"。因为保甲注重治安,所以吕氏乡约患难相恤的火水,盗贼另立专条,并且放在前面。第三条忧患相恤便是吕氏四条的患难相恤,第四条喜庆相贺便是吕氏三条的礼俗相交,第五条德业相劝和吕氏一条是一样的,第六条过恶相规和吕氏二条只差了一个字,这些事业的实行,"一户有事,九户趋之,一甲有事,九甲趋之,一保有事,九保趋之,一乡有事,各乡趋之。一甲十户的合作,自然是没有什么困难的;一保百户的合作,便比较的困难;一乡千户,认识尚且不能,又怎么能通盘合作；一乡以上，便更不消说了。不过下面又有一个相反的意见，"小事听乡长处分，大者闻于官"，甲长保长又是干什么的，保甲组织又是干什么的？从前的保甲组织，都是什什伍伍的组织，从前的保甲工作，都是提纲挈领的工作；如身之指臂，臂之使掌，掌之使指，只顾上面指挥的灵便，而不顾人民合作的困难。府尹为五城总领，由皇上擢用，去指挥监督五城的乡保；城司为五坊的总领，由府尹与城院会荐，去指挥监督五坊的乡保；坊官为各乡的总领，也由府尹和城院会荐，去指挥监督各乡的乡保。由此而下，乡长指挥保长，保长指挥甲长，甲长指挥户长，完成上下相维，大小相承的保伍组织。组织固然是十分严密，然而未免太机械一点，太人为一点，对于反面的防制工作，自然不无小补，对于正面的教化工作，是没有什么帮忙的。

　　"保甲之教"完全根据在洪武六谕上面，各甲每日一申饬，各保每旬一申饬，简其不肖者教之，保长累赘还少，甲长岂不是一天到晚都要忙死？此外又照洪武最初的办法，以木铎徇于道路，且行且击，且击且读，以惊悟民众。朔望的会集还是照旧，由各乡会同官府共同宣读六谕，并且申饬不肖，或旌善，或记过，以儆其余。凡本乡终岁无讼者，旌其乡曰"仁里"，乡长特予记录；早完官税者旌其乡曰"义里"，乡长也有记录，息讼是仁，完税是义，戴山也未免太牵强一点；凡民六德（指六谕）俱备者，乡里选举其善；能具三德者，门旌以扁；高年有德者，乡饮酒时荣以宾位；忠臣孝子义夫节妇，便申请朝廷，特加旌表。济恶不才者有罚，三犯则书门以辱，俟改过乃为除去。这个赏罚的办法，和其他乡约赏罚相差不远，不过又多加了"乡举里选"乡饮宾礼，朝廷旌表之类，都是名义上的赏罚，心理上的赏罚，而不是实质上的赏罚。上面讲的都是成人教化，所以偏重乡约；不过儿童也应当有相当的教化，也应当有乡学的设置。所以"保甲之教"里面，便有这样一条；"凡乡立乡学，举乡师，教其子弟诗书礼乐射御书数，达于成德"。其实"保民训要"的后面，还有社仓的设备，所以刘蕺山的乡保制度，也和吕新吾的乡甲制度，以乡约保甲为主，以社学社仓为辅，几乎成为一个整体的乡治系统。

"保甲之礼"冠婚两项，完全依照"文公家礼"，丧祭两项，便只参酌"文公家礼"。朱子的家礼在明代乡里，早已发生效力，刘蕺山便正式把他放在乡保制度的里面了。其实冠婚丧祭完全是家礼而不是乡礼，所以朱子叫作家礼，后人也叫作"文公家礼"，放在"保甲之礼"里面，似乎有一点勉强。除了冠婚丧祭以外，还有三种真正的乡礼，就是《周礼传》下的乡饮、乡射、读法。乡饮共分春秋二次，大小两种，一乡由保长甲长共出饮资，先祭土谷之神，然后再行会饮之礼；一甲只由甲长会集各户聚饮于私家。乡射每月朔望皆有，所以练习武事，士人习射于学宫，齐民习射于别圃，庶人在官者习射于公署，都是由技术高明的人教导，官长只负提督之责。读法就是宣讲圣谕，只由各乡"约长"率领保长、甲长参加，而没有普通的人民参加，倒是一个特别的先例，乡约宣讲的地方叫作"乡约所"，也有圣谕牌，也是朔望举行，也有善恶报举，同朱子的月旦集会读约之礼相差不远，不过一个是领袖的聚会，一个是人民的聚会，差别虽少而关系颇大。因为乡约宣讲是乡约里面一个主要部分，也是教化人民的一个重要方法，只是领袖参加，没有人民参加，教化的功效自然会减低不少。"保甲之礼"后面，并且提出几个上下高低的原则，"凡家庭尚亲""凡公庭尚贤""凡乡社尚齿""凡讲约尚贵"，作为日常生活的标准。甚至行路的男左女右，来往让避，以及饮酒的程度，菜肴的数量，都有一点解释，作为日常生活的参考。

其实"保民训要"里面最特别的一纲,还是"保甲之养",关系农田、水利、树木、粮食、仓库、赋税、养济、义冢、施棺等等,完全是物质生活里面的事项,为现在社会所重视,而为乡约保甲所忽略的。吕氏乡约第一条的德业相劝,虽然也有"治田"的字样,然而地位极小,关系极轻,不能和精神方面的事项,道德方面的事项相提并论的。作者分析吕氏乡约的时候,对于德业相劝的业字,总觉得发挥不足,总觉得有补充的必要。"事父兄,教子弟……"这一大段,似乎是德而不是业,并且前面已经列举。真正的业,只得"读书,治田,营家,济物,好礼乐射御书数之类",而读书和礼乐书数还不能真算作业。现在有了蕺山的补充,吕氏乡约的缺憾,当然可以弥补了。农业的提倡,共分"农田","树宅"两部,农田包含稻、黍、稷、麦、菽五种,树宅包含桑、麻、木棉、枣、杨以及其他蔬果。春天"令民毕出在野,有事于耕",夏天"令民毕出在野,有事于籽",秋天"令民毕出在野,有事于获",冬天"令民毕入在户,有事于盖藏",都是在每月朔日,由"坊厢承旨转相传谕"。这完全是农民自己的工作,不知京师乡保为什么要弄上这些农业工作,也不知社会乡保为什么要弄上这些私人工作。这和上古时候的村落社会(Village Community),现在俄国的集团农场(Collective Farm)十分仿佛,不过私有产权还没有打倒罢了。农业知识的推广,农业技术的介绍,在现在农村也是不可缺少的一种社会工作,不过农业实际的工作,实在用不着承旨,也用不着传谕。

关于粮食调节,灾荒救恤的办法,刘蕺山也有一个特别的办法,又破除了朱子社仓的成规。他的办法不是每村有仓,每仓有谷,丰年则收入,歉年则放出的老法。他的办法是每甲有一二户蓄粮,每保也有一二户,每乡也有一二户,坊司买米积煤,州县常年积

第八章　乡约保甲的合用下

谷,一层一层都有预备。每甲推一二户,预蓄杂粮一年,煤刍一年,遇欠则以时价分卖于本甲,每保也推一二户,预蓄杂粮煤刍二年,每乡则蓄三年之粮煤,似乎算是充分的预备。不过这一二户如何推出,他们是不是愿意预蓄;预蓄的资本是否由私人自出,私人是否有这许多资本;将来出卖的时候,什么是时价,歉年所得的钱是归谁,丰年所赔的本又归谁,都是刘蕺山没有回答的问题,还有"杂粮一年,煤刍一年"是否指一户一年的煤刍,或是十户一年的煤刍;一户一年的煤刍无补于其他九户,十户一年的粮煤又似乎太多。因为每甲有人预备一年,每保有人预备二年,每乡有人预备三年,假使是指他们自己的粮煤,一甲只有一二人,一保只有一二十人,一乡只有一二百人有煤有粮,其他的大多数还是没有法想,假使指全体一年,二年,三年的话,一共预备了六年的粮煤,还有州县和坊司的接济,又似乎是太多。不过蕺山这种分家积蓄的办法,比起社仓共同积蓄的办法,以觉得易得人民的信仰,易于在各处实行。此外"保甲之养"还谈到赋税、养济、养塚、施棺的设备,赋税是政府自己的事情,其他便是乡里的义举,也是不可少的。

刘蕺山闹了半天保甲长,保甲短,保甲这个,保甲那个,其实只有这个"保甲之备",是真正保甲的工作,是真正防卫的工作。器械每户备兵器一件,木棍一条,每甲备锣一面,每保备牛三只,骡三头,每乡备马四匹,弓矢二十副,以资应用。壮丁每甲挑选三名,每保共有三十名,另加艺士二名,每乡共有壮丁三百名,艺士二十名,另加韬略士一名。无事自相团练,只由每乡火夫一人,鸣锣直夜,并口宣火烛相诫,盗贼相御,忧患相恤,喜庆相贺,德业相劝,过恶相规,以资警劝。有事壮丁艺士集合,由韬略士部署,受命于司城,以相守御。郊外有警,士民先运粮食入城,寇至则相率入城,各依亲戚借住，或至寺院聚居，以完成坚壁清野的政策。这个办法假使能够实行，千百人民便可以自守，千万土匪都没有办法，明末如此，就是现代也还如此。最后一条"保甲之禁"也有一点保甲禁暴安良的意思，一共有十三目，无非是什么停丧娶妻，同姓为婚那一类违反当时社会道德标准的事件。禁约的举发，普通保甲是连坐的，这里也是如此，"一户犯禁，九户举之；一甲容奸，九甲举之；一保容奸，九保举之；一乡容奸，各乡举之；司坊容奸，上官举之"。

上面讲的那个"保民训要"，是地方官吏分内的事情，地方自治应有的工作，不过刘蕺山对于乡约保甲特别重视，屡次加入奏章，几乎视为国家根本政策之一。王阳明，吕新吾不能不说是提倡乡约保甲十分努力，十分认真的人物，然而他们只认为地方的工作，而不认为国家的工作，所以他们的奏章里面，是不讨论这些东西的。蕺山"再申人心国势之论，以赞庙谟疏"，题目何等重大，里面的内容倒有一半是鼓吹保甲和乡约。全疏共分四点，一曰安民心，令民立为保甲，编成义勇，岂不是在那里谈保甲吗？三曰安士心，以为乡约保甲之法相为表里，既有保任之法，则不可无约束之法，既有人民团结为保甲，则不可无老成行谊之士为约长，岂不是在那里谈乡约吗？"敬陈地方善后事宜，以祈圣鉴疏"，也有"十家为甲，十甲为保，十保为乡，乡择贤者一人立为长，以约束其众。朔望读法，诵高黄帝六训……"，岂不是又在那里鼓吹乡约保甲吗？蕺山立朝不久，屡以梗直忤旨革职，奏章本来不多，关于乡保的奏章自然也不会很多的。不过到了崇祯十五年，升任都察院左都御史的时候，他的乡保政策，又成为施政的根本。因为都察院的职责是风纪，而京师又为首善之区，所以蕺山又有"申明巡城职掌，以肃风纪，以建治化疏"的奏呈。他以为先王之治天下也，先之以敬让而民不争,道之以礼乐而民和睦,示之以好恶而民知禁;不过现在良法美意、荡然无存,只有这个"乡约保甲二事,犹有先王之遗焉",乡约保甲经过这种的称赞,这样的抬举,真是不胜荣幸之至。所以蕺山毅然决然,令所在地方特设乡三老,申高皇帝六言大训,务以其时讲明之。而即以乡约行保甲之法,使比间而居者有善可以相长,有过可以相规、平居而亲睦宛如同井,有事而捍御即为千城。这位大好皇帝,也看上了乡约保甲,以为"讲明乡约保甲,尤得安民要领"。所以蕺山特别起劲,特别卖力,将"乡约保甲,二事通为一事",编成"乡保事宜",一面奏呈皇帝,一面施行地方。这个"乡保事宜",就是我们上面所说两种制度之一种,也就是我们现在要来分析比较的东西。

我们上面已经说过,"保民训要"是以保甲为主,乡约为辅,所以内部的款目,便叫作"保甲之籍""保甲之政""保甲之教""保甲之礼""保甲之养""保甲之备""保甲之禁"。"乡保事宜"是从整肃风纪下手,是都察院下来的章程,又得改换一番面目,所以内容便叫"约典""约诚""约礼""约制""约法""约备"。"乡保事宜"不单是题目简短,内容也比较简短,"约典"只有洪武六谕,"约诚"只有吕氏四条,便算完了两部。约礼每逢朔望,有集会读约之礼,由地方官为主,约正为宾,保甲以下为居民追随行礼。这个宾主的办法,是从乡饮酒礼抄下来的,前此一切的乡约集会,都是没有的。当然开会的时候,也有序拜,也有开讲,也有举善,也有纠过,像普通的乡约集会一样,不过仪节比较简单一点。朔望有普通的乡约读法,初八二十三又有特别的乡约读法,称之曰"小讲期",由约正为主,保长为宾,照常行礼,农忙则辍。此外"岁节有会","饮射有会",都依普通的习俗举行,蕺山不像在"保民训要"一样,替他们详细规画了。约制就是户籍的编制,等于"保民训要"的"保甲之籍";十户为甲,十甲为保,十保为乡,合乡为坊,合坊为城。甲长、保长、约副皆以才充,约正则以德充,或以齿以爵亦可。约法相当于"保民训要"的"保甲之禁",一户有事,一甲举之;一甲有事,一保举之;一保有事,一乡举之;一乡有事,坊官举之;一坊有事,城御史举之;匿而不举,举而不实都有罚。不过"保甲之禁"纯粹是反面禁约,"约法"则有正反两面:正面有劝善条例,反面有惩恶条例。凡孝子,顺孙,义夫,节妇,良士皆有赏,赏以花红,以粟帛,以冠带,或则给扁,或则题旌,都随善行的大小而定。惩恶条例所查禁的,共有失火、斗殴、酗酒、赌博、拿讹、盗贼等二十一款之多,皆有罚,或笞或杖,或枷号,或题参,或径自拿问,或径行驱逐,完全是乡约纠过以外的办法,法律惩恶里面的范围。最后的约备,也是保甲分内的事情,所以和"保民训要"里面的"保甲之备"相差极少,无非是器械,守望,巡逻之类,我们自然无需一一比较,一一讨论。

刘蕺山对于乡保的提倡,他还以为不足,所以当他接到钦颁宪纲的时候,他又大书特书的来鼓吹乡保制度。本来圣旨叫他们力行,不必徒托敷陈,然而蕺山以为宪纲对于都察院巡方之职,说得不很详细,所以又上了一个"责成巡方职掌,以振扬天下风纪,立奏化成之效疏"。他仿周官六计之说,提出下面六个原则:一曰风吏治以廉善,二曰风吏治以廉能,三曰风吏治以廉辨,四曰风吏治以廉法,五曰风吏治以廉正,六曰风吏治以廉敬。"善以言乎怀保之德",所以蕺山第一主张招抚流亡,编入保甲。"能以言乎其才胜也",蕺山以为才能之所经理,莫先于农事。"辨以言乎其智胜也",蕺山以为心计之纤委者,莫如赋役。法自然是一切民刑诉讼,蕺山主张由"乡约处分回报,一概不科罪名"。上面这四条哪一条不同乡约保甲发生相当关系，哪一条不是在"保民训要"可以找得出来；下面的二条，便是更和乡约保甲打成一片了。"政者正也，子帅以正，孰敢不正"这是蕺山的引经据典，开章明义。要是照寻常的说法，便是风俗，便是教化。俊秀士子，有学校训练，有师儒董正。普通人民便有乡约读法，"因得修其孝弟忠信之行，使民日迁善改过而不自知也"。敬指"临事而敬"，即"近日所行修练储备四者"，"诚风吏以廉矣，于是乎议备御请即自保甲法始"。所谓修练储备四者，蕺山也有很好的解释："众志成城，修之至也；以民寓兵，练之至也；制挺以挞坚利，备之至也；又听民间各置社仓，以行其相友相助之义，则储之至也"。他讨论了上面六个原则以后，又附带一个"六计类要"，和上面并行相较，一曰招抚流移，二曰开垦荒芜，三曰清理赋役，四曰节省词讼，五曰申明教化，六曰修饬备御，里面分成一条一条，注明某省某府某县，对于某种工作的成绩。

上面说的各种办法，各种制度，虽然不见得都曾实行，都有成效，不过不是拿官吏的威权发表的，便是经皇帝的威权承认的，事实上或者没有效果，法律上自然是有地位的。他们并不是空言，也并不是理论，他们都是已经成立的法规，已经成立的制度。我们要看蕺山的乡约保甲理论，恐怕《乡约小相篇》《刘氏宗约》《乡书》《广乡书》里面，更要详细一点，更要完备一点。《乡约小相篇》我们还没找着，据年谱所载，是崇祯六年编辑的，编辑的动机，是扶助邑令提倡乡约，编辑的内容，是"首载高皇帝圣谕六言，衍释大意，次乡约事宜，次乡约类训"。《乡约类训》大约是《乡约小相篇》里面最主要的部分，像"保甲训要"的"保甲之籍"，"保甲之政"……一样，有"乡人守望之约"，有"乡人读法之约"，有"乡饮之约"，有"乡射之约"，有"乡学之约"，有"乡举之约"，有"乡储之约"，把古代的读法、乡饮、乡射、以及学校、选举、保甲、社仓都包罗在里面，所以年谱称其"视保民训要更加详明"。可惜邑令不能施行，致使乡村组织不能根本改造；更可惜原文未能找出，致使蕺山整个乡村组织理论，不能彻底了解。

《刘氏宗约》是在崇祯七年，《乡约小相篇》草成以后一年实行的。约有宗长一人，总宗教，以约九族之众，宗翼二人，左右宗长举宗教；如宗长年龄不大，还要另举宗老一人，以表率宗族。此外办理约事，有宗干一人，司钱谷出纳事宜，宗纠一人，任纠绳纲纪的责任。宗约和乡约一样，也有彰善簿以彰善，纪过簿以纪过；也有月朔告庙之会，也有祖训讲解之礼。不过另有息讼和讼办法，比乡约更加积极，凡族人未经宗长处分，而辄兴词讼者至以罪论。又置族中义田百亩，以周恤宗族，一恤贤，二恤鳏，三恤孤，四恤嫠，五恤丧，六助丧，七助婚。年谱称刘宗事无大小，无不取裁蕺山，蕺山亦"示以尊祖敬宗之道，联以收族合涣之谊"，所以"服习既久，风尚一变，二十余年，通族莫有讼公庭者"，乃至蕺山没后，"犹尊行其教不衰"。

《乡约小相篇》我们不易找得，《刘氏宗约》不知道有没有成文法则，我们对于蕺山乡约理论的了解，自然是非常遗憾。幸而《刘子全书》载有《乡书》，使我们明了蕺山乡约的理论，最后乡约的理论；不幸而《刘子全书》略去《广乡书》，使我们对于蕺山的"兵农里甲"大计，不能有相当的认识。好在《乡书》讲"乡保积储城守义勇诸务"，和我们的题目接近一点；《广乡书》讲"兵农里甲"，和我们的题目离远一点，我们有了乡书的理论，乡书的主张，也可以窥见蕺山全部的主张，最后的主张了。《乡书》虽然是"在乡言乡"，迹似乎小人自谋，然而只要"子言孝，弟言弟，士服诗书农力田，相与无即于慆淫","而伍两卒徒之众,厉兵讲武之法,已寄于此"。只要能如孟子所说"省刑罚、薄税敛、深耕易耨,壮者以暇日修其孝弟忠信,入以事其父兄,出以事其长上",便可"制挺以挞秦楚之坚甲利兵"更"何忧乎外患"。只要"君子之教"闻风兴起,自乡而国,自国而天下,"秦晋梁楚,总属门庭,霜露日月,同流血气"内宁外攘,也不过我们这些"乡人之政"。所以《乡书》这种主张,《乡书》这种办法,小之可治一乡,大之可治一国,可治天下,农业国家的政治,大约都是如此的。

上面所说的见解,是《乡书》开宗明义的前题,自责责人的约言,约言的后面,便是《乡书》的本体。《乡书》本体仍然是乡约保甲合用的局面,约言前序也提出乡约保甲的主张,不过标题是"乡约事宜",似乎又在那里偏重乡约了。蕺山初任顺天府尹,清兵不时入关,不时攻城,治安的维持,流民的安置是他的重大问题,所以保甲的色彩要浓厚一点。编辑《乡约小相篇》的时候,隐居乡里,实行教化,自然会向乡约一面走。所以后来升任都察院御史的时候,便用乡保事宜,现在预备乡书的时候,便用乡约事宜了。"乡约事宜"的内容,和"乡保事宜"相差不远;乡保事宜有"约典""约诫""约礼""约制""约法""约备"六条,乡约事宜便有"约训""约法""约礼""约备"四条,他们两个制度相同的地方固然是不少,相异的地方也是很多,所以我们不能不拿他们来比较一下。

乡保事宜的"约典",只引洪武六谕;乡约事宜的"约训",便在洪武六谕的下面,加上许多蕺山自己的注解。明太祖不好意思自己捧场,所以只提"孝顺父母",刘蕺山硬要说"忠孝一理,在家以父母为严君,在国以元后为父母",正和梁延年的康熙圣谕像解一样。见下章。"尊敬长上"加上"子弟敬父兄,百姓敬官长",大约长的解释是年老的父老,上的解释是位高的官长。"和睦乡里"只加"息争为上","教训子孙"只提到"在世家大族,尤当诫戢僮仆","各安生理"只说"以士农工商为常业"。毋作非为的下面,便分别列出赌,盗、私娼、容留来历不明等人、讹言、夜行、抢火、台戏、迎神会赛、纵妇女入庙烧香、溺女、锢婢、健讼、斗殴、行使假银等十五项。乡约事宜的"约诫",只吕氏四条;乡约事宜的"约法",便在吕氏四条的下面,加上许多戴山自己的注解。至于乡保事宜的事宜,也大半容纳在吕氏四条的"过失相规"里面。其实戴山不惟删去吕氏原有的细目,不惟不用朱子的增损,并且连"德业相劝"也改成"德义相长",倒和他的徒弟黄梨洲改"德业相劝"为"德业相励"遥遥相应。德义相长的内容,完全根据洪武六谕,分为孝、敬、睦、训、生理;过失相规的内容,便是洪武六谕的反面,不孝、不敬、不睦、不训、不安生理。以上德行,过端,都是由甲长、保长、乡约长举发,大则政府旌罚,小则本乡励惩,奖励有时用粟帛以资贫乏,惩罚一等一两,二等五钱,三等三钱。礼俗之交不是朱子本来面目,没有什么"尊幼辈行""造请拜揖""请召送迎""庆吊赠遗";只有春秋社、私宴、贺正、贺冬、致端、贺娶妻、贺生子、贺高年、贺进取九种,由士绅作法,乡人仿行,都以省俭为主。春秋社的举动,不单是彼此交往,而有洪武里社乡厉的意思,以祀土谷之神,以为饮宴之会。患难相恤一条最近吕氏原约,只略去孤弱一条,贫乏一条,而新添灾荒一条。戴山以"相"字为中心思想,孤弱,贫乏完全是被助而不是相助,所以不在患难相恤范围以内,而只有"水火相救,盗贼相捍,疾病相问,死丧相吊,诬枉相白,灾荒相济""贫者出力""富者出财",都以厚重为主。

乡约事宜的"约礼",没有乡保事宜的"约礼"的详细,只分"讲约公会""讲约私会"两种办法,公会由上官主领,私会则士绅约长主领,没有宾主的分别,也没有大讲期,小讲期的分别。乡保事宜的"约制",在乡约事宜没有提出专条,不过在各条的前段,有十家为甲,十甲为保,众保为乡的办法,和乡保事宜的"约制"相差不多。甲有甲长,保有保长,乡有乡约长一人(有时称乡长或约长),约副一人,总甲一人,木铎老人一人,夜巡四人;保甲长以才选,乡约长便以德选。"约备"双方相差不远,无非是预备食粮、人丁、兵器、灯笼、水缸、铜锣、木铎之类,以作城守团练的准备。至于城守的方案,乡勇团练的方案,另有"城守事宜","乡勇团练事宜"附于"约备"的后面,"乡勇团练事宜"是蕺山好友祁世培所作,"城守事宜"大约是蕺山自己作的。因为本书的主题,是施行教化的乡约,而不是施行捍卫的乡守,所以"城守事宜"的内容,"乡勇团练事宜"的内容,我们便不去多事分析了。此外乡书的后面,还附表格四种,第一种是记载保甲人名,第二种是记载户籍状况,第三种是记载队伍人名,第四种是记载善恶劝惩。保甲人名每保一张,保分十甲,甲分十户,只有人名而无其他事项。户籍状况每甲一张,共分十户,每户载明户主年龄,籍贯,生理,子妇,亲识,米粮,器械等等。队伍人名是为乡勇用的,哨分十队,队分二伍,每伍各载乡勇五名。劝惩善恶的表格叫作"劝惩格",大约是每人一张,共分十二个月,连闰月十三个月,白圈注善,黑圈注恶,仍然是朱子善恶簿的余意。《乡书》见《刘子全书》卷二十四。

以蕺山先生那样的学问,那样的人格,那样的热心提倡,乡约保甲应该有相当成绩。乡约保甲要是可以办到蕺山所期望的程度,不要说明末流寇无法蔓延,就是满清雄师,也不易自由来去。然而流贼是在哪里,清兵是在哪里,乡约又到哪里去了,保甲又到哪里去了？这是社会趋势不可挽回，崇祯皇帝不可救药；还是乡保制度的徒法不行，或是蕺山先生的空言无补？明末的大势自然是不好，不但流寇蔓延乡里，并且小人满布朝廷，有一点气节的人物，有一点学识的人物，杀的杀了，跑的跑了，正是小人道长，君子道消的一个时代。魏忠贤当国的那些年头，屡兴党狱，先有杨涟等六君子之狱，后有高攀龙等七君子之狱，因为那时蕺山尚少，不然他也是没有了。嘉宗虽然是偏听奸竖，不可救药；思宗倒是一个有思想，有作为的贤君，蕺山在思宗殉难以后，曾有几句精确的断语，很能代表当时的大势。他说"先帝无亡国之征，而政之弊有四：一曰治术坏于刑名，二曰人才消于党论，三曰武功丧于文法，四曰民命促于贿赂，所谓四亡征也"。时局如此，思宗皇帝不能挽救，满朝文武不能挽救，蕺山个人当然不易挽救，乡约地方制度尤其不能弥补。蕺山的乡约保甲制度，照我们的眼光看起来，和其他的制度比起来，不见得哪一点不如。吕新吾处治世，所以乡甲约容易发生效果，王阳明征反叛，他是拿军事作主，民事作辅，才能削平各洞，擒获宸濠，蕺山在这种时代，一定要在外任，一定要有兵权，才能够攘外安内。他就没有这个机会，只作了一次顺天府，一次都察院，并且每一任的日期非常的短，叫他的乡保制度，怎么能够发生效力？我们很可惜乡保制度没有这么一个机会，去证实他的力量，我们更可惜蕺山先生没有这么一个机会，去证实他的理论。不过反过来想一想，乡保制度没有机会，蕺山先生没有机会，也未尝不是他们的幸福。我们知道蕺山先生的学问，我们知道蕺山先生的操守，然而他这个人，是一个守经而不从权，能静而不能动的先生。他是一个天字第一号思想领袖，他是一个天字第一号的精神领袖，然而讲到实际的社会，实际的工作，他便有一点格格不入。他没有机会，没有成绩,我们可以原谅他;他有了机会,没有成绩,我们便不管他的学问,不管他的人格,要去骂乡保制度的不行,戢山先生的无用了。

第九章 乡治理论的完成

近代的乡治理论,是从《图书编》开始,经过吕新吾刘蕺山的修改,而完成于陆桴亭的《治乡三约》。《图书编》已经看出乡治的整个性,保甲乡约社仓社学的相关性,然而编者找不出一个概念,找不出一个名词,去代表那个整个性,那个相关性。所以前也保甲乡约社仓社学,后也保甲乡约社仓社学,只知道相提并论,而无法治为一炉。吕新吾的乡治理论,单从"乡甲约"这个名词看来,便已有了初步的团结,至少是乡约保甲的团结。刘蕺山的乡保制度,前面那一套"保甲之籍""保甲之政""保甲之教""保甲之礼""保甲之养""保甲之备""保甲之禁",是寓乡约于保甲之中;后面那一套"约典""约诫""约礼""约制""约法""约备",便是寓保甲于乡约之中。不过社仓和社学的地位,还不十分显明,还是十分糊涂,所以吕新吾的乡甲约,刘蕺山的"保民训要"和"乡保事宜",只能说是乡保混合制度,而不能说是乡治整个制度。

只有陆桴亭的乡治系统,才是整个的乡治系统,陆桴亭的乡治理论,才是整个的乡治理论。他的系统既不叫作乡约,也不叫作乡治,而叫作治乡三约,意见是说乡约是乡治的总称,保甲、社仓、社学是乡治的方面,保甲是乡治的第一约,社仓是第二约,社学是第三约。陆桴亭是崇祯末年的人物,他的《治乡三约》是在崇祯十三年(公历一六四〇年)草成的,一方面虽然也顾到乡治当时的趋势,一方面完全是他个人复古的理想。他的序文里面虽然讲的是乡约、保甲、社仓、社学等时代的组织,他的系统里面便只有教约、恤约、保约、教长、恤长、保长那些仿古的名词。他对于古代的制度,是十二分的信仰,对于现行的制度,便是十二分的怀疑。他在崇祯十六年所作的"治通",完全推原孟子封建,井田,学校三大旨,而尤以学校为致治之本。《论学酬答》卷一"答郁仪臣论学校书"。他最相信三代以前的儒治,而不信秦汉以后的吏治,因为儒治于教化上做起,吏治从刑政上做起,所以要恢复三代的儒治,非从学校教化上下手不可。《论学酬答》卷一"答郁仪臣论学校书"。他对于封建井田也是同样的深信,并且有具体的方案,去恢复封建井田的精神,去保存郡县阡陌的利益。

他当然知道封建井田的过于陈旧,不易恢复,所以自己不站在封建一边,而站在封建和郡县的中间。"左郡县者偏于徇今而不识古来致治之原,左封建者偏于徇古而未尽当今制治之妙",他以为这两种学说都是不对的。因为"封建之制,虽足以维持永久,然其主仅存,而中原之民无日不争地争城,肝脑涂地""郡县之制,虽足以苟安太平,然寇贼一讧,而天下瓦解"。所以他要会合古今之制,变通封建郡县,使"有封建之实,无封建之名,存郡县之利,去郡县之弊",达到一个"专柄之任"的地步。封建之制传子,陆桴亭主张传贤,郡县之制任守令,陆桴亭主张任诸侯。其实这个封国传贤的办法和他的井田方案,是一个连串的东西。他要清理疆界,均平地亩,不过怕地主们的反对,才想出这个封国传贤的办法。凡原有地主,仍辖原有土地,并得正式封号,使他们的富上加贵,他们自然没有不乐从的。这一次的封国,完全是以经济情形为基础,使有钱的地主,再加上正式的封号,似乎是火上加油,助长地主的威势。不过第二次的封国，便完全以贤能为标准，地主的儿子也许可以受封，也许不能受封。这样一来，佃租制度可以打倒，井田制度可以复兴，封建制度也可以复兴，倒是一个一举三得的简易方案。当然在民治的现代，井田问题或者还有讨论的余地，封建问题大约是谈不到了。

陆桴亭的基本政治思想，虽然注意在封建、井田、学校三大主张，然而他对于乡约的兴趣，也是十分浓厚。他有一点日记——《志学录》，是在崇祯十四年，《治乡三约》完成一年以后写的。他的乡约思想，便可以从这个日记里面，找得充分的证据。我们且看：

三月二十九，下午记乡约说二条。

四月一日，州县大会乡城约正副于海宁寺，前往观礼并有批评。

四月十四日，在端士斋与登善谈封建乡约诸事。

五月十一日，新论经济理学，以为治国治天下须一贯，封建井田治天下一贯之道，乡约治国一贯之道。

五月十九日，阅阳明集中载乡约法甚妙，其赏罚善恶，皆乡老以酒行之，于乡约之中，寓乡饮之礼，较近今所行之赏罚，似为过之。

六月十六日，"记乡约新说十余条，编户，选择一正三长曰社，正长户口，察封，编民户口。思得赋役之法，并悟设法多端，不可执法之妙，赋役出于乡约，甲长当粮里，小民任力役，乡间点田开河，城河役城中大户，富民任雇役。"

六月十七日，记乡约新说二条编甯，分乡。

六月二十六日，小注中有约王爵禄。

六月二十七日，记乡约新说一条。

六月三十日,户帖法即黄册之始,与予乡约法造册意合。

七月初三,归晤虞升士,共论赋役出于乡约之法。

上面所引的几条,已够表现陆桴亭对于乡约的兴趣,不过这里所指的乡约,到底是普通乡约,还是治乡三约?旁的日子他并没有写出细目,我们无论揣想,不过六月十六日的记载,所谓一正三长,明明是指治乡三约的领袖,六月三十所指"与予乡约造册意合",以及六月十七的编甿分乡,也都似是治乡三约的口气。只有四月初一所指约正副大集会,才是真正当时的乡约,他虽然也还赞叹,不过表示很不满意。他对于治乡三约的信力,从《志学录》的记载,以及《治乡三约》的本文,我们已经看得十分清楚。他对于当时乡约的不满,也正好志学录日记里面,载有一段很好的材料,可供我们的参考,我们再看:

四月十三日,闻约副信,甚恶之,尽思君子作事之不可不慎也。

四月二十三日,归坐少顷,忽有青衣至,予以为邻友之误入予家者,既而知为阴阳生,袖出州尊名帖,命予为州前铺约正,予心中颇觉不快,仪文语言之间,便多率略,不与之揖,不命之坐,但直言予决不能任斯事,幸为我辞。已而思月来约正之役,辞之甚难,乃更令希定邀阴阳生至,且与曰夏商,姑以远出辞之,徐为辞免之计。

四月二十四日,作书与登善,话辞约正。

四月二十六日,闻州事下午欲往崇明,恐约正事迟则无及,乃具揭往辞,力言不能胜任之故,州事不允。

四月二十八日,与登善同至张受考处,辞约正之任,以有妨读书为言,受考首肯,命予择一人以自代。先是城中报约正者甚难辞,予亦深虑之,至是予见受考相亮,不觉深喜。……

四月二十九日,早起至何叔熙先生家,约同往辞约正。予约正之任,受考处虽辞,归晤王完老云,州中册簿已请予名,因欲予同堉其何叔考至受考处核实,往受考为新事闭门,未扎而归。

陆桴亭对于他自己的治乡三约那样热心,对于当时的乡约,又那样冷淡,视为差役,多方推诿,必欲辞脱而后快。他不是在那里空谈高调,便是在那里自高身价,无论如何他总逃不出二者之一。陆桴亭的善述颇多,理论亦高,不过他的身世,除了求学,讲学以外,从没有一点实际的工作,真正的贡献。所以治乡三约的理论虽然很好,治乡三约的实施,问题自然不少,前途不必可以乐观!"秀才作事,三年无成",已成中国文人的通病,上自老庄孔孟,下至周程朱张,哪一个不陷落在这个圈套里面。真正能知能行,能收能发的人,据作者个人的意见,还只有王阳明和曾左胡罗那一批人物。当时的乡约,或者普通视为贱役,然而以陆桴亭的学问地位,去充任本县约正,不独陆桴亭的谦退为人敬服,而约正的地位也许从此可以提高。即不然,他可以和州尊商量,提高约正的地位,改订乡约的组织,使之日趋完善,不能提高的时候,不能改订的时候再辞不晚。并且谋事在人,地位很低,工作很少的乡约,加以整顿,加以提倡,又焉知不可以渐次达到治乡三约的地步。不晓得一步一步的去迈进,只知道我的理想,只要行我的理想,中国古代的学者如此,中国现代的学者又何尝不如此!到了顺治十一年,《治乡三约》完成以后十一年,他还偕同他的老师文介石先生到蔚村讲乡约,只知口谈,不会力行,无怪乎陆桴亭不能成为中国民治的前锋,只能称为中国乡治的论者。

我们暂且不去多管陆桴亭全体的工作,而单去讨论治乡三约局部的理论,我们可以发现两个主要的论点,一个是三代的治理,一个是乡村的治理。"以三代之治治天下,其要在于封建",封建的重要,他已屡次申述。"以三代之治治一邑,其要在于书乡",便跑到我们乡治的范围来了。所以他说"乡者王化之所由基也,有民人焉,有社稷焉";他又说"治天下必自治一国始,治一国必自治一乡始,治一乡必自五家为比,十家为联始"。见《辨录前集》。因为一邑的人民虽然不多,然而还不是一个守令所能周虑,所以一定要"什什伍伍,分节而制之,总纲而系之",可以治一邑,可以治一国,也可以治天下。他知道三代的比闾族党不能恢复,他也知道明末的厢坊里甲可以应用,然而今不如古,到底是一个什么道理?依他个人的分析,他以为有两个道理:一个是"自用用人之法殊"一个是"繁简疏密之制异"。因为《周礼》所谓乡大夫、州长、闾胥、党正之类,都是乡官,都以士大夫为之,一方面是乡村的真正领袖,一方面又是政府的基本职员。明末的"耆正、里排、地方、保甲",不是勉强富民充任,便谓无赖滥竽充数,政府奴役他们,人民贱视他们,怎么能讲到治乡,怎么能讲得乡治。因为人民不能自治,领袖不能导治,所以政府自然会越俎代庖,实行官治。乃至政令繁多,目不暇给,结果只能扰民,而不能利民,只能病民,而不能安民。

他以为当时的法则,有四种颇近于古,颇合于今,那就是乡约、保甲、社仓、社学。这四种法则,在明末已经尽人皆知,各处皆行,然而还是不能达到"三代之治",又是什么道理?第一,他还是归咎于用人,并且引孔子教仲弓举贤才,子游问孔子得人才,证明"得人之为用不浅矣,得人之为治不难矣"。第二,他以为一班人士对于乡约保甲社仓社学四者的意义不明了,关系不清楚,"虚者实之,实者虚之,纲者目之,目者纲之,此其所以孳孳矻矻,而终不能坐底三代之治也"。什么是社学保甲社仓,他以为是孔子的足食、足兵、民信,孟子的出入相友、守望相助、疾病相扶持。什么是乡约,他以为是"约一乡之众,而相与共趋于社学,共趋于保甲,共趋于社仓也。"四者的关系,他以为"乡约为纲而虚,社学保甲社仓为目而实",乡约理论的整个性,才彻底发现。从前的乡约理论是乡约、保甲、社仓、社学,道德、政治、经济、教育各不相谋,各自为主;《图书编》的乡约理论,是保甲、乡约、社仓、社约四者并重,四者并立,而没有虚实纲目的关系;吕新吾的乡治理论是以乡约保甲为重心,社仓社学为辅佐;陆桴亭的治乡三约,才把乡约的基本精神,主要地位认清,作为乡治的纲领,作为乡治的总称。

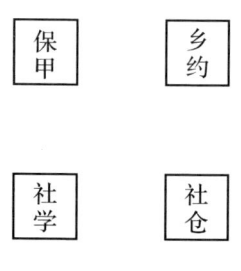

第一图　乡约保甲社仓社学单独发展的理论

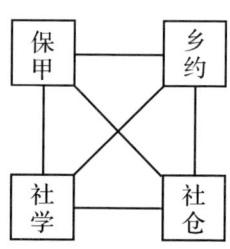

第二图　乡约保甲社仓社学分工合作的理论

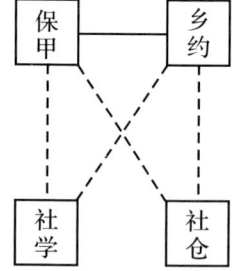

第三图　乡约保甲为主社仓社学为辅的理论

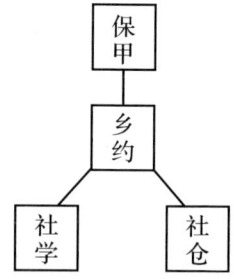

第四图　乡约为纲而虚保甲社仓社学为目而实的理论

第九章 乡治理论的完成

乡约的始意,从吕氏兄弟的眼光看起来,只是"乡人相约,勉为小善",所以道德的观念,善恶的劝戒,在吕氏乡约里面,成为中心理论。不过道德,善恶都是空空洞洞的名词,怎么才是道,怎么才是德,怎么才是善,怎么才是恶,不同人事发生关系,是没有法子评定的。孝敬父母是善,读书治田是善,水火救济是善,盗贼追捕是善,总逃不了家庭、政治、经济、教育种种事业范围。举行乡约专讲道德,推行宗教专讲圣经,整个的乡村社会就可以改善吗? 不讲经济建设人民没有财力,不讲心理建设人民没有知识,不讲政治建设,人民没有秩序,空洞的道德,个人的道德,又有多大的效果! 当然道德也是不可少的,有金钱没有道德,人民会骄奢淫佚,有知识没有道德,人民会欺诈盗伪;有政权没有道德,人民会鱼肉乡里,乡村社会也是没有办法的。所以道德中心的政治学理,乡约中心的乡治系统,是纯正的乡治系统,是整个的乡治系统。乡约的实际工作,是保甲、社仓、社学,保甲、社仓、社学的基本精神是乡约,一纲三目,一虚三实,相辅而行,相互为用,这就是《治乡三约》的乡治理论。

至于《治乡三约》的详细办法,陆桴亭一方按照《周礼·地官》的乡治系统,一方按照吕氏乡约的考德纠恶,一方按照明末实际的农村组织,草成本文和注解两种。本文并不很多,完全仿照《周礼》的笔法,采用周礼的字句,简直是一部小周礼。每段本文的后面,有十倍以上的注解,用当时的笔法,用当时的名词,去解释古色古香的本文。第一段"治乡之法,每乡约正一人"虽然只有寥寥十字,然而治乡三约的基本组织,便都包含在这十个字里面。依照原来的注解,城外都图为乡,城中坊铺亦通称乡,《治乡三约》不惟包括乡治,并且包括市政。古时社会幼稚,组织简单,都市与乡村分别不大，乡村的组织可以行于城市，城市的组织也可行于乡村，不过现在的都市的发展已经到了极度，市政的发展也随着都市的繁荣而上升，乡治和市政就截然成为两个法则，不能渐为混同了。约正要由人民公举"廉平公正宿儒耆老"的人士三四人，由官吏细心采访，精加选择，不可概凭里甲开报。陆桴亭的用人主张，我们在上面已经说明，所以对于主持一约的约正，尤其是十分认真，"宁择而后用，毋用而后择"。这班约正不像从前的里甲，他们是乡官，里甲是差役，他们是人民的领袖，里甲是官吏的爪牙。陆桴亭要打破近代差役的习惯，恢复古代乡官的礼制，所以约正的选用，一定要"誓于神，诏于众，隆其礼貌，优其廪给，委之心膂而用之"，人民安有不乐从，领袖安有不尽力，乡治安有不兴盛的道理。

治乡三约的第二段，"约正之职，掌治乡之三约，一曰教约，以训乡民，一曰恤约，以惠乡民，一曰保约，以卫乡民"，把乡治的重大工作，都包含在这里。全乡共有三约，所以叫作治乡三约，一曰教约，就是当时的社学，现在的乡村教育；一曰恤约，就是当时的社仓，现在的农村合作；一曰保约，就是当时的保甲，现在的农村自卫，名词上的差别，当然没有重大的关系。不过普通的习惯，是约正专管乡约道德的事件，社师专管社学教育的事件，保长专管保甲自卫的事件。陆桴亭为贯彻他的"乡约为纲而虚，社仓保甲社学为目而实"的理论，所以约正成了上层领袖，掌理一切教约恤约保约，而另有教长恤长保长等三约副，去分别负责，去实际工作。陆桴亭以为这是一种"振裘挈领"的办法，"表正则影直，纲举而目张"，所以"凡乡之教事责教长、恤事责恤长，保事责保长"，只有"三长非其人责约正"。当然这并不说约正可以无为而治，不需参加任何实际工作，譬如治令读法饮射，约正率其属举行，民间平理词讼，约正和教长执行,土田买卖推收,约正签名证实,都是约正自身的责任,不过没有三长那么多罢了。

陆桴亭乡治工作,可以分作两种,一种是普通的,一种是特别的,普通的为全约所共有或三约所同有,特别的便只有一约单独举行。第一种普通工作,恐怕是图籍的编制,在《周礼·地官》里面,在现代政治里面,也是天字第一号的工作。图籍共分三种,第一种关于户口和秀民,由教长负责办理,第二种关于常平役米,由恤长负责办理,第三种关于役民,由保长负责办理。图籍的编造,由"三长任其劳,约正主其册",他的意思以为"职藏者不得记注,职记注者不得藏",所以先由三长造籍,进于约正,约正藏之,年终则上于正册于官府,而仍留副册在本村,使各乡知各乡之事,官府亦知各乡之事。这同欧美的 Census,日本的国势调查,岂不是一样的工作吗?此外还有土地的图册,原文放在教长特殊工作的下面,"凡乡之地域广输,及沟涂封洫,皆图之"。他以为这个办法,就是《周礼》遂人以土地之图,经田野,造县鄙,形体势之法,明代地图和鱼麟图册之类。不过土地清丈工作极繁,弊端极多,守令既不敢举办,亦不能举办,缓之则迟延无成,急之则敷衍塞责,中国有史以来,恐怕没有弄清过一次。他以为宜行张横渠经界法,"每三百步立一标竿,纵横四方成一井字,如今地图之书方计里,以绳约之,图其四至,散之则各成方形,合之则横斜曲直不失尺寸,不特地形有准,而每方之中步口一定,则田亩之数,有不待丈量而分毫难遁者"。

第二种普通工作,是"乡约之会",所以《治乡三约》条文说:"岁时月吉,率其属而治会,教民读法饮射,考其德行而劝之,纠其过恶而诫之"。乡约之会自然是吕氏乡约的遗意,每月朔日,"约正自率其属于本乡宽大处所行之",不过岁时正月,以及春秋二社州县还有大会,由约正率三长赴会,和本乡乡民没有多大关系。读法系《周礼》上面的名词,陆桴亭即以普通乡约讲约当之,不过以为专讲太祖圣谕,单调无味,主张将大诰律令,及孝顺事实与浅近格言等书轮流讲演,使耳目常新,乐于听闻,易于采纳。讲约的责任,按照治乡三法的原文,不在约正,也不在教长,而在社师身上。"饮射谓行乡射礼,而以酒饮之也",不过要看风土所宜,"南方卑湿,筋角易弛,又价高,难概以强人"。绅衿子弟可自备弓矢,自组箭社,其余乡勇役民,则由恤长公费项下制备,以资练习。考德纠恶没有吕新吾那么详尽,小善小过在会中对众称奖训诫,大善大过则闻于官府,或于大会时行赏罚。

第三种普通工作,是上下的例行公事。下行公事如钱粮户役地方公事,由官府下于约正,约正会三长议行;上行公事则三长上于约正,约正上之官府。这种工作完全不在乡治范围以内,完全是附带的工作,照理应该只占极小的地位。不过因为中国历代户籍田籍的制度不良,所以旷持日久,百弊业生,唐宋元明以来,几乎成为乡村政治的惟一工作。钱粮户役成了主要的工作,惟一的工作,乡约有什么用,保甲有什么用,整个的乡治又有什么用?要想振作正面的乡治,一面要裁反面的乡治,要想增加建设的工作,一面要降低消极的工作,户籍调查,土地调查不彻底弄清,中国乡治那里有出头的日子。

第四种普通工作,是平理词讼,相当于现代的息讼工作,调解工作,也是消极方面的工作。"民有质讼大事决于官府,小事则官府下于约正,约正与教长平之",陆桴亭的理论,以为民间之讼,官府理之则愈棼,平之则竟息。并且衙门判断,亦有冤枉,人民何苦诉讼。政府官吏军国大事甚多,因为词讼太多的原故,竟至无暇顾及,也是十分可惜的。洪武设立申明亭,令乡里老人处理词讼,或者是以为"终讼无益,而欲使民无讼耳"。由官府下于约正,似乎是已经成讼,已经诉之官府,没有事前止息,事前调解的好。最后"与教长共平之者,终欲教诲之不底于法也"。

第五种普通工作是验契,"凡乡之土田出入,谨其推收,掌其税事"。普通土田买卖,每几推收过户一次,秋冬纳税的时候,往往土田已经出卖,而税名仍在卖主。并且推收过户,由州县吏书直接办理,而无乡村领袖证实,往往弊端百出。所以陆桴亭主张由约正长签名证实,当场立契,"即行推收过户,使民间无产去粮存之弊,既推收后即完官税,使国家无漏税之虞"。这个工作自然也不是乡治本身的工作,不过和乡治根本的土地图籍有密切的关系,现在土地图籍的混乱,多半是因为过户作弊,以致每县产生数千户的民欠,无主可追,无税可收。因为这种中保佐证的工作,增加约正长的事务,增加约正长的责任,所以陆桴亭拟定以中金半数分与约正长,作他们的生活费用。这个生活费用的名词,陆桴亭叫作,"养廉之资"在前者一切乡约制度,乡治制度都是没有说明。大约古代的乡官,视为一种荣耀的义务,近代的乡役,视为一种卑劣的差役,前者是领袖对于人民应有的义务,后者是子民对于君主应尽的义务,所以没有任何公开的报酬。当然暗地的好处,也许是不免的,惟其没有公开的薪俸,惟其只有暗地的收入,所以士人君子避之不遑,而流氓地痞反求之不得。没有报酬的义务,只有两种人可以担负,一种是有饭吃的地主,一种是无饭吃的流氓,流氓固不必说,地主对于一班的农民,又有什么好感呢!

特殊的工作共有三种,教事由教长担任,恤事由恤长担任,保事由保长担任。教长以知书义者为之,恤长以富厚公廉者为之,保长以有智力者为之,由约正和一乡之人共同推举。三长平常的工作,自然由约正指挥监督一切,三长终岁的成绩,也由约正查明誊写,上之官府。教长的基本工作自然是教化,凡"教孝教友教睦教姻教任教恤",都是教长的责任,务使人民"相爱相和亲,有罪奇邪则相及"。乡里有冠昏饮酒,祭祀丧纪,都由教长教其礼事,掌其禁戒。月朔集会的时候,教长襄助约正一切,并为书定善恶劝罚之籍。教长的第二种工作为户口秀民簿籍,那是我们在上面已经说过的。这些户口秀民不惟要一一登记,并且要一一编制,"十家为联,联有首,十联为社,社有师"。据陆桴亭的原注,这是《周礼》比闾族党的遗制,和后世保甲大不相同,保甲为究诘奸民,社联则为教化良民,所以联首一定要以诚实者为之,社师并要以学究知书者为之。编制的责任在约正教长,登记的责任便在社师联首,联首率编民就社师,社师乃质问真实,而后一一书写。土地的图册,也和户口清册一样,由教长负责办理,联首社师襄助一切。这个社师表面虽然有教化百家的责任,然而并不是寻常的塾师,也不开馆设课,命题作文。只在每月朔望,择宽大处所歌诗习礼,以和平其心知血气,颇合阳明社学理论。优秀的儿童,社师录为秀民,上之官府,参加考试,可以免除一切重点,诡名,冒籍,混存弊端。就是词讼的争执,也先令社师联首四邻查明,然后设法平解。所以教事一部由教长负责,一部便由社师联首帮同办理。

恤长的基本工作,只是"周贫乏,恤死丧",不过常平义仓的积储,也是由恤长管理。义仓还有周恤的原意,常平贵则粜出,贱则粜入,完全为的是均平农产价格,调解农村经济,似乎不应该是恤长的工作,或是恤长的名称似乎有一点太狭。不过陆桴亭的常平义仓,只是一个系统,而不是两个系统,常平为母,义仓为子,常平余粟转入义仓,义仓全部转为周恤,是常平虽无直接周恤,而实在是周恤的根本。陆桴亭以为"从来积储之法,惟常平,社仓,和籴,青苗四者而已",而"四者之中莫善于常平,莫不善于青苗"。不过他以为仓库积储的问题,有几个根本的原则,我们不能忽略的。第一制度固然要紧,而人才尤其重要,所以"君子为之,则青苗亦善;小人为之,则常平亦敝"。第二"官民之间,不可为市",因为官民之间,发生琐碎经济的关系,不是官压民,便是民欺官,"官压民则民病,民斯官则官病"。第二社会的事业,只能由政府倡导,不能由政府强迫,只能由人民负责,不能由政府负责,所以"倡之以义使其自为则或有成功,督之以法强其从我则奸弊百出"。其实这几个原理,不单是仓库制度实施的原则,并且是一切农村制度实施的原则,尤其是第一个原则,几乎是任何事业的天经地义。

陆桴亭本着这几个原理,发明一种"常平权法,其意则常平,其迹似社仓,倡之于公而无收放出入官民互市之嫌,寄之于高大寺院可省建仓之经费,恤长司其事,领于约正,地方长官亲至寺中作兴开导,或量助俸银以为之倡"。提倡的是官吏,负责的是恤长,出米的是本地殷富,秋天收入,夏天粜出,本钱还人民,赢余转义仓,把常平义仓的好处都保留,常平义仓的劣点都删去,实在是一个进步的理论。因为单有常平则灾难无以为赈,单有义仓则物价不能调剂,常平官办人民不予合作,义仓民办政府不予提倡,顾此失彼,顾彼失此,惟有陆桴亭的混合方法,似乎能包罗一切。从实际上看起来,上面所说的积储工作,是恤长的基本工作,从名义上看起来,又似乎下面所说的周恤工作,才是恤长的基本工作。恤长的名称虽为恤长,而恤长的工作却少周恤,譬如鳏寡孤独四者,为社会的穷民,应由政府养济院养济,恤长只负开报之责,而不负周恤之责。

秋入夏出，亦为常平基本工作，而非周恤工作。真正的周恤工作，恐怕只有两种，第一种在岁荒的时候，设粥赈济极苦穷人，第二种在粜贵的时候，以余米分给役民，岁荒当然是不常有的，役民又有保长共同负责，所以周恤的工作实在是不多。

保长的基本工作，是防御火水盗贼，不过土木，水利的事件，也要保长率同役民负责办理。陆桴亭以为寻常保甲的办法，其弊有三："民不习兵，易生惊扰，一；强弱不等，二；多则无法，无法则乱，三"。所以民间虽然有壮丁之名，而无壮丁之实，不如只借贫而可役之役民，给以报酬，在社会可用役民之力，在役民亦可资社会之粮，岂非一举两得。这种办法自然不尽合寓兵于农或兵农合一的旧说，也不合国民武装或农民武装的新理，战兵参加战争，役民止供役事及城守之用。不过陆桴亭的原意，专顾事实而不顾名义，专顾实施而不顾理论，所以不唱国民武装的高调，而只用可用的民众，只用在火水盗贼的防御，土木水利的兴筑。保长的责任，虽然是保护全体人民，然而保长的工作，便完全在这些役民身上。役民也是五人为伍伍有夫，五伍为队，队有士，像普通的保甲组织一样。暇则练习弓矢刺击，有故则登陴守御，有土木工事则从事土木工事，有开渠挑河则从事开渠挑河。为报酬役民工作起见，每年五六七月日给一升，三月不过九斗，于社会用费不多，在役民不无小补，比起保甲的差役较为便民，比起警察的雇用又为省费，虽然有一点贫富阶级的悬殊，倒也简易可行。

上面讲的是治乡三约各部的内容，桴亭先生乡治的理论，自己并没有实践，人家也没有仿行，完全是纸上干戈，空中楼阁。不过他的朋友陈确庵（名瑚字言夏），倒在昆山的蔚村，有过一点相仿的工作。那正是崇祯末年，顺治初年，清兵已经占据了中原，指日就要来到江南。陆桴亭和陈确庵幼同乡里,长相切磋,所以自然关心到避地,防守等问题。陆桴亭是一位理论家,作了好些乡守乡治的书籍,二十七岁作《城守全书》,二十九岁作《桑梓五防》,又作《治乡三约》,三十岁创同善会,又作常平权法,救荒五义,三十三岁作《匡时臆论》,真是连篇累牍,著作如林。而他的朋友陈确庵便已于清兵入关不久的顺治二年,移家到昆山的蔚村,竖立孝弟力田为善三约,并用兵家束伍法导乡人筑岸御水,以达到隐居避祸的微意。陈确庵的三约名义上和陆桴亭的三约是不同的,内容大概也不一样。不过陈确庵对于陆桴亭的乡治理论,还有相当的信服,不然他不会请陆桴亭到蔚村去演讲他的乡约。可惜我们只能在《清史》列传和《太仓县志》窥见陈确庵三约的大概,而没有找到他的"蔚村讲规""社学事宜""讲学全规""同善会语""社学事宜"等书,不然我们对于陈确庵的蔚村试验,会有意外发现的。

第十章　清代乡约的宣讲

乡约制度本来是人民自有的活动,人民自治的胚胎,到了王阳明吕新吾手里,渐渐变成吏治的工具,到了顺治康熙各帝手里,便成为御用的工具了。乡约制度由名臣出来提倡,贤主出来告谕,自然是受宠若惊,不胜荣幸之至。然而乡约制度的实质渐就剥夺,乡约制度的精神渐就消沉,结果提倡愈力,敷衍愈甚,完全成为纸上的空谈。王阳明吕新吾他们虽然是封疆大吏,然而和人民中间只隔守令一层,隔阂尚少,施行亦易。皇帝和人民的中间,正不知有多少层的门户,人民固然无由上达圣听,皇帝也无从下察民隐,一纸告谕,又有什么效力。这和中国普通所谓"上有好者,下必有甚焉者"的论调,似乎有一点不对,因为上面虽然极力提倡,下面总不实力奉行。不过这并不是说有清一代的封疆大吏,地方守令,没有一个提倡乡约的,《清史》列传的循吏传里面,提倡乡约的官吏,数目颇为不少,列传未载的事实,或是循吏以外的官绅,也许有提倡乡约的。譬如以理学而兼名将的罗罗山(名泽南)先生,便提倡过乡约,罗山的弟子王璞山,也是一位秀才将军——儒将,也曾提倡过乡约,可惜勋名盖世的曾左胡诸人,只知提倡团练,而不提倡乡约,未免乡约含冤,为乡治短气。这个自然也难深怪他们,他们出世在洪杨称雄以后,养生救死之不暇,礼义教化自然又谈不到了。

明末乡约虽然由名臣主持,朝廷提倡,然而乡约和其他保甲、社仓、社学的关系日益亲密,虽未产生整个的乡治系统,至少已有整个的乡治理论。假使满清不能侵入关中,张李不能横行天下,少假时日,整个乡治或者可以立定基础,成为中国民治张本,谁知将要开放的花芽,遇着疾风暴雨;一阵二阵便扫荡无余,真是乡治的不幸,中国的不幸。顺治康熙的提倡乡约,一方面固然是距离太远,不易达到下层的民众,一方面又是单独提倡,破坏整个的乡治组织。清代的君主虽然是异族,然而他们对于中国文化的提倡,中国制度的推行,其努力或远过其他朝代的君主。他们对于乡约是如此,对于保甲是如此,对于社仓,社学也是如此。他们不是不提倡,而是提倡不得其法,提倡不得其法,则提倡愈甚,效果愈少,弊端愈多,结果成为乡约的致命伤。我们在上一章里面,已经屡次提到,乡村是一个整体的社会,乡治是一种整个的事业,头痛医头,脚痛医脚的办法,是不中用的。我们要有乡约,一定也要有保甲、社仓、社学,我们要有保甲,一定也要有乡约、社仓、社学……因为乡约代表精神的一面,保甲、社仓、社学代表事功的三面,所谓一纲三目,一虚三实,互为因果,互相关连,决不能单独成功的。清代对于乡治的提倡,就是这样一个支离破碎的提倡,乡约、保甲、社仓、社学各有主管,不生关系,又怎么能有完美的效果呢!

  关于保甲、社仓、社学普通的情形,我们在第一章已经略为叙述一点,关于保甲、社仓、社学的详细情形,因为他们同乡约分门各户,没有多大关系,我们自然也不便多说了。保甲在户部有户部则例,在刑部有《刑部条例》,《户部则例》注意在组织方面,积极方面,《刑部条例》注意在刑罚方面,消极方面。按照《户部则例》,除了"王公满汉文武大臣官员第宅",各会自行查察外,其他一切人户,都要十户为牌,十牌为甲,十甲为保的组织起来。按照《刑部条例》,失察如何处罚,隐匿如何处罚,豪横借名武断如何处罚,官吏苟且敷衍如何处罚,都是保甲自身的问题,并且多半是纸上空谈,无俾实际。乡约和保甲的关系,只有《刑部条例》后面附带的乡约律,"凡各处人民合设耆老,须于本乡年高有德,众所推服人内选充,不许罢问吏卒,及有过之人充应,违者杖六十,革退,当该官吏笞四十,若受财枉法,从重论"。社仓义仓的设立,也是由户部管辖,皇帝提倡,康熙年间只设本乡,由本乡富民捐助米谷,由本乡诚实之人经营,后来到了雍正二年,才令每社设正副社长。清代各朝对于社仓提倡不减乡约,捐助少的给予花红,多的给予匾额,最多的给予八品顶戴,所以各省成绩倒还不错,譬如乾隆四十年的时候,山西社义两仓本谷达四十八万八千五百余石,息谷达四十五万八千七百余石,乾隆四十四年的时候,江西社仓本谷达四十一万一千九百二十一石零,息谷达卅二万三千八百五十六石零,便可想见一斑。《大清会典》事例卷不过乡约是乡约,社仓是社仓,约正副是约正副,社正副是社正副,一点关系也找不出来。社学的设立,虽然远在顺治九年,社学的提倡,也有相当努力,不过除了宣读圣谕广训以外,和各地的乡约,也是不大发生关系。总而言之,乡约、保甲、社仓、社学的提倡,是以单行圣谕,乡约、保甲、社仓、社学的主管,又在不同各部,无怪乎乡治系统破碎支离,乡村工作因循敷衍,永久没有进步的希望。

清初乡约的采用,远在顺治九年(公历一六五二年)。那时清世祖入关不久,戎马仓忙,居然能顾虑到这个缓不济急的乡约,自然是可以赞美的。其实顺治的乡约,并没有什么组织,什么仪式,只将"钦定六谕卧碑文,颁行八旗直隶各省"。既云"钦定六谕卧碑文",自然应当是清世祖所钦定,清世祖的圣谕,大约天下后世的人士,那样揣想的一定不在少数。不过我们仔细考查六谕碑文,"孝顺父母,恭敬长上,和睦乡里,教训子孙,各安生理,无作非为",和明太祖的圣训六谕一毫不差,我们才了解清初的乡约制度,完全是抄袭明末的成规,连钦定圣谕都弄不出一套新的来。顺治十六年(公历一六五九年)的告谕,才提到约正副的选举,"应会合乡人,公举六十以上,业经告给衣顶,行履无过,德业素著之生员统摄,若无生员,即以素有德望六七十岁以上之平民统摄","不应以土豪仆隶奸胥蠹役充数"。乡约的办法,也只有"每遇朔望,申明诫谕,并旌别善恶实行,登记簿册,使之共相鼓舞",不过十六年的告谕,有"从前履行申饬"字样,是乡约办法的实行,已在顺治十六年以前,顺治十六年的告谕,不过三令五申的公事而已。清代乡约制度最初的采用,应该在顺治九年以后,顺治十六年以前的一个中间时候,因为顺治九年只颁六谕碑文,顺治十六年已经屡次申饬,所以我们可以那样暂为决定。

这种抄袭的圣谕,自从顺治九年到顺治十六年,又从顺治十六年到康熙九年(公历一六七〇年),都是继续应用,一直到了康熙九年,才产生一个新的圣谕。康熙九年的圣谕,只是一个普通的文告,什么"朕惟至治之世,不专以法令为事,而以教化为先,其时人心醇良,风俗朴实,刑措不用,比屋可封,长治久安,懋登上理,盖法令禁于一时,而教化维于可久,……";并没有提到乡约,也并且没有圣谕若干条,去代替明太祖的六谕。不过康熙九年的圣谕,里面包含有下列十六条:

1. 敦孝弟以重人伦
2. 笃宗族以昭雍穆
3. 和乡党以息争讼

4. 重农桑以足衣食
5. 尚节俭以惜财用
6. 隆学校以端士习
7. 黜异端以崇正学
8. 讲律法以儆愚顽
9. 明礼让以厚风俗
10. 务本业以厚民志
11. 训子弟以禁非为
12. 息诬告以全良善
13. 诫窝逃以免株连
14. 完钱粮以省催科
15. 联保甲以弭盗贼
16. 解雠忿以重身命

至于"作何训迪劝导,及作何责成内外文武该管官督率举行",清世祖也没有主意,只教礼部"详察典制,定议具奏"。礼部的定议,是将康熙九年特颁上谕,"通行八旗包衣佐领,并直隶各省督抚,转行府州县乡村人等,切实遵行",也并没有提到乡约的宣讲,并没有提到从前的六谕。一直到了康熙十八年,浙江巡抚某某将上谕十六条衍说,辑为直解,缮册呈进。这个直解又经礼部通行直省督抚,照依奏进乡约全书刊刻各款,分拨府州县乡村,永远遵行,才和明太祖的六谕,同为乡约宣讲的底本。可惜我们没有找着浙江所进的直解,也没有找着当时的乡约全书,不知道他们是两个东西,还是一个东西?

康熙九年的圣谕,并不是专为乡约立法,更不是代替从前六谕,我们从康熙五十二年(公历一七一三年)的圣谕,便可看得十分清楚。康熙五十二年的圣谕。"谕直省老人,帝王治天下,发政施仁,未尝不以养老事贤为首务,今日之会,特出此意。若孝弟之念少轻,而求移风易俗,其所厚者薄矣。尔等皆是老者,比回乡井,各晓谕邻里,须先孝弟,傥天下皆知孝弟为重,此诚移风易俗之本也……"和康熙九年的圣谕相差不多,也曾通令各直省府州县及各土司地方,照例于每月朔望,同上谕十六条,通行讲解。这两个上谕的差别,一个有具体主张十六条,一个有基本原理先孝弟,不过在乡约里面的地位完全是一样的。一直到了雍正二年,清世宗御制圣谕广训万言,把康熙九年的十六条大加粉饰,这个十六条就永远成为乡约宣讲的正本,吕氏四条固然很少有人知道,洪武六谕也很少有人实用了。不过洪武六谕曾经清世祖的提倡,并且有人以为是清世祖自己钦定的圣谕,所以虽然为康熙十六谕所压倒,然而不敢公然取消,并且还有人继续应用。我们讨论洪武六谕的时候,曾经提到同治十一年出版的《宣讲拾遗》,那时距康熙十六条的颁行,已经有二百〇二年,还有人在那里应用洪武六训,可见洪武六训的势力,虽然不敌康熙十六谕,然而还是继续存在着。

《宣讲拾遗》是一部解释而兼例证的书,根本原理在蒋序中颇为说得妥当。蒋序以为"古来宣扬圣教,讲解经文,莫非令人达其词,通其义,体其理,察其情,可法者法,可戒者戒也"。这就是现代的宣讲,不过宣讲的经文,词句艰深,一班平民不容易了解,宣讲的地方,礼法森严,一班平民不容易参加。不如采用前人的故事,衍成乡里的俗说,"一宣而人皆乐闻,不讲而人亦必晓,不拘乎地,不择乎人,不限以时,不滞以礼,宣之而如歌词曲,讲之而如道家常",比起正式的宣讲,恐怕还有效果一点。按照这个理论,似乎从前的集会读约,紧密的礼仪,高尚的约文,都有一点错误。其实也不尽然,因为精神的感化,有间接直接两种,直接方法为正式的感化,间接方法为非正式的感化。基督教的礼拜祈祷讲道,纪念周的静默遗嘱报告,以及乡约的集会行礼读约讲谕,都是直接的感化,正式的感化。吕新吾的小儿语,宗约歌,《宣讲拾遗》的故事,圣谕像解的图画,都是间接的感化,非正式的感化。他们两个各有优点,各有地位,不能硬说直接感化绝对的好,也不能说间接感化绝对的好。至于作者本人的理论,反倒十分平常。他赞成当时已有的《宣讲集要》一书,足以劝善而惩恶,不过为更新听闻,他又拿六谕作根据,另编这本《宣讲拾遗》,并不想和集要比美,尤不敢和集要竞争。他的序文里面,很称赞康熙十六条,他的规则里面,也引用康熙十六条,他又援引礼部所颁康熙上谕,然而他的本文里面,完全是应用洪武六谕,而不是应用康熙十六条。大约是因为当时已有解释十六谕的集要,他又以洪武六谕为"世祖章皇帝圣谕六训",所以才用洪武六谕而不用康熙十六条。

其实宣讲圣谕的规则里面,不单有"世祖章皇帝圣谕六训","圣祖仁皇帝圣谕广训十六条",还有"文昌帝君蕉窗十则""武圣帝君十二戒规""孚佑帝君家规十则""灶王府君训男子六戒""灶王府君训女子六戒""灶王府君新谕十条""宣讲坛规十条"。虽然每种规条的内容,无非是孝弟忠信,每种规条的目的,无非是劝善规恶,然而已经从礼俗设教的乡约,渐次变成神道设教的宣讲,这个《宣讲拾遗》便是一个很好的时代代表。我们现在先将各种规条的内容,引在下面,以便和洪武六谕,康熙十六条比较,然后再讨论宣讲拾遗的内容:

文昌帝君蕉窗十则

| 一 戒淫行 | 二 戒意恶 | 三 戒口过 |
| 四 戒旷功 | 五 戒废字 | 六 敦人伦 |

七　净心地　　　八　立人品　　　九　慎交游

十　广教化

武圣帝君十二戒规

一　戒不孝父母,轻慢先灵者同罪。

二　戒侮慢兄弟,兄不友爱弟者同罪。

三　戒道人过失,自饰己过者同罪。

四　戒好勇斗狠,包匿险心,深藏不露者同罪。

五　戒骄傲满假,固吝良言,不开愚昧者同罪。

六　戒污秽灶君,不敬天地神明者同罪。

七　戒嫖,房欲过度,及造淫词者同罪。

八　戒赌,游手好闲,及作无益事者同罪。

九　戒打胎溺女,溺爱子女不教者同罪。

十　戒食牛犬鳅鳝等肉,并好食山禽水族洋烟者同罪。

十一　戒秽溺字纸,谤圣贤,假刀笔者同罪。

十二　戒唆人争讼,自好讼者同罪。

孚佑帝君家规十则

一　重家长　　　二　整礼仪　　　三　理家规

四　勤执业　　　五　节费用　　　六　立内正

七　教新妇　　　八　端蒙养　　　九　睦宗族

十　正己身

灶王府君训男子六戒

一　戒不孝父母　　二　戒不和兄弟　　三　戒嫖赌溺女

四　戒斗狠唆讼　　五　戒污秽字纸　　六　戒好谈闺阃

灶王府君训女子六戒

一　戒不孝父母　　二　戒不敬丈夫　　三　戒不和妯娌

四　戒打胎溺女　　五　戒抛撒五谷　　六　戒艳妆废字

灶王府君新谕十条

一　顺父母　　　　二　戒淫恶　　　　三　和兄弟

四　信朋友　　　　五　忍　　　　　　六　节欲

七　除骄矜　　　　八　息争讼　　　　九　广施济

十　培古墓

上面的许多戒条，大致和洪武六谕，康熙十六谕相差不远，尤其是孝弟思想，差不多成了一种基本的，普遍的思想。不过洪武六谕，康熙十六谕，都是皇帝的命令，人的腔调；文昌帝君蕉窗十则，武圣帝君十二戒规……虽然也是人们作的，然而是鬼神的口气，神道的设教。尤其是武圣帝君第六戒规，"戒污秽灶君，不敬天地神明者同罪"，神道的色彩更为露骨。其实整个《宣讲拾遗》，名虽为解释洪武六谕，实际上还是神道设教的办法。譬如孝顺父母的解释，起初还用伦理纲常的大道理来分析，后来便是"生必遭王法，死必入地狱""虚空神明，默然护佑，十分灵应""循环报应，丝毫无差"这样一派的论调。孝顺父母的故事，第一是至孝成仙，第二是堂上活佛，第三爱女嫌媳，第四还阳自说，第五逆伦急报，除了第三例只讲因果报应以外，其余都是神鬼龙蛇，完全不足征信的神话。当时这种神道设教，对于一班"愚夫愚妇"，自然有很大的效果，不过神道设教根本是愚民，骗人，只可一天一天的少，不可一天一天的多。谁知这种神道设教的《宣讲拾遗》，慢慢引起一大套什么《宣讲大全》《宣讲汇编》《宣讲摘要》《宣讲福报》《宣讲金针》《宣讲珠玑》，都是神鬼龙蛇，乌烟瘴气的神道设教，不惟吕氏乡约礼教主张根本推翻，连洪武六谕，康熙十六谕的招牌也完全摘下。伦理的教化变成宗教的教化，生人的世界变成活鬼的世界，真是乡约鼻祖始料所不及的。其实这六种宣讲底稿,并不是编辑创作,而是由五十几种神道读物里面挑选出来的,可见满清的末年,民众教育的黑暗,民众思想衰落。我们虽然不能把《宣讲大全》等书的内容分析,更不能将那五十几种"善书"的内容分析,至少也得知道他们的名称,才能推想到他们的内容:

一　一声雷　　　二　一德箴　　　三　八宝丹
四　心体乐　　　五　仁寿镜　　　六　王言报
七　化迷集　　　八　中流柱　　　九　正心集
十　正伦集　　　十一　青云梯　　十二　阿鼻路
十三　回生丹　　十四　洗心录　　十五　航中帆
十六　琉璃灯　　十七　培元镜　　十八　清夜钟
十九　顶门针　　二十　善淫报　　廿一　善淫篇
廿二　善宗鉴　　廿三　万年灯　　廿四　敬心录
廿五　渡人丹　　廿六　渡迷帆　　廿七　唤迷录
廿八　敦伦集　　廿九　唤天录　　三十　福寿花
卅一　寿世元　　卅二　善正集　　卅三　醒迷丹
卅四　醒梦篇　　卅五　避溺艇　　卅六　宝莲舟
卅七　镜心录　　卅八　一德宝珍　卅九　上之基命
四十　名教范围　四一　治平宝录　四二　宣讲集要
四三　破迷箴砭　四四　处世针砭　四五　救世保元
四六　裕后劝梁　四七　贵生集成　四八　福善祸淫
四九　遵谕集成　五十　劝世新编
五一　觉世盘铭　五二　唤迷的新录
五三　蓬莱阿鼻路各书名目皆见上述《宣讲大全》《宣讲汇编》《宣讲摘要》《宣讲福报》《宣讲金针》《宣讲珠玑》等书。

洪武六谕有神道设教的例解，康熙十六谕除了上面所提的浙江直解以外，还有一种图画故事的像解，可算得吕氏乡约以后的一个出色著作。大约在康熙二十年（公历一六八一年）的时候，有一位太平府繁昌县知县梁延年，提倡乡约素为尽力，恐怕民众不容易了解圣谕的本意，或是感觉圣谕的单调，所以在十六条圣谕下面，汇集许多对于本条有关系的事迹。尤其是"敦孝弟以重人伦一条，他所汇集的故事更多，并且另分敦孝，敦弟，重君臣之伦，重夫妇之伦，重朋友之伦五条，连同其他十五条共为二十条。每条圣谕的下面，先有一般简单的释义，然后再援引各朝史实，作为例解。我们现在就把"敦孝弟以重人伦"的浅释引一点在下面，以见一斑。

"此一条是朝廷欲汝等百姓，各亲其亲，各长其长，以臻一道同风之治也。善事父母为孝，善事兄长为弟，盖父母生我，有冈极之恩，兄长先我而生，有同气之谊，故事父母兄长者，必内尽其诚，外将其敬，显则饮食奉养之间，微则意念思虑之际，一一深爱曲礼，以求得其欢心，所谓敦也。至于人伦，则又所当重焉。何谓人伦？人于父母兄弟，皆生而有之，故谓之天伦，若夫妇则须择配婚娶，朋友则须择人定交，人主则须择人任使，各有人事在内，故谓之人伦也……"

敦孝和敦弟或者是本条的原意，然而注释的作者，从人伦两字，联想到夫妇、朋友、君臣，合成五种人伦或人事，以后例解的时候，也分成"敦孝、敦弟、重君臣之伦、重夫妇之伦、重朋友之伦"五种，三纲五常的思想，本来是一种相对的名称，所以孔子连称君君、臣臣、父父、子子，假使君不君，臣便会不臣，父不父，子便会不子。孟子闻诛一夫纣也，未闻弑君者也，岂不是君不君，臣不臣的解释吗？自从荀卿李斯倡王法，君统以后，始皇、汉高相继利用五伦的概念,去箝制人民的思想,遂成为历代帝主传家的秘诀。洪武六谕,康熙十六谕的开宗明义,都是孝弟当先,表面上虽然没有提到忠君死节,然而骨子里何尝不在那里制造忠臣孝子。求忠臣必于孝子之门,有了乖乖的孝子,自然会有乖乖的忠臣,君父双称,忠孝双全,说到孝自然跑到忠,要有忠自然先有孝。圣谕像解把"敦孝弟以重人伦"一条,由孝弟两项扩充到君臣、夫妇、朋友,恰入帝王的权舆,正合愚民的心理,而对于民治的思想,自治的思想,便连根扫除,真正可惜吕氏乡约那一点胚胎。

  圣谕的例解,有的是很远的神话,有的是很近的史实,有的是很长的故事,有的是很短的故事,就是每条故事的多少,也不十分一致。敦孝一条共有二十四例,其他敦弟、君臣、夫妇、朋友四条,每条上有十四例,此外笃宗族以昭雍穆等十五条,每条便只有十二例,总计为二百六十例。最早的为虞舜至孝的神话,最近的为明末刘大夏的忠诚,最短的只有十九字,最长的却有二千八百六十八字,不过"重君臣之伦"一条,比起其他条来,无论最短,最长,平均都要超过很多,也足表示"上下相贼"的心理。我们现在把这个小小的统计载在下面以备参考:

圣谕像解例解字数分析

项目	最多字数	最少字数	平均字数
敦孝	212	33	103.9
敦弟	172	26	88.4
君臣	2.868	62	696.3
夫妇	361	42	140.6
朋友	406	38	130.6

(续表)

项目	最多字数	最少字数	平均字数
宗族	298	26	129.3
乡党	200	27	88.9
农桑	456	19	110.7
节俭	844	66	182.3
学校	373	42	160.5
异端	526	55	187.8
法律	281	54	100.3
礼让	323	41	105.2
本业	374	42	110.7
子弟	105	20	50.0
诬告	193	56	112.2
窝逃	239	42	141.6
钱粮	218	31	120.7
保甲	208	30	114.4
雠忿	211	22	101.0
总计	2.878	19	150.2

当然这许多例解里面，有许多很好的，也有许多很坏的，我们姑且引一段比较好的，以便讨论：

后唐明宗问宰相冯道，今岁虽丰，百姓瞻足否？道曰，农家岁凶，则死于流殍；岁丰，则伤于谷贱；丰凶皆病者，惟农家为然。臣记进士聂彝中诗云，"二月卖新丝，五月粜新谷，医得眼前疮，剜却心头肉"，语虽鄙俚，曲尽田家之情形。农于四时之中，最为勤苦，人生不可以不知也。上悦，命左右录其诗，常讽诵焉以上为重农业以足衣食条,剜肉医疮例。

这样一段短短的故事,把重农桑的道理,描写得何等真确。二月卖新丝的五言绝诗,当时或者还嫌其鄙俚,不过到了白话文学盛行的今日,岂不是上乘的作品吗?著者的文笔,也是十分强劲有力,不过他还怕文笔太深,平民不易了解,所以每段故事的后面,又加以一段解释,有时还加上一点自己的见解。譬如剜肉医疮的解释,关于谷贱一层,作者加入"输官税,偿私债",以及孟子的"乐岁终身苦",关于聂彝中的诗,作者加入"盖贫家不称贷,则无以为耕桑之本,富家巨室,非冀厚利,则又不肯称贷"等等。每段故事的前面,还有一幅图画,也还十分精美,比起现在的图画标语,总是有过无不及。《圣谕像解》全书的骨骼,自然是那二十条大纲,《圣谕像解》全书的材料,自然是那二百六十条故事,所谓浅释,所谓图画,都只是两种辅助的材料。不过从圣谕像解的名称看来,图画又似乎是中心的地位,作者的原序已经说得十分明白。"若夫山童野竖,目不识丁,与妇人女子,或未之悉也。于是放养正图解,及人镜阳秋诸集,辑为《圣谕像解》一书",可以证明他的编辑动机。"昔梁彦光为相州刺史,有沈阳人焦通,事亲礼阙,彦光弗之罪,将至州学,令观孔子庙中韩伯俞母杖不痛,哀母力衰,对母悲泣之像,遂感悟为善士",可以表示他的图画信仰。江苏巡抚恩寿的序文,至"较之唐臣李袭誉之忠孝图,宋臣朱熹之小学外篇,尤为显浅易于感人"。圣解像解在乡约宣讲的地位,在民众教育的地位,自然是未可厚非。

《圣谕像解》既有典雅的故事,又有通俗的图画,按理应该在清代乡约宣讲里面,占住首要的位置。谁知雍正二年(公历一七二四年)又由清世宗的主持,产生了一种圣谕广训,按照康熙十六谕逐条推衍,每条约六百余言,共成万言。圣谕广训的内容,并不十分高明,我们只消援引一二段,便可知道广的是什么,训的又是什么。譬如"敦孝弟以重人伦"一条,广训的广训是如此:

"我圣祖仁皇帝,临御六十一年,法祖尊亲,孝思不匮。《钦定孝经衍义》一书,衍释经文,义理详贯,无非孝治天下之意。故圣谕十六条,首以孝弟开其端。朕丕承鸿业,追维德训,推广立教之恩,先申孝弟之义,用是与尔兵民人等宣告之。夫孝者,天之经,地之义,民之行也。人不知孝父母,独不思父母爱子之心乎……"。

这样的广训,说他文章好不见得,说他道理深也不见得,然而居然压倒一切,成为乡约宣讲的惟一材料,皇帝的威风真是不小。不过皇帝的威风,只能撑起圣谕广训的招牌,而不能获得人民的信仰,无怪乎清代乡约,一天一天的离开乡村,一天一天的离开乡民,而成为地方官吏的一种虚文虚礼。假使梁延年的《圣谕像解》成为乡约宣讲的主要材料,假使梁延年的《圣谕像解》能再加以改良,整个的乡治虽然没有复兴的希望,民众的教育至少会有相当的效果。清代乡约的开始,本已离开乡村组织而跑向民众教育,自从圣谕广训颁行以后,乡约完全成为民众教育的组织,宣讲完全成为民众教育的方式,乡约的致命伤也就渐次造成,结果终于不救。王阳明吕新吾虽然是封疆大吏,虽然也行使官吏威权,去提倡乡约,去教化民众;然而他们有他们的学术,人格作后盾,才能感化人民。单靠官吏的威权,单靠皇帝的威权,去谋求心理的改造,谋求人格的感化,一点用都没有的。清世祖清圣祖我们还不敢妄事批评,清世宗的不弟,是尽人皆知的,口说而不身行,谁又会相信呢!这个"只许州官放火,不许百姓点灯"的办法,固然是历代帝王的惯技,也久为人民所看破,没有什么效果了。

至于嘉庆二十年（公历一八一五年）所完成的《圣谕广训直解》，更是画蛇添足，多此一举，对于乡约教化的效果，自然是绝无仅有。"万岁爷意思，说我圣祖仁皇帝，坐了六十一年天下，最敬重的是祖宗，因劝普天下都要孝弟，所以圣谕十六条，孝弟就是头一件"，马屁真是拍得十足。广训以孝为"天之经，地之义，民之行"，直解便说"这孝顺爹娘，在天地间为当然的道理，在人身上为德行的根本"。这种空空洞洞的解释，对于民众的了解，如何能及《圣谕像解》的故事，图画。到了道光年间，清宣宗因为提倡正学，罢黜异端，所以敕撰"黜异端以崇正学"一条的四言韵文，在咸丰元年（公历一八五一年）令和州县塾师讲解。这个富有诗意的四言韵文，目的也在扩大康熙十六谕的效力，不过那只行之于学校，而不施用于乡约，同我们的关系又差一点。总而言之，雍正圣谕广训以后，清代乡约便没有什么新的更改，新的设施，只是三令五申，叫各处实力奉行。自顺治九年颁布六谕，到光绪十七年（公历一八九一年）为止，中间二百三十九年，共颁过乡约谕旨三十二道，也可见清代君主对于乡约的热心提倡。不过消极的说起来，这三十二道谕旨，也可以说是暴露清代乡约的缺点。因为清代的乡约制度，假使是一个完美的制度，不必十分提倡便可普遍全国，甚至要禁也禁不了。三番五次的谕旨提倡，表示乡约不能自动发展，而需要上面激刺；谁知提倡无力，成效愈少。道光十五年圣谕，居然承认"奉行日久，视若具文"，同治四年圣谕，以为"近来州县官藐视约章，不知讲约为何事"，光绪二年圣谕，以为"近来各地方官，往往视为具文，实属不成事件"。乡约根本不是皇帝的事情，皇帝也管不了乡村的事务，一个在天，一个在地，怎么会发生效果！我们现在将清代各帝所颁的乡约谕旨汇集在下面，以见他们的毫无见解，毫无办法。

一六五二	顺治九年	颁六谕卧碑文
一六五九	顺治十六年	慎选约正副
一六七〇	康熙九年	颁圣谕十六条
一六七九	康熙十八年	圣谕直解
一六八六	康熙二五年	营伍及土司宣讲
一七一三	康熙五二年	谕直省老人
一七二四	雍正二年	圣谕广训
一七二九	雍正七年	选择及旌奖约正直月
一七三六	乾隆元年	慎选约正及刊布律条
一七三七	乾隆二年	谕实心宣讲,又饬摘律条及颁行上谕成册者。
一七三八	乾隆三年	水旱告谕约讲
一七四〇	乾隆五年	阐明教养原则,实力奉行,宣讲邪教妖言律条。
一七四四	乾隆九年	修整申明亭
一七四六	乾隆十一年	使用浅说方言,及番民宣讲。
一七五八	乾隆二三年	申饬实力奉行
一七六九	乾隆三四年	申饬实力奉行
一七七七	乾隆四二年	宣讲奸盗斗殴
一七八五	乾隆五〇年	回民宣讲
一七九七	嘉庆二年	广西苗民宣讲
一七九九	嘉庆四年	因教匪励行宣讲
一八〇〇	嘉庆五年	京师乡约
一八〇八	嘉庆十三年	明示劝惩及考试广训
一八〇九	嘉庆十四年	申饬实力奉行

一八一三	嘉庆十八年	阐明教化之道
一八一四	嘉庆十九年	申饬实力奉行
一八一五	嘉庆二十年	圣谕广训直解
一八三五	道光十五年	申饬实力奉行
一八三九	道光十九年	令翰林院撰"黜异端以崇正学"四言韵文
一八五一	咸丰元年	颁布性理精义,广训直解,作为宣讲主文。
一八六五	同治四年	申饬实力奉行
一八七六	光绪二年	申饬实力奉行
一八九一	光绪十七年	颁清世祖劝善要言,作为宣讲资料。

这三十二道谕旨,在我们看来或者觉得无足重轻,在当时颁行或者还是富有深意。因为一个皇帝的谕旨,不像普通的儿戏,可以随意办理,并且教化的政治,是中国儒家的传统思想,也是清代各帝的传统主张。康熙十六谕所以能继续存在,所以为后人传诵,一方固然因为十六谕有条目可守,一方只是因为十六谕是祖宗所颁。以后的圣谕,主张相同,语意相同,不过因为拾人牙慧,所以弄得画蛇添足。愈足以见其弱点,无用,敷衍。这种官样文章,自然用不着一道一道的去分析,这许多官样文章,也不能一道一道的去分析,不过里面有一二处,或者应当稍为解释一下。雍正七年的圣谕,讲到乡约领袖,令"于举贡生员内,捡选老成者一人以为约正,再选朴实谦守者三四人以为直月",此较从前的乡约,似乎又加一种直月。乾隆九年的圣谕,又提到申明亭的修理,不过没有申明亭或亭宇破碎不堪的地方,只在通衢安设木榜。这里所谓申明亭,不知是指明代的立的申明亭,还是指清代所立的申明亭?至少在《大

清会典》事例，以及《学政全书》各处，找不出申明亭的规定，或者竟指明末旧制亦未可知，其他的圣谕，除了已经解释的顺治、康熙、雍正各朝谕旨以外，并没有特别的设施，我们也不去分析了。

　　清代乡约制度因为皇帝的提倡，礼部的管辖，所以慢慢的离开人民自由活动的道路，乡治整个的道理，而向宣讲圣谕的方向跑，教化民众的方向跑。《大清会典》事例的里面，虽然有"乡约""乡约正""乡约全书"等三数名词，然而整个的标题是讲约，内部的语句，连篇累牍都是什么圣谕，宣讲。大约在清代各帝心里，在礼部各臣手里，乡约只是圣谕的宣讲，而不是什么乡民公约。劝善规过的始意，约正直月的名称虽然照例存在，然而根本的面目已经是改换过了。老实讲起来，乡民组织的乡约，已经变成了民众教育的宣讲，人民自动的规劝，变成政府钦定的规劝了。清帝以异族入主中国，要想挂上中国招牌，要想软化中国民众，明太祖的洪武六谕，正是一剂对症的药。他们不惟对于汉族如此，就是对于土司苗族，也是用这个讲约的办法，去同化他们。在那个时代，在那种环境，居然有这样热心提倡的民众教育，有这样精心结构的宣讲材料。从乡村组织，乡村自治方面去看，我们对于清代的乡约，固然是十二分的失望。然而从民众教育去看，从通俗演讲去看，清代的乡约工作，也自有他们的贡献。

第十一章　清代乡约的实施

我们在上一章已经把清代乡约宣讲的材料,乡约宣讲的提倡说得比较清楚,现在要讨论的只是乡约宣讲的实行,以及宣讲以外的他项实际工作。宣讲的实行,大约是十分普遍的,我们只消翻阅任何州县的志书,里面没有不载讲约办法的。同治五年的《仁寿县志》,卷四的礼教志便完全是宣讲,可惜全卷的百分之九十九,都是康熙十六谕原文和雍正圣谕广训,真正描写乡约办法的,只有下面一小段。"每月朔望日,择宽洁公所,设香案。届时县中文武官俱至,衣蟒衣,礼生唱,序拜,行三跪九叩首礼。兴,退班,齐至讲所,军民人等,环立肃听。礼生唱,恭请开讲,司讲生诣香案前,跪,恭捧圣谕登台,木铎老人跪,宣读毕。礼生唱,请宣讲圣谕第一条,司讲生按至讲毕而退。"宣讲办法的后面,附有申明亭一条,不过也止"申明亭在治前坡路旁"九字。大约仁寿全县只有这一个申明亭,每月朔望只有这一次宣讲,完全是例行公事,并不是什么特别设施。《仁寿县志》卷四,礼教志宣讲篇。

宣统三年(公历一九一〇年)的《东莞县志》,虽然成功于满清的末年,那时乡约久已废弛,然而典礼里面的宣讲,还有一段很长的例行仪式。宣讲的首段,是说明康熙九年所颁上谕十六条的讲解方式;"本邑于城厢内外,往来通衢,人民凑集之处,设立各乡约所,每月朔望,县正率同官属前往,齐集耆老里民,恭请上谕,供奉香案上,各官排立班次,文左武右,行三拜九叩首礼毕,铺垫列坐地下,令乡约于十六条内挨次宣读四条,讲解谛听"。这种钦定礼节,大约是和纪念周一样,月月在那里实行的。不过城厢里面有多少乡约所,四乡下面又有多少乡约所,我们不得而知? 乡约的领袖,在此处叫作乡约,而不叫作约正,也似乎和大清会典的办法有一点出入。第二段讲到雍正圣谕广训万言,便仍用约正名义,并且遍及乡村,所以"本邑于县城内及大乡村,各择宽闲洁净之处,俱设立讲约,捡选举贡生员之老成有学行者为约正"。不过除了约正以外,"再选朴实谨慎者三四人为直月"。约正直月都有一点报酬,约正每年廪膳银六两,直月三两六钱,使他们无生活的压迫,可以专心化导。最有意思的是集会和集会时候的记善记恶,完全是朱子增损吕氏乡约的口吻,吕氏乡约的原约四条,虽然完全消失,朱子增损吕氏乡约的办法,倒又复活了。我们为节省篇幅起见,单只引证原文,而不多加注释:

"约正直月置二籍,德业可劝者为一籍,过失可规者为一籍、直月掌之,月终则以告于约正而授于其次。每月朔日,直月预约同乡之人,夙兴各食于家,先后集于讲约之所,俟约正及耆老里民皆至,相对三揖,众以齿分左右立,设香案于庭中,直月向案北面立,先读圣谕广训,皆抗声宣诵,使人鹄立耸听,然后约正推说其义,剀切丁宁,使人警悟通晓,未晓者仍许其质问。讲毕,于此乡内有善者众推之,有过者直月纠之,约正询其实状,众无异词,乃命直月分列书之,直月遂读记善籍一遍,其记过籍呈约正及耆老里长默视一遍(此处较朱子原法为佳),皆付直月收之。事毕众揖而退,岁终则考校其善过,汇册报于县官,设为劝惩之法,有能改过者一体奖励,使之鼓舞不倦"。《东莞县志》卷二十五,经政略四,典礼下,礼仪内宣讲篇。

《祥符县志》的乡约礼节，也有约正直月，也有善簿过簿，里面集会的办法，文辞的字句，同东莞县志，差不多可以说是一样的。总而言之，宣讲乡约这种办法，在法令方面是颁行全国，在实际方面大约也是全国奉行的。不过奉行的程度有大有小，有的只在城厢举行，有的散在四乡举行，有的专为宣讲，有的兼顾他项乡治工作，便要看什么地方，什么时候了。我们从各种县志，各种文集，稍为搜集了一点材料，稍为可以看出一点实状。至于整个的状况，全朝的变迁，便因为材料缺乏，情形复杂，不能有一个系统的叙述了。从县志的记录，我们找出两个最有意思的变化，一个是定州的乡约地名，一个是汾阳的乡约领袖，前者是制度变成地名，后者是制度变成领袖，倒是《大清会典》一切法令以外的两种自然变化。其他县志的地理，不是什么乡保，便是什么都图，只有《定州志》单叫乡约，共有一城四十三约，总统四百二十三村。编者不但依照旧志，保存乡约名称，并且赞扬乡约，"二十八年奉台宪通扎，饬行联庄法，官吏多难之。惟定州以约为联，不旬日而集事"。他以为每约村有多寡，里有远近，不易心领神会，所以每约为图，图后分列各村，而成"乡约志"二大卷。我们现在把定州各约名称，村数，户口附录在这里，以见乡约制度变成乡约地名的实况：

深河约	八村	三百七十户	二千四百五十九口
建阳约	十村	一千二百三十四户	五千九百九十四口
东亭约	一镇八村	六百五十八户	三千五百六十四口
元光约	六村	一百九十三户	一千三百六十六口
庞村约	十村	一千〇八十六户	六千一百六十四口
五女约	五村	四百三十六户	三千一百二十三口
大辛庄约	一镇二村	二百五十二户	一千三百一十四口

约名	村数	户数	口数
全邱约	十二村	一千二百〇六户	七千二百八十九口
安家庄约	十二村	五百九十六户	三千四百九十口
柴篱约	七村	六百四十三户	三千八百口
东不随约	十八村	一千〇十七户	六千六百〇五口
东朱家约	十村	四百八十五户	二千九百三十三口
疙瘩头约	十二村	五百一十二户	三千〇五十四口
张蒙约	二十二村	七百五十户	四千三百一十四口
周村约	十二村	八百一十五户	四千五百三十八口
怀德约	八村	七百四十四户	四千〇八十四口
张谦约	五村	八百五十七户	四千七百〇八口
高蓬村	七村	五百一十五户	三千二百三十四口
钮齐约	十一村	一千〇六十五户	六千一百〇三口
邢区约	一镇五村	七百四十八户	四千四百六十三口
梁村约	十村	九百一十九户	五千一百二十五口
李亲顾约	一镇六村	七百二十五户	四千九百一十四口
王耨约	七村	七百三十八户	四千九百五十八口
赵庄约	十三村	一千三百六十二户	八千〇一十七口
溇底约	十村	一千一百七十户	七千九百七十六口
子位约	五村	一千三百七十一户	一万二千四百八十八口
南不随约	二十九村	一千二百七十六户	八千七百七十一口
明月店约	一镇二村	二百〇五户	一千二百七十一口
寨南约	十五村	七百〇二户	四千二百九十四口
忽村约	十三村	八百四十三户	四千〇三十七口
大寺头约	六村	三百四十三户	三千三百五十八口
高门约	四村	三百四十四户	二千〇九十八口

赵村约	十四村	六百八十七户	三千七百三十三口
西不随约	十六村	七百四十八户	四千五百四十口
奇连约	四村	五百一十八户	二千五百四十三口
西坂约	七村	一千〇四十八户	五千四百〇七口
潘村约	十二村	一千六百六十六户	八千三百五十六口
砖路约	一镇六村	九百七十五户	五千二百六十七口
西涨约	五村	七百二十四户	三千九百一十一口
清风店约	一镇六村	六百四十一户	三千八百〇三口
连冢约	八村	六百六十二户	三千七百四十七口
胡房约	十一村	一千一百三十一户	五千三百口
北不随约	十七村	一千〇二户	五千五百〇七口

这种乡约组织，并不是普遍的农村组织，基本的农村组织，而是上层的农村组织，高级的农村组织。普通的农村组织，是以村庄为单位，大约不过一二百户，五六或是七八百人。定州的乡约，最小的有三村镇，一百多户，一千多口；最大的有二十九村镇，一千六百多户，一万二千多口。平均计算起来，每约有十个村镇，七百九十户，四千六百九十六口的光景。我们现在把各约村镇多少，户数多少，口数多少，在下面分列几个详表，一经检查，便可知道各约村镇，户数，以及口数分配状况。

定州各约村镇多少表

村镇多少	约数
3—4	4
5—6	7
7—8	10

(续表)

村镇多少	约数
9—10	6
11—12	7
13—14	3
15—16	2
17—18	2
22	1
29	1
总　计	43

定州各约户数多少表

户数	约数
100—199	1
200—299	2
300—399	3
400—499	2
500—599	4
600—699	5
700—799	8
800—899	3
900—999	2
1,000—1,099	5
1,100—1,199	2
1,200—1,299	3
1,300—1,399	2
1,600	1
总　计	43

定州各约口数多少表

口数	约数
1,000—1,999	3
2,000—2,999	4
3,000—3,999	11
4,000—4,999	10
5,000—5,666	6
6,000—6,999	3
7,000—7,999	2
8,000—8,999	3
12,000	1
总　计	43

　　定州的地方组织虽然叫作乡约，而定州的地方领袖却并不叫作乡约或是约正。定州乡约志的后面，附录道光二十六年（公历一八四六年）的"整饬村约告示"，只有"照得设立里正、乡长、地方、催头等役，原为代一村办理公事……"可见乡约地方的名义虽然存在，乡约制度的实际却一点痕迹也没有。《汾阳县志》所载的乡约，既不是乡约制度，又不是乡约地方，乃指乡村的领袖。县志载明顺治八年（公历一六五一年）全村编为八坊，三十六里，每坊里设乡约四名，地方一名。每坊里的下面，又分为若干村庄，所以这种乡村领袖，也不是每村都既有的基本领袖，不过比"地方"的数目要多一点罢了。乡约里面的领袖，从《大清会典》法规上，从各县县志宣讲里去看，都是些约正值日之类，不知何时何地产生汾阳这样一种习惯，以乡约制度之名，名其领袖。这种习惯普通在各县县志上也有

不少,最近的青苗会账(光绪三十三年北平附近榆垡镇)有乡约的名称,最早的《于清端公政书》,也有这种名词。于清端公龙是明末诸生,清初大吏,作过许多次地方官吏,对于乡约保甲提倡甚力。他的政书里面,成有一篇"慎选乡约论",对于乡约的痛苦,可以说是洞若观火,对于乡约的保护,也可以说是无微不至。我们只消摘录一点在下面,便可想见一斑:

"凡有司勾摄人犯,差役不问原被告居址,辄至乡约之家,管待酒饮,稍不如意,诟詈立至,且于朔望点卯之日,肆行凌虐。倘人犯未获,即带乡约回话。是差役之吓诈乡约,倍甚于原被二犯。更有苦者,人命盗贼,不离乡约,牵连拖累,夹责受害,甚之词讼小事,必指乡约为佐证投到听审,与犯人无异。且一事未结,复兴一事,终朝候讯,迁延时日,无归家之期……若三家丘店乡约,卖一婢女,止应得乡约一年,民间那有许多婢女,以供因公赔累乎?……彼乡约曾未家居,何由而劝人为善去恶,何由而谕人出入守望;……乡约之苦,至此极矣!于是有半日之乡约,一日之乡约,有明应帮贴之乡约,真如问徒拟军,求脱离而不可得……"《于清端公政书》卷二黄州书页四十五至四十八。

这一篇文章所描写的乡约痛苦,不见得十分真确,也许有一点过火,然而乡约责任的重大,乡约地位的卑下,那是无可疑问的。精神领袖的乡约,教化民众的乡约,堕落到了这个地步,真是吕氏兄弟始料所不及。社会环境的变迁,可以使一个制度,从这面变到那面,从正面变到反面,我们真得小心一点。于成龙觉得乡约的功用是"劝人为善去恶""谕人出入守望",并不是供应官府,催办赋役,所以才立下许多禁条,希望把乡约从差役的重枷下面解放出来。虽然他也没有积极的举动,不能振兴教化的精神,至少也可以

救护乡约的领袖,使不致累死公门。我们现在也将于成龙的乡约禁条,引在下面以资参考:

一　不许票仰协拘人犯

二　不许差役到家饭食

三　不许原被告指为证佐

四　不许朔望点卯

五　不许请立印簿

六　不许差督编查烟甲

七　不许买办军需

八　不许人命盗案牵连姓名

九　不许投递报呈

十　不许缙绅把持

于成龙的禁条,并不是无病而呻,只是对症发药;不过乡约当时实施的情形,从这个反证看起来,也可以略见一斑。奉行日久,有名无实,视为具文,不过多几道谕旨,自然没有积极的效果,当然也没有消极的弊端。从于成龙的禁条去推想,乡约并不是具文而是事实,具文的谕旨不足为害,堕落的事实可以把乡约领袖陷入十八层地狱。真是实行不如不行,有乡约不如无乡约,乡约的末路一至于此！于成龙的慎选乡约谕是在黄州知府任上作的,黄州知府是康熙十三年(公历一六七四年)到任的,那时清兵入关才二十二年。乡约制度不应衰落到这个地步。或者乡约弊端,明末已深,清初未能彻底改善,所以堕落如此。于成龙为清初名吏,故急急于乡约的救护,以后则有名无实,视同具文,既不能作恶,也不能劝善。乡约制度的衰落,乡约制度的消灭,竟可以算是乡约领袖的解放。当然只有消极的解放,而没有积极的改造,也是没有用的。

于成龙以后,提倡乡约的人,自然也不在少数。可惜中国各地还没有一个完美的图书馆,能把清代所有的个人全集,地方县志都巨细不遗的汇在一处;也可惜我们没有那么多的闲工夫,去一本二本的翻阅。《清史》列传里面的循吏列传,虽然是十分简单,然而里面记载提倡乡约的人物,已有好几处。当然他们只是小小的地方守令,他们既没有高深的学问,也没有重大的威权,万万不能和王阳明,吕新吾辈比美。我们现在把《清史》循吏列传里面提倡乡约的人物,以及他们工作的性质写在下面,可见清代的乡约制度,并不是没有人提倡:

循吏列传卷七十四,骆钟麟:"其为政先教化,春秋大会明伦堂,进诸生迪以仁义忠信之道,增删吕氏乡约,颁学舍,朔望诣里社讲演圣谕,访耆年有德孝悌著闻者召使见,岁时劳以粟肉。立社学,择民间子弟,授以小学孝经,饬保伍,修社仓,百废具举。"

循吏列传卷七十四,李馣:"尝曰,礼让不兴,国何由理。每朔望率僚佐诣观化亭为县人讲乡约,春秋行乡饮酒礼。时至村落间,问民所疾苦,勉以孝弟忠信,牧儿田妇皆环集,如婴儿之依慈母,期月之间,县人悉化于善"。

循吏列传卷七十四,张沐:"为政专务德化,令民各书为善最乐四字于门以自警,注六谕敷言,俾人各诵习,反复譬喻,虽妇孺闻之,莫不欣欣向善也"。

循吏列传卷七十四,张勋:"县西境有吕店者,俗好讼难治,勋察里长张文约贤举为乡约,礼遇之,俾行化导,俗为一变"。

这些循吏的治绩,可以分成两种,一种是专以礼教化民,像张横渠一样,一种是乡约、保甲、社仓、社学同时提倡,像朱子,阳明一样,此外有乡约教化的实效,而无乡约组织和名称的,尤其是指不胜屈,总而言之,清代地方守令,虽然对于乡约也曾提倡,不过没有整个的组织,特殊的见地,可以替乡约增光。循吏以外的封疆大吏,地方领袖,自然也有不少提倡乡约的,像于成龙的慎选乡约论,就是《清史》列传绝口不提的。依我们的揣想,咸同中兴的名臣,像曾国藩、胡林翼、左宗棠、李鸿章诸公,对于乡约,保甲应该有一点特殊的见地,伟大的贡献。然而翻阅他们的集子以后,不觉使我们大大失望。他们在戎马仓皇的时代,军书旁午,羽檄交驰,哪里有什么闲工夫去提倡缓不济急的乡约。其他湘淮名臣,自然也有同一的困难,所以咸同中兴局面,只有保甲而没有乡约,只有武备而没有教化。

不过从他们幼年未达的事迹去分析,我们倒找出两种提倡乡约的人,一个是罗罗山先生,一个是王璞山将军。罗罗山是咸同时代的一位理学大师,又是中兴名将,当时的将帅不是他的学生,便是他的部下。他遭际甚艰,发达很晚,四十一岁的时候,才"考试一等,补廪膳生"。《罗罗山诗文集》所载先生传略,说"时乡有盗患,胥役捕盗者,因缘为奸,与诸豪猾谋陷良民,俾倾其家。先生乃为乡约,痛除诬陷之弊,乡俗以安。"对于当时的乡约,罗山既不似曾胡的漠视,也不似陆桴亭的贱视。他替刘霞仙父亲灿华先生作墓志的时候,引灿华先生"曾祖乡约正黾助,祖太学生其萃,父乡饮宾循南,皆隐德不化",以为刘家祖德。嘉庆甲戌(公历一八一四年)清廷要复古代月季读法典礼,诏郡县选端方正直人士充任,灿华先生又被邑令毛公推举,所以罗山称其"修明乡约,里俗大变"。《罗罗山诗文集》卷八,灿华先生墓志。罗山不惟自己提倡乡约,并且赞美人家提倡乡约,可惜我们没有找到他的乡约办法,更可惜他没有作过地方守令或是封疆大吏,所以乡约不能在咸同时代放一异彩。

王璞山将军是一位湘军名将,所谓老湘营,就是他的部队。他所编著的阵勇刍言,分营制,职司,号令,赏罚,练法五部,见《王壮武公遗集》卷二十三。为湘军练营制根本。曾文正虽然因为璞山年少气盛,多所批评,不与合作,然而讲到营制战术,还是十分称道。见《曾文正书札》各书。可惜他出世太早,去世太早,不然他的勋名,他的功烈,也许仅在曾左胡下。就是他的旧部,像□□等等,都能破敌杀贼,立功显能,位至极品。他二十岁的时候,曾作书塾学约八则,教训他的学生。见上著年谱及卷二十四。二十一岁的时候,又作洙津区乡约十条,感化他的乡里。这样幼稚的年龄,居然能有这种老成的工作,真是不可多得的。璞山也是罗山弟子之一,也许他幼年这种学约乡约办法,是从罗山那里传授来的,亦未可知。

璞山洙津区乡约小引的开端,不能不把康熙十六谕恭维一下,说是"尽善尽美";小引的结束,只说"非敢创为谕说,亦以劝同里诸君子恪遵圣谕之意也",以免标奇立异的罪名。乡约第一条务正业,劝士农工商,各"专业以致其精,观摩以善其事"。第二条劝稼穑,因为农为本务,关系极大,做特别申述。第三条戒嬉游,劝人民不可懒惰,以致荒废正业,困于饥寒。第四条尚节俭,以为孔子言道国必曰节用,并引大学"生财有大道,生之者众,食之者寡,为之者疾,用之者舒,则财恒足",和孟子"食之以时,用之以礼,财不可胜用"。第五条端大本,即指孝友二项,里面讲到圣谕十六谕的首谕,并引孟子"人人亲其亲,长其长,而天下平。"他有一段小注,解释孝友屈居第五的原故,"以人苟不务正业,劝稼穑,戒嬉游,尚节俭,则家业不能有成,而孝养无资,何以事我父母,及于兄弟乎"。第六条睦乡里,引孟子"乡里同井,出入相友,守望相助,疾病相扶持",和蓝田吕氏乡约"德业相劝,过失相规,礼俗相交,患难相恤",

第十一章 清代乡约的实施

吕氏乡约的本来面目，真是不易复见。第七条教长老，引孔子"老者安之"，孟子"老吾老以及人之老"，"颁白者不负戴于道路，老者衣帛食肉"各句。第八条恤穷苦，指鳏寡孤独废疾之人，应该分别或合力周恤。第九条端蒙养，指儿童教育，应当及早提倡，并引古语"教子婴儿，教妇初来"以资佐证。第十条敦礼让，指冠昏丧祭各种大礼，并引孔子"隆礼由礼，谓之有方之士，不隆礼不由礼，谓之无方之民，敬让之道也行矣。"以上俱见《王壮武公遗集》卷二十四。

除了他们两位以外，各县县志也常有提倡乡约的特例。乾隆二年（公历一七三七年）河南巡抚尹令一，曾檄行各府州县，提倡一种"社会"组织，因学立社，和普通因社立学的办法相辅而行。其实"社会"的组织，并不是真正的乡约，乡村的乡约，而是寓乡约于学社之中。每县用仁义礼智信五字，按东西南北中立为五社，每社又分上下两斋，有社长一人，斋长二人。每社有劝善规过循环印簿，开列各人姓名，善则朱书详记，过则墨笔直书，然后再由学师分别考校。这个巡抚檄行的"社会"组织，不知各府州县是否遵行，不过祥符县（开封）的知县张淑载，是曾经奉行的。据光绪《祥符县志》所载，张淑载不但奉行巡抚通令，并且申议四条：一曰规劝之道，令随时修省，一曰期会之法，各轮转分管，一曰责牧令督勤察惰以收实效，一曰戒社生指过造谤以息偷风。后来他又申议四条，"一曰善过簿宜划一，一曰课程法宜稽考，一曰酾钱以联洽比，一曰置田以垂永久"。当然这样的申议，也没有什么特别，不过"置田以垂永久"的办法，他是曾经实行的。据县志所载，全县共置田地一十一顷，"招佃输租，岁收所入，以供五社每会饭食之费"。

这种"社会"的组织，大约是他省所无，不过买置田产，以谋永久的办法，旁的地方也是有的。譬如《江阴县志》所载乡约一篇，便

215

有"乡约田"一百九十二亩二厘五毫六丝入忽四微,坐落璜塘,马镇,青肠,萧崎,塘祝等镇。河南在乾隆二年(公历一七三七年)有巡抚尹会一提倡,江苏在同治七年(公历一八六八年)也有巡抚丁日昌提倡。据《江阴县志》所载,"巡抚丁日昌通饬各属,宣讲乡约,城乡共举讲生五名,两学轮流督率,按月宣讲六次,知县每月捐廉钱二十五千文,分送讲生薪水"。《江阴县志》乡约后面,还附有邑人郑经撰述的"现行乡约录",叙述咸丰年间提倡乡约故事,并极力鼓吹乡约的重要,以为"圣王设教之纲领","圣王之道,放之则弥六合,卷之则退藏于密,其理无穷,而咸寓乎乡约中","乡有约则率土之滨,无不奉圣王之道,身体而力行之矣"他这种过度的信仰,过度的鼓吹,虽然未免铺张一点,空虚一点,然而也有相当的效果。咸丰四五年间,江苏各县延绅设局,宣讲乡约的运动,便是郑经提倡乡约热诚的结晶。

据"现行乡约录"的自述,咸丰三年的时候,因为粤匪(指太平天国方面)占据金陵,江南岌岌可危,奉檄办理团练。咸丰四年提学奎,恐怕团练未能精锐,叫县令陈某(查《江阴县志》职官志,咸丰四年知县陈懋霱,字月湖)广集绅士,共商妥善之法。那些绅士里面,也有郑经在内,他便大发议论,以为"团其身必团其心,练其力必练其气,刻下风鹤交警,人情汹汹,若仅讲团练,不以文教治之,练丁即有勇,悉能知方,愚顽且思逞,讵甘守法。若与宣讲乡约,练丁则忠义明而果敢气作矣,愚顽则孝弟敦而守望志坚矣。"这种因团练而及乡约,要团身必先团心的主张,不知曾胡诸公见了作何感想。不过当地官吏十分赞许,当地领袖也热心提倡,居然能讲到素有讲约经验的余治,热心赞助的绅士章第荣父子,常大元兄弟等十馀辈,禀明提学,谒告知县,设局宣讲。一时风起云从,上官既通饬

第十一章 清代乡约的实施

推行,邻县亦交相仿办,譬如毗连的常熟、无锡、金匮各县,也在咸丰五年延绅设局,办理乡约,大约是受江阴一地的影响。到底江阴乡约的办法如何,常熟、无锡、金匮的办法又如何,我们在各县现在县志,已经无法查出。可巧得一录的乡约部,载有咸丰五年的常熟乡约所考,常熟宣讲乡约新定条规,常熟乡约曾讲变通法,锡金乡约局规条,大约是郑经所指常熟锡金"咸劝立局"的效果。锡金乡约局规条后面的告示,说明"奉本府正堂色札,奉提倡学院奎札,饬各府州县,分谕各善堂绅董,妥议章程,遵奉宣讲",便和郑经"现行乡约录"的"呈请督抚学诸大宪,通饬推行"遥遥对照。不过锡金乡约规条后面的告示,又加上"仿照明儒高忠宪同善会讲会之法,分别遵办"两句,所以常熟、无锡、金匮各县的乡约,颇有不少的慈善性质。我们虽然不能得到江阴故有的办法,我们还可参考常熟、锡金仿行的办法。

常熟乡约所考开篇以为周礼"地官掌邦国之教令,分遗乡约,各掌其所治之教"为后世乡约制度的起源,"明高帝制教民榜六条,设三十县乡约所,月吉有司临莅讲所,宣谕劝戒",为古代读法巡国之遗意。不过据本书研究的结果,周礼并无乡约的名词,洪武时代亦无乡约的名词,教民榜文是一回事,洪武六谕又是一回事,洪武六谕只有老人木铎游行,并无有司临莅宣谕,洪武亭所只有申明亭,旌善亭,而无乡约所,可见乡约所考的考据不确。不过乡约所考的实地记载,知县杨振藻选择神宫佛宇,凡六十四所,依八卦定名,西北乾号八所,正北坎号八所,东北艮号八所,正东震号八所,东南巽号八年,正南离号八所,西南坤号八所,正西兑号八所,或者是比较可靠。

常熟宣讲乡约新定条规里面最特别的东西是乡约总局,"选举公正绅董,捐集经费,专办化导事宜,以作四乡表率"。局中另聘公正诚笃之士二人或四人,名为约正,分值四乡,会同各乡图董振兴乡约,挨图轮流会讲。每乡有乡约长一人,主持各乡乡约,由约正就当地会讲时,与当地父老董事,商请老成敦品之人充任。乡约责任由地方官吏手里,转移到地方绅董手里,由无组织的宣讲,进到有组织的分往四乡,轮流宣讲,不能不说是有一点进步。总局为官吏所提倡,在全县的中心,有经费的接济,自然易于奉行不废,乡村的乡约,便要比较敷衍一点。乡约会讲变通法,也提到"邑城官长亲临,尚多奉行不废,若乡间势必不行。盖人情厌常好异,无所为而为之,三五次必将厌倦"。所以起初听讲的人还多,以后一天一天的少,结果或至于无人过问。他们看见乡约无人上门,赛会便人山人海,所以想利用迎神赛会的机会,仿照高忠宪公四季讲会的办法,每年只行四会,两次借用惜字会,两次借用惜谷会,听讲的人民必多,宣讲的效果必大。并且每乡先请学官或县官亲临讲解一次,更易表示政府的重视,引起人民的兴趣。宣讲的材料,自然是圣谕广训直解,不过可参用方言里语,引证古今譬喻,使人人易于了解,乐于听闻。其他杀生、溺女、争斗、图赖、惜字、惜谷以及禁宰牛犬,禁捕青蛙,解说难证,都可在乡约宣讲的地方,分别讲解。乡约宣讲以外,还可举办善举,禁除恶俗,调查乡村利弊,访问孝弟贞节,以谋乡村教化的施行。乡约局中并备册簿多种,"一册采访节孝事略,一册记地方风俗,一册书各乡见闻善恶报应,一册记出入细数,一册记讲约生赴乡宣讲功课,一册记奖励善类,一册记惩戒凶恶,一册记示谕文书底稿,一册登记收捐,一册记乡董到局会叙轮流日期,一册记刻印各种善书,散布细目",才能有条不紊,有数可稽。

无锡和金匮两县在相同的时代(咸丰五年)，也有乡约局的办法，不过因为二县公署同在一城，所以只设一局，名曰锡金乡约局。锡金乡约局的情形，虽然没有常熟乡约局那么复杂，然而根本的方案是相同的。总局有约正六人，常川赴乡倡导，给以相当报酬，在城分东南西北四里宣讲，在乡各图有乡约所一处，每年每处轮讲二次。各图寻常朔望的宣讲，则由乡约长会同绅董办理，乡约长并且可以参加地方一切除弊兴利事宜，乡约和乡村行政又渐渐发生密切的关系。当然各图孝子、悌弟、贞女、节妇事迹要采访奖励，保婴、养老、敬节、恤孤、惜字、放生、掩埋、助葬、救火、备荒善举，要随时随地举行，花鼓、摊黄、宰牛、赌场、窝匪恶行，要查明处办，以谋弭患，救灾、济急和保卫局表里相辅而行。

咸丰五年真是乡约发达的一个年头，不惟江南各县县县如此，就是四川的慈溪县，也同时在那里提倡。不过四川和江南距离很远，所以两地办理的情形也大异。慈溪所办乡约，并不延绅设局，只有条约九条，在吕氏乡约的德业相劝，过失相规，礼俗相交三条下面，加上守望相助，毋习赌博，毋留匪类，毋纵图诈，严禁溺女，劝办保婴六条。不过后面附有一个乡约公据式，倒有一点参考的价值，我们现在把他引在下面。

乡约公据式

立乡约　　乡　　图约长　　同约
等奉邑尊劝谕举行乡约凡同约之人各宜恪守条程协力奉行互相劝戒毋得疏忽如有抗违等情公同禀究立此乡约两本一本呈县一本存约长此约。

咸丰五年　　月　日立乡约约长某某

其实江南一带，不单有乡约局所，并且有乡约书籍，依照郑经

"现行乡约录"的记载,似乎也是由江阴刊行,"呈制宪(总督)颁发州县,以冀道一风同"。不过经过"庚申之变"(指咸丰十年太平军攻破江阴),乡约局所固然消灭无迹,乡约书籍也风流云散,提倡乡约的江南,究竟不如提倡团练的湖南,到底是制度的问题,领袖的问题,还是民气的问题?乱后旧事重提,又要提倡乡约,又要刊行书籍,所以郑经又联合旧董常善元,庄俊,李翰芳等重刊乡约书籍,而以"现行乡约录"一文为之序。乡约书籍我们虽然没有看见,不过据"现行乡约录"所述,"首页恭书上谕""次列礼部则例""次集蓝田吕氏说""中列各大宪禀词条程""继列各大宪批词告示""后载劝善诸说",末附抚恤数篇,我们也可以窥见一斑。可惜我们没有找着这样一本乡约,不然我们对于实际的状况,又要知道得多一点。

我们讨论常熟、无锡、金匮各县乡约规条的时候,曾经提到和乡约有密切关系的同善会,大约提学命令里面,曾经提到"明儒高忠宪公同善会会讲之法"令各县分别遵办。所以常熟乡约会讲变通法,有"尝考明儒高忠宪公有四季讲会之例""令拟仿其意,每图每年举行乡约,以四次为率,两次则借经惜字会,两则次借经惜谷会";锡金乡约局也刊行高子宪约,作为座右铭。其实这个仿佛乡约的同善会,自经高忠宪和陈几亭两人提倡以后,在浙江曾经盛行一次。大约在乾隆初年由浙江枫经镇人民发起试办,颇著成效,所印同善会书,自经江浙宪颁以后,流传益广,影响益大。不过同善会的目的,到底和乡约不同,我们不能替详加分析,不过"会讲广义"一文,倒还有乡约的原意,值得我们的注意。会讲广义共分七种办法:一曰主讲,二曰分讲,三曰劝解,四曰助讲,五曰士讲,六曰订讲,七曰办讲。主讲指同善会会讲,必需县尊"主村提村,广使风行踊跃"。分讲提到程子令晋城,曾立乡校六十余所,明季嘉善县城,曾有乡约二十五处,所以同善会也要多立讲所,分别宣讲圣谕十六条及劝善等书,便是乡约固有的面目了。劝解引朱子劝谕伍保事件,横渠云岩教化人民事件,使同善会也能口头劝谕,或文告劝谕。助讲系用善书,格言,或文或图,或歌或词,使识字者人人能读,倾听者人人能解。士讲指诸生讲劝,订讲指职员讲劝,办讲则专指办事方面,使"有力者捐贷,有心者干事"。

总而言之,清代乡约的实施,也有不少的特别成绩。不过提倡乡约的地方官吏,人民领袖,都是受了政府的余毒,提倡乡约的时候只有乡约,提倡保甲的时候只有保甲,提倡社仓的时候只有社仓,提倡社学的时候只有社学。从没有一个学者,将他们四者的相关性找出,整个性找出;也从没有一个地方,将他们四种制度打成一片,合为一体。他们忘记了农村生活的基本单位,皇帝的眼光在全国,督抚的眼光在全省,知县绅董的眼光在全县,小小的村落,从没看在他们的眼中。以提倡乡约的办法去提倡乡约,已经嫌其单纯,不能兼顾;以提倡县约的办法去提倡乡约,更觉城乡辽远,官民隔阂,无怪乎清代乡约的费力多而成功少了。

杨开道先生学术年表*

1899 年(光绪二十五年)

6 月 7 日,出生于湖南新化县北渡村一个地主家庭。

1904 年(光绪三十年)

2 月,就读于当地私塾。

1911 年

2 月,转入新化县储英小学。喜读历史小说和古文。

1913 年

入长沙私立明德中学就读,进一步加强其古文训练。

1913 年

加入国民党。

1916 年

毕业于长沙私立明德中学,因战乱在家温习功课两年。

1919 年

2 月,入虹口青年会中学。撰写《农学杂志》序言(发于 1919 年第 5—6 期)。

---

* 本年表由白中林撰写。同时参考了邱泽奇:《杨开道先生与他的农村社会学工作》一文和《简明华夏百科全书》:"杨开道条";最后,对武汉大学殷若菲同学赴湖北省图书馆代查相关文献,表示感谢。

1920 年

2月,入上海沪江大学预科部学习。

9月,入南京高等师范学校农科专业,除完成规定课程外,还系统阅读了植物学、畜牧学、化学和摩尔根遗传学。

1922 年

撰写《豆根菌》《美国之炼乳事业》,发于《农业丛刊》第1卷第3期。

1923 年

夏,在国立东南大学(原南京高等师范学校)洪武棉场实习。

7月,在商务印书馆《东方杂志》发表《归农运动》,此为其第一篇农村社会学论文,放弃作物育种专业。此时,杨先生很想从农村自治入手,去解决农村问题,但是没有相关的训练。在其长沙家中,有一个偶然的机会遇到美国驻华领馆人员,面谈并得到赞赏。其叔父决定资助他出国深造。

1924 年

夏,毕业于国立东南大学农科,获学士学位。

8月,赴美留学,先后在艾奥瓦农工学院和密歇根农业大学①先后师从美国著名社会学家H. B. 霍索思和K. L. 巴特菲尔德,学习农业经济和农村社会学。

1925 年

在艾奥瓦农工学院,以《美国乡村社区》论文获得硕士学位。

---

① 在已有的百科全书杨开道条和已发表的文献中,通常认为杨开道在美国就读的学校为艾奥瓦农工学院和密歇根农业大学,经查两校皆是根据美国《土地拨赠法案》,于19世纪中期建立的。20世纪50年代,分别更名为艾奥瓦州立大学和密歇根州立大学。

撰写《美国农业之新情势》，发于《农学》杂志第 2 卷第 7 期。

1927 年

4 月，在密歇根农业大学，以《世界垦殖运动》论文获得农村社会学博士学位，归国。撰写《我国农村生活衰落的原因和解救的方法》，发于《东方杂志》第 24 卷第 16 号。

7 月，受聘于上海私立大夏大学。

9 月任教授，同时在复旦大学兼课。

1928 年

在农业与矿业部工作 6 个月。

7 月，接受中学同学许仕廉的邀请，以副教授身份在燕大社会学系任教，并讲授农村社会学。这是燕京大学讲台上第一次由中国人讲授农村社会学。获得美国洛克菲勒基金会资助，组织燕京大学社会学系在河北清河镇展开社会调查。

秋，应《社会学丛书》主编孙本文博士的邀请，在讲稿的基础上为整理出《农村社会学》列入丛书，为我国第二部《农村社会学》。

1929 年

春，以"改良农村组织。增进农人生活"为主旨，开始着手主编《农村生活丛书》。

8 月，应中央大学农学院院长王善全教授邀请，主持其农学院农政科工作。写出我国第一部《社会研究法》，同样列入《社会学丛书》。

10 月，杨开道针对梁漱溟 6 月在《村治》月刊上发表的《北游所见纪略》，提出商榷文，即《梁漱溟先生村治七难解》，发表于国立中央大学农学院主办、中国农学社出版的《农业周报》(Farmers' Weekly) 杂志，从该月的创刊号开始连载，第二号、第三号、第六号、第九号、第十号、第十一号，共计七篇。梁氏在《北游所见纪略》中讲:"我从广东出来考察,原希望,我心中所抱几个难题,可以得到解决。但到处看过之后,统统无人解答;不但无人解答,并且无人在这上边用心;再进一步说,直是无人留意。"对此,杨先生回应:"梁先生说'无人在这上边用心','直是无人留意',作者却有一点不服气。作者从民国十三年起到现在,对于乡村自治十分用心,十分留意,也曾在金陵大学暑校教过一回乡村自治功课,也曾替世界书局写过一本《农村自治》小书(现在印刷中),自己虽然十二分不满,但是心是用的,意是留的。"并对梁漱溟指出的山西村政中的七大难题:村长问题、村民问题、制度问题、钱的问题、筹款方法问题、村公职薪给问题、事的主次问题,一一提出解答方案。同时在《农业周报刊》还发有《杂组:徐公桥考察纪实》(第1—4号)、《民食问题研究》(第7、8号)、《农民银行条例草案》(第8号)等文。

另,撰写《垦区组织工作》,发于《东北新建设杂志》第1卷7—8期;《中国农村自治的现状》,发于《农学》杂志第5—6期;《乡村社会学新解》,发于《社会学界》第3卷。

1930年

夏,中央大学农政科取消,回到燕京大学。在清河镇建立实验区,这是我国第一个高等院校的农村试验基地,燕京大学社会学系许多学生的毕业论文、调查报告都是取材于该实验区。组织发起成立中国社会学社,当选为理事会理事。该年暑假,开始应梁漱溟之邀,去山东邹平乡村建设研究院讲学和设计农村调查。

继续在《农村周报》上发文,《法国的农村自治》(第12—13号连载),该文比较了中央集权下的法国农村自治与英美农村自治之不同,认为法国的农村自治与其政治特色相适应,权力更多的集中在村长手上,英美的自治权力操在议会手里,比较适合人民自治能力高和事务简单的地方,至于中国民智闭塞、百废待兴,还是权力操于村长之手更适合一点。《农民娱乐问题》(第14、15、20—22号连载),《农民教育问题》(第16、17号连载),《农民家庭教育》(第18、19号连载),《中国古代的农村自治》(第23—26号连载),《农村自治的单位》(第28号),《王荆公保甲新法的研究》(第29号),《全国农民组织》(第31、32号),《乡村社会领袖》(第33、34号),《农村自治事业》(第36—42号),《农村自治的组织》(第44—48号),《农村自治的农民》(第49—51号),《农村生活的解剖》(第53—55号),《农村自治的人才》(第57—60号),《农村自治的区域》(第61—63号)。

另,撰写《社会调查表格研究》《中国农村组织史略》《"人权"——一个社会的解剖》,分别发于《社会学刊》第1卷第3、4期和第2卷第1期;《农村民众教育的几个重要问题》,发于《教育与民众》第2卷第1期。在上海黎明书局出版《社会学研究法》,在世界书局出版《社会学大纲》和英文版《清河——一个社会学的分析》(与许仕廉、步济时、张鸿钧、余万合著)。

1931年

继续在《农业周报》发文,继新年续完《农村自治的区域》之后,又发表《农村自治的经费》(第64—67号),《农村自治的编制》。(第69—75号)等文。《农业周报》,发行至第八十号停刊,时为1931年4月26日。该年《农村生活丛书》14种,全部由世界书局出版发行,其中9种:《农村社会》《农村问题》《农村政策》《农村自治》《农村组织》《农村领袖》《农村调查》《新村建设》《农民运动》,皆为杨开道先生撰写。其余五种,即《农村生活》《农村教育》《农村娱乐》《农村土地》和《农村经济》,为乔启明教授、唐启宇教授等撰写。在丛书编辑旨趣中,杨先生指出,"就是要用科学的方法,采取批评的态度,去研究农村生活",并把该丛书喻为改造农村社会的急先锋。

另,撰写《中国领袖研究——楚项羽》(发于《社会学刊》第3卷第1期),《乡约制度研究》(发于《社会学界》第5卷),《明清两朝的民众教育》(发于《教育与民众》第2卷第4期),以及《与华北青年论华北问题》《与华北领袖论华北问题》(分别发于《新北方月刊》第1卷第4期和第2卷第1期)。

1932年

继续在燕京大学任教。先后撰写《中国领袖研究——汉高祖》《艾都芝的革命自然史》(皆发于《社会学刊》第3卷第2期),《吕氏乡约的考证》(发于《村治》第3卷第1期)。

1933年

7月,联络乡村建设派领袖梁漱溟、晏阳初等人,发起组织了全国性的乡村工作讨论会,并在此基础上组建了"乡村建设学会",任理事。

8月,继许仕廉先生任燕京大学社会学系主任。

9月,在商务印书馆出版为高等农校编的教科书《农场管理学》,以及《农场管理》一书,列入《农学小丛书》。撰写《雷士编的社会科学中的方法》(发于《社会学刊》第3卷第3期),《中国乡约制度》《吕氏乡约的增损》《吕氏乡约的分析》(分别发于《村治》第3卷2—3、4、5期)。

1934年

秋,燕京大学获得洛克菲勒基金会资助成立农村建设科,杨先生转任该科主任。在商务印书馆出版《农业教育》一书,列入《师范小丛书》。撰写《吕新吾的乡甲约制度》(发于《社会学界》第 8 卷),《韦勃——社会研究方法》(发于《社会学刊》第 4 卷第 3 期,此韦勃乃是英国的韦伯夫妇,并非德国社会学家韦伯)。

1935 年

秋,迁任燕京大学法学院院长。这一时期,杨先生把燕大社会、经济和政治三系的工作重心都转向了农村,组织学生对农村进入调查,写出了大量调查报告。撰写《我为什么参加农村工作》(发于《民间》第 2 卷第 1 期)。

1936 年

春,与南开大学何廉先生受美国洛克菲勒基金会之托,联络平民教育促进会,燕京、南开、清华、金陵四大学以及协和医学院,成立"乡村建设协进会",推选晏阳初为主席、梁耀祖为副主席、何廉为研究部主任,杨先生为实验区主任。实验区设在山东济宁,并在济宁成立"乡村服务人员训练处",杨先生任教育长,在此期间组织学生进行了大量的社会调查。参加"中国农村经济研究会"和合作经济研究社。

为瞿同祖的《中国封建社会》撰写序言,指出"美国社会科学的毛病,是只用本国的材料,而不用外国的材料;中国社会科学的毛病,是只用外国的材料,而不用本国的材料。……中国社会科学惟一的出路,是以欧洲上古社会、欧洲中古社会、欧美现代社会为背景,去解释过去中国的社会、现在中国的社会。"

主编《人物月刊》,提倡传记文学。在此前后,他对晚清时期的名人传记进行了大量阅读,包括左宗棠、李鸿章等人的二三十种传记。撰写《人物标准》《项羽评传》(发于《人物月刊》第 1 卷第 1 期),《人才教育》《威尔逊:一个失败的大学校长》(发于《人物月刊》第 1 卷第 2 期),《汉高祖评传》《太上领袖》(发于《人物月刊》第 1 卷第 3 期),《个人对于孔子的认识和景仰》(发于《实报半月刊》),《农业起源的理论》(发于《社会学刊》第 5 卷第 2 期)。

1937 年

在山东济宁乡村服务人员训练处编写《中国乡约制度》一书。燕大的清河试验,因日本攻占华北而告结束。

全面抗战爆发后,杨先生携家人先经河北、山东、安徽抵达南京,随后沿长江西行返回湖南老家。

1938 年

从该年至 1947 年先后在南迁长沙的平民教育促进会、重庆的国民政府贸易会社会部任职。在此期间,创办《新世界》月刊并担任主编。

1939 年

撰写《如何调整出口贸易》《一九三八年香港之对外贸易》(分别发于《贸易半月刊》第 1 卷第 2、8 期),《乡村建设运动过去建设的检讨》(发于《现代读物》第 4 卷第 8 期)。

1940 年

撰写《现代农业国家诠释》(发于《时代精神》第 2 卷第 2 期),《怎样研究国际经济》(发于《读书通讯》第 6 期),《世界贸易鸟瞰》(发于《贸易月刊》第 2 卷第 2 期),《中国茶叶政策刍议》(发于《青年中国季刊》第 1 卷第 2 期),《四川桐油事业之展望》(发于《西南实业通讯》第 2 卷第 5 期)。

1941 年

撰写《外销物资价格问题》《中国茶区初步分析》(分别发于《贸易月刊》第 2 卷第 1、7 期)。

1942 年

撰写《我国茶叶内销问题的综合观》(发于《贸易月刊》第 7、8 期),《评战时产业紧缩政策》(发于《财政评论》第 7 卷第 2 期),《读书生活漫谈》(发于《读书通讯》第 32 期),《太平洋战争与我国对外贸易》、《中国桐油产区之分析》(分别发于《贸易月刊》第 3 卷第 9、10 期),《农业企业经营制度我见》、《战后贸易之资金需要》(分别发于《中农月刊》第 3 卷第 1、11 期),《太平洋战争发生以来我国出口贸易》(发于《中央银行经济汇报》第 6 卷第 7 期),《中国农业问题的两大基本问题》(发于《农货消息》半月刊第 6 卷第 7 期)。

1943 年

撰写《同经度世界经济计划论》(发于《新工商》第 1 卷第 2 期),《现阶段外销物资之增产问题》(发于《贸易月刊》第 4 卷第 9 期),《对外贸易与海外移民的相关性》(发于《华侨先锋》第 5 卷第 6 期),《现代农业特性之分析》(发于《经济汇报》第 8 卷第 6 期),《中国战时对外贸易》(发于《经济建设季刊》第 2 卷第 1 期),《农业贸易政策》(发于《中农月刊》第 4 卷第 10 期),《我国对外贸易之回顾与前瞻》(发于《贸易月刊》第 4 卷第 8 期),《广东经济问题剖析》(发于《广东省银行季刊》第 3 卷第 2 期),《战后人力利用初步研究》(发于《四川经济季刊》第 1 卷第 1 期),《论贸易本位的国际通货制度》(发于《财政评论》第 10 卷第 1 期),《战后经济建设中之华侨经济》(发于《现代读物》第 8 卷第 5—6 期),《现代农业特性之分析》(发于《中央银行经济汇报》第 8 卷第 6 期)。

1944 年

撰写《现代技术与现代经济》(发于《新商业》第 1 卷第 1 期),《战后中国农业建设问题》(发于《四川经济季刊》第 1 卷第 4 期)。

1945 年

日本投降,杨先生携家人乘坐美国军舰离开重庆,去上海谋求发展。

为孙本文主编《社会建设》之编辑委员。撰写《社会救济法实施问题》(发于《社会建设》第 1 卷第 2 期),《战后生丝贸易展望》(发于《建国季刊》第 1 期)。

1946 年

8 月应上海商学院之聘担任该院合作学系主任,一边教学,以便进行集体农场与个体农场管理的比较研究与试验。

为《社会建设》月刊发行人,主编仍为孙本文。在《社会建设》月刊"住宅问题专号",发表《从社会学观点去分析住宅问题》一文,列为第 1 篇。撰写《今年的秋收与粮价》《美国战时造船业绩一斑》(皆发于《新世界》月刊第 10 期),《我国投资金融事业的展望》(发于《新世界》月刊第 11 期),《中美商约真有害吗?》(发于《新世界》月刊第 12 期),《自由经济与统制经济》(发于《中建》第 1 期),《关于中纺与中蚕》(发于《纺织周刊》第 7 卷第 10 期),《中国第一部火车头》(发于《运输周刊》第 51 期)。

1947 年

继续任教于上海商学院。

撰写《经理社会在各国》(发于《新世界》月刊第 1 期),《美国农业合作》(发于《合作经济》第 1 卷第 1 期),《地方自治与农业建设》(发于《地方自治》第 1 卷第 1 期),《支配世界黄金市场的南非金矿业》(发于《新世界》月刊第 2 期),《美国两大工会系统剖视》《美国工会三巨头剪影》(皆发于《新世界》月刊第 3 期),《如何开发南洋贸易》《未来的世界贸易体系》(皆发于《新世界》月刊第 4

期),《谈读书与读书运动》《介绍一本讲美国性格的名著》(皆发于《新世界》月刊第5期),《世界经济霸权论》(发于《新世界》月刊第6期),《一个经济学者的自述——卫挺生氏自述小传》《亚丹姆斯的动力学说》(皆发于《新世界》月刊第7期),《六十年代经济预测》(发于《新世界》月刊第8期)。

1948年

继续任教于上海商学院。

《社会建设》月刊复刊,杨先生离开社会学同仁群。应中华书局之约,写作《农村社会》小册子,列入《中华文库·民众教育》第1辑发行。

《稷社社讯》第13期刊发《杨开道先生来函》,撰写《中国农业土地问题对策》(连载于《地政通讯》1948年第3卷第9、10期),《新币制下的进出口贸易》(发于《进出口贸易》月刊第1卷第4期),《巴勒斯坦的库扎合作农场》(发于《中国建设》月刊第5卷第4期)。

1949年

5月24日为上海解放日,参与上海商学院护校斗争,27日上海解放,成为院务维持委员会5位教授委员之一。

8月3日,国立上海商学院校务委员会正式成立,为委员之一。

1950年①

3月,加入中国民主同盟。

撰写《从米丘林学说谈到威廉士学说》(发于《新科学》1950年

---

① 1950年以后,杨先生主要以行政工作为主,很少从事科研。从1950年到1957年,杨先生先后担任了武汉大学农学院院长,华中农学院筹备处主任、院长,中国科学院武汉分院筹备处副处长等职。晚年还曾研究过明代户口问题,但未见著作问世。

第1卷第2期)。

1955 年

2月,推选为湖北省政协第一节委员会常务委员。

1956 年

1月,民盟湖北省委员会增加其为委员。

1957 年

3月,任湖北省图书馆馆长。

1958 年

2月,被错划为右派,8月被撤销馆长职务,改任研究员。

《理论战线》发表黄永轼的署名文章,《批判杨开道的阶级调和的反动谬论》。

1959 年

6月,推选为湖北省政协第二届委员会委员(教育界)。在国庆节前夕,右派摘帽。

1960 年

为湖北省图书馆编外人员,时湖北省图书馆有职工74人,分编内、编外和下放人员。

1962 年

被列入湖北省2170人的高级知识分子名单。

1963 年

为湖北省图书馆期刊部员工讲授英文期刊知识。

1964 年

湖北省政协第三届会议,作为92名特别邀请人士之一。

1966 年

从该年开始,在"文化大革命"期间,曾被红卫兵劳改四年,后仍回湖北省图书馆工作。

1976 年

参加湖北省委写作组织,深揭狠批"四人帮"。

1979 年

3 月,中国社会学研究会成立,被聘为中国社会学研究会顾问。

1980 年

湖北省社会学会成立,任首届名誉理事长。

1981 年

7 月 23 日卒于武汉。

中国乡村治理道路的历史探索

——杨开道及其《中国乡约制度》

董建辉

杨开道先生是我国第一代社会学家,中国农村社会学的早期开拓者之一。杨开道,字导之,1899年6月7日出生于湖南新化。1920年入沪江大学预科部学习,1924年毕业于南京高等师范农科,同年8月赴美留学,先后在艾奥瓦农工学院和密歇根农业大学攻读农业经济和农村社会学,1925年和1927年分获硕士和博士学位。1927年回国后,历任大夏大学、复旦大学、中央大学农学院社会学教授,燕京大学社会学教授兼系主任、法学院院长。1928年组织燕京大学学生到清河镇调查,1930年在清河镇建立实验区,同年组织发起成立中国社会学社。1948年初任上海商学院教授和合作系主任。新中国成立后,历任武汉大学农学院院长、华中农学院筹委会主任和院长、中国科学院湖北分院筹委会副主任、湖北省图书馆馆长和研究员。1981年7月23日逝世于武汉。

杨开道长期专注于中国农村社会问题和农村社会学理论研究。20世纪20—30年代,中国农村社会日趋衰落,拯救和复兴农村社会成为时人的普遍共识。1924年,杨开道以其农科专业的知识背景,怀揣"以农立国"的抱负,赴美学习西方农村社会和农村社会学方面的知识。1927年学成回国后,他以大学讲台和出版物为阵地,介绍欧美农村社会学学说、欧美农村发展历史及统计资料,从理论上阐述农村社会的性质、特征、种类、起源、进化、人口、环境、生活、组织等,并结合西方农村社会学原理,针对中国农村社会提出了一系列看法和主张。其著述主要包括:《农村社会学》《社会研究法》《农村社会》《农民运动》《农村自治》《农业教育》《农村问题》《农场组织》《农村领袖》《新村建设》《农村政策》《农村调查》等。其中《农村社会学》《农村社会》和《社会研究法》是他在复旦大学、燕京大学等几所大学授课时的讲义,而后面的9本书则是世界书局出版的一套14册农村生活丛书中的9册。此外,他还出版有《农场管理》《社会学大纲》《农场管理学》《中国乡约制度》《社会行政与乡村建设》等论著,及诸多专题性论文如《乡约制度的研究》《梁漱溟先生村治七难解》《法国的农村自治》《王荆公保甲新法的研究》《中国古代的农村自治》《农村家庭教育》《农民娱乐问题》等。

  杨开道并不满足于对农村社会和农村社会学的一般性探索,而是力主将其运用于解决中国农村的实际问题,以"改善农村生活的全部"。他强调农村社会学应以中国农村社会调查为基础,将理论研究和实地调查相结合,用科学的方法研究中国农村社会,使专家服务于农民,农民依靠专家,最终达到改良农村组织、增进农民生活的目的。他在《农村自治》一书的序言中写道:"(我)当时下了一个决心,不愿意再做和农民不相干的助教、专家、教授,而愿意作农民的朋友,作农民和专家中间的一个介绍人,使专家能够服务农民,农民能够利用专家。"[①]他的学生费孝通评价说:"杨开道先生是一个想用社会学的知识去改变当时农村贫困落后的人。这是

---

① 杨开道:《农村自治·自序》,上海:世界书局,1930年,第1页。

他的抱负。我就是从他那里学得了这一点。"①

农村社会是一个复杂整体。说它复杂,是因为构成它的成员之间休戚相关,利害相同,正如一个身体的手脚,也如一个家庭的弟兄,"共生共存,共依共赖"。杨开道借鉴社会学家麦艾维(R. M. MacIver)的"地方共同体"(community)概念,将农村社会定义为一种以农业为共同职业的"地方共同社会"(community)。除了人与人之间的主体关系,农村社会的复杂性还体现在它涉及的范围极为广泛,人口、土地、社会交往、教育、经济、宗教、政治、卫生、娱乐、社会组织等诸要素都囊括在内。基于此,杨开道提出一种系统化的农村社会研究方法论,主张农村社会研究不能只研究某一单方面的问题,而是应该剖析农村社会的各个方面,如人口、地域、心理、文化、经济等,其根本目的是改善农民生活,谋求农民全体的幸福。从这种系统观出发,杨开道分析了中国农村社会面临的几大问题,并提出了11项具体改进意见,包括:提高农民知识;改良农事;注意农村经济;便利交通;扩大农村范围;提倡农民组织;培养农村领袖;发展社会服务;生活社会化;开发正当娱乐;生活艺术化等。②

尽管杨开道坚持系统观,倡导对农村社会的全面研究,但农村自治问题一直是他关注的焦点。在赴美留学之前,他就"以为农村自治,在整个的农村生活改良是最基本的方法"③。以后从事农村社会研究,他对农村自治的兴趣更是有增无减。其背后的原因是,

---

① 费孝通:《一代良师》,载《费孝通文集》第11卷,北京:群言出版社,1999年,第287页。
② 杨开道:《农村社会学》,上海:世界书局,1929年,第80—94页。
③ 杨开道:《农村自治·自序》,上海:世界书局,1930年,第2页。

从 1920 年代开始,当时的民国政府就在全国自上而下推行地方自治,各地也陆续施行乡村自治,但成效却普遍不佳。杨开道对其中存在的弊端提出了批评,指出这种自上而下的推行模式,以及脱离地方实际的运作形式,是不可能实现真正的农村自治的。他更进一步认为,中国农村自治的主要问题在于民众缺乏自治的观念和意识,从秦汉实行中央集权开始,民众就抛弃了民权,任由政府宰治,最终养成了不问政治也不敢问政治的性格。

为了寻求中国乡村治理的解决之道,推动中国建立真正的农村自治,杨开道将目光转向了中国古代乡治。他以为,中国古代的乡治从《周礼》的地官司徒和汉代的孝悌力田已可略见一斑。到了明代,乡治制度已发展成由保甲、乡约、里社、社学、社仓五大部分构成的组织体系。在这其中,保甲规范农村组织,乡约主导乡治的道德基础,里社代表宗教,社学代表教育,社仓代表经济。现代乡治所包含的事业也无非是这几种,只是名称不同罢了。在这五种制度中,乡约、保甲的地位尤其重要。如果按照吕氏乡约的条款和做法,又以乡约为第一要务。所以,杨开道选择乡约制度的研究,作为中国乡治道路探索的突破口。在先后发表了《中国农村组织史略》①《乡约制度的研究》②《吕新吾的乡甲约制度》③等系列论文之后,他于 1937 年在山东乡村建设研究院④出版了他的《中国乡约

---

① 杨开道:《中国农村组织史略》,《社会学刊》1930 年第 1 卷第 4 期。
② 杨开道:《乡约制度的研究》,《社会学界》1931 年第 5 卷。
③ 杨开道:《吕新吾的乡甲约制度》,《社会学界》1934 年第 8 卷。
④ 该院是 20 世纪 30 年代中国乡村建设运动中最有影响的组织机构之一,于 1931 年由学者梁仲华、梁漱溟等创办于山东邹平,梁仲华(耀祖)任院长,梁漱溟任研究部主任,1937 年因抗日战争爆发而停办。

制度》,全面阐述乡约制度的起源、发展、得失及其与乡村治理的关系,显示了其深厚的史学研究功底。

杨开道以为,要研究乡约制度的发展以及乡约制度在乡治体系中的地位、贡献,就必须从了解整个农村组织的发展入手。他将中国农村组织的发展分为三个时期:第一是周以前的传说时期,第二是秦汉以后的破坏时期,第三是北宋熙宁以后的补救时期。周以前的农村组织,据《周礼》《管子》所载,大体以"五家为比,五比为闾",主张兵农合一、"政教合一"。虽然组织上十分完整,也十分严密,但可靠性程度并不高。秦汉以后,施行十里一亭、十亭一乡的乡亭制度,乡治的主要单位是乡,乡有三老、啬夫、游徼等领袖,各司其职。东晋南渡之后,户口版籍完全丧失,农村组织大受摧残。虽然元魏、北齐、隋、唐都曾经依照古法,对农村组织做过一些规定,但目的都是为了征收赋税,执行法律,和乡治关系甚微。即使是宋初,也仅因袭唐制,没有什么发展。只是到了熙宁年间,王安石(荆公)推行保甲制,蓝田吕氏兄弟发明乡约,近代中国乡治局面才算重新开启。

乡约意为乡里公约,是中国古代农村基层以教化为主要目的的一种民间组织。据杨开道考证,乡约制度最早出现于北宋熙宁九年(1076年),由吕氏兄弟(主要是吕大钧)首先发起并在陕西蓝田的局部地区付诸实行。《吕氏乡约》也称《蓝田乡约》,分《乡约》和《乡仪》两部分。乡约的内容除"德业相劝、过失相规、礼俗相交、患难相恤"四款外,还包括罚式、聚会、主事等相关制度。其组织颇为简单,只有约正一人或二人,由大家公举正直不阿的人士充任,专门负责善恶的赏罚,仿佛秦汉的三老。除约正以外,另有每月轮换的直月一人,由全约人士按照年龄大小轮流充任,管理记录、款项、聚餐、集会等一切杂事。乡约的主要活动是每月一次的集会。集会期间，约正奖励约众的善行，惩罚恶行，并记录在册。奖罚过后进行聚餐、射箭等活动。

这样一种独树一帜的乡约制度为什么会在这一时期产生，为什么会在这一个地方产生，又为什么会在这一个人家产生？是偶然的因素，还是有其必然性？杨开道认为，乡约的产生有远因、近因和个人原因三个方面。就远因来说，乡约制度滥觞于《周礼》的乡饮酒礼。二者的根本原理是相同的，都是以礼教民，强调精神的感化，而不是法律的制裁。"乡约的精神，就是三礼乡饮酒礼的精神，乡约的办法，也仿佛三礼乡饮酒礼的办法"①。就近因而言，乡约是宋代理学发展的产物。宋代理学的宗主首推濂溪（周敦颐）先生和二程（程颐、程颢）邵（邵雍）张（张载）。濂溪的濂学、二程兄弟的洛学都强调性理，而张载的关学则强调"明礼教，敦风俗"，重视礼仪实践，所以又被称为"礼学"。乡约的诞生地蓝田属关中地区，吕氏兄弟和张载的关系也非同一般，因而以礼教为根本精神的乡约在蓝田出现，也就不难理解了。在个人原因方面，吕氏兄弟四人虽人生轨迹不一，或以良吏治郡县，或以宰相持国柄，或以操行闻士林，或以名儒扬关学，但有一点是共同的，即他们都受儒家学说的熏陶和张载经世致用思想的影响，以"躬行礼义""变化风俗"为己任，故而在家乡蓝田推行乡约，以期礼渐成俗，风化社会，最终达到经世济民、"及乎后世"的目的。所以，杨开道总结说，乡约在这样一个时代、一个地方、一个人家产生是必然的事实，"乡约真是

---

① 见本书，第39—40页。

中国文化的产物,乡约真是复古时代的产物"①。

对于乡约制度,杨开道从乡治的角度给予了极高评价。他说:"乡约制度是中国古代先贤建设乡村的一种理想,一种试验"②,是"中华民族破天荒的第一次民约"③。乡约与乡饮酒礼相比,虽然教化主义的主张是相同的,但乡约是纯粹民约,甚至离开政治范围以外,而乡饮酒礼则是官民合治,完全在政治范围以内。"一个是人民公约,一个是政府官法,一个是互助的实现,一个只是礼仪的演习"④,乡约制度当在乡饮酒礼之上。乡约与同时代的王安石保甲新法相比,虽然二者均由周礼发源,但理论和实际上都持相反的立场:乡约为民众的工作,新法为政府的工作;乡约自下而上,新法自上而下;乡约以一乡为单位,新法以全国为单位;乡约侧重教化,新法关注防卫。可见即使在新法盛行的时代,乡约制度也是独树一帜的。

甚至和现代西方的社会理论相较,吕氏乡约的基本理论也是非常接近的。西方社会理论中的许多概念,如邻落社会(Neighborhood Community)、共同利益(Common Interests)、相互依赖(Interdependence)、社会距离(Social Distance)、社会交往(Social Communication)、社会互助(Mutual Aid)、社会道德标准(Socio-ethical Standard),乃至业已过时的机体比证(Organic Analogy)都可以在乡约条文里面找到。但是,杨开道也指出,吕氏乡约的创始人兴趣并不在学理方面,而是在实用方面,所以基本的概念虽然有,但是理

---

① 见本书,第40页。
② 杨开道:《中国乡约制度·自序》。
③ 见本书,第81页。
④ 见本书,第40页。

论的发挥却是没有的。当然,这丝毫不影响他对吕氏乡约的赞誉。他说:"吕氏乡约的基本主张,在树立共同道德标准,共同礼俗标准,使个人行为有所遵守,不致溢出标准范围以外。这种步骤在礼学里面,可以说是到了登峰造极的地步。"①自吕氏乡约诞生以后,它便成为以后一切乡约制度的源泉。

  杨开道总结了吕氏乡约的具体特色。首先,是以乡为单位,而不是以县为单位。乡是社会的自然单位、基本单位,无论什么事业,只有从乡做起,才能根基稳固。孔子的修齐治平,老子的由身而家,由家而乡,由乡而邦,由邦而天下,也都是由小而大,由下而上。其次,是由人民公约,而不是由官府命令。乡约虽由吕氏兄弟发起,但是肯定经过族人的赞同,才能施行于乡里,所以是一种民约。民约可以避免政府干涉,培养人民的自治精神。乡村是人民的乡村,社会是人民的社会,大家有了契约,才能办理乡村的事业,维持社会的礼教。第三,是局部参加,自由参加,而不是全体参加,被迫参加。所以说,吕氏乡约是一个自由的组织,局部的组织。第四,是成文法则。成文法则的好处是便于仿行,便于持久,也便于由小而大,向上发展,而中国乡村社会的传统是口耳相传,成文法则的发展尤其迟缓。"由人民自动主持,人民起草法则,在中国历史上,吕氏乡约实在是破天荒第一遭"。②

  对于乡约约文的四款"德业相劝、过失相规、礼俗相交、患难相恤",杨开道也进行了细致分析,并逐一进行评点。他以为,"德业相劝"和"过失相规"注意的是个人的道德层面,前者注意正面,后

---

① 见本书,第67页。
② 见本书,第71页。

者注意反面。"礼俗相交"一条是最空洞、布置也最差的,全条约文既不如"过失相规""患难相恤"的分门别类、纲举目张,也不如"德业相劝"的德业分别、排列整齐。他最欣赏的是"患难相恤"一条,认为其论述最完整,也最符合现代地方组织的办法。其中的七项内容水火、盗贼、疾病、死长、孤弱、诬枉、贫乏,每一项都可以代表一个实际的社会问题,充分体现了农村社会的互助和合作精神。但遗憾的是,吕氏乡约没有把儿童教育和经济合作包含在内,也不懂得和保甲新法结合,这是它的缺陷。至于乡约对犯过者处罚甚或除名的做法,杨开道也表示了反对。

虽然吕氏乡约是中国历史上第一个人民公约,在北宋应该也是名噪一时,不过怀疑的人很多,反对的人也不少。康王南渡之后,关中文化消失殆尽,乡约制度也近乎湮没。"假使没有朱子出来修改,出来提倡,不惟吕氏乡约的条文不容易完美,吕氏乡约的实行不容易推广,恐怕连吕氏乡约的原文,吕氏乡约的作者,也会葬送在故纸堆里,永远不会出头"①。朱熹考证出《吕氏乡约》的真正作者是和叔吕大钧,并结合他对儒家礼教的理解,对《吕氏乡约》进行了增损,既补充了原约中不完整的部分,又增加了"月旦集会读约之礼"。修订后的乡约取消了罚金的规定,仅以书籍入册的形式予以惩戒。记录恶行的恶簿也仅传观,不朗读,在教化方面体现出更强烈的感化原则。杨开道认为,这是朱熹对乡约制度的最大贡献,一种间接的贡献。尽管朱熹也提倡保甲、社仓、小学,尤其在社仓和小学方面的功绩重大,但他并没有看到四者间的相互关系,没有把它们打成一片。"朱子的眼光,完全在修身齐家,安内攘外,

---

① 见本书,第85页。

并没有看见乡村是一切社会的基础,乡村建设是一切政治的基础,所以整个的乡治,人民的自治,在朱子手里并没有丝毫的进展"①。

元代的社制是秦汉以后最完整的农村组织,但是对于保甲、乡约,都没有特别的提倡。明太祖虽然没有采用乡约制度,但是他的大诰三篇及各种教民榜文,申明三纲五常,提倡孝悌忠信,已充分展现其治民的根本主张。洪武里社礼制及申明亭、旌善亭之设,均颇具乡约的意味。尤其是明太祖的圣训六谕"孝顺父母,尊敬长上,和睦乡里,教训子孙,各安生理,无作非为",自从被王阳明加入乡约组织之后,便逐渐演变成为乡约的中心,并且一直持续到清康熙年间。杨开道以为,虽然乡约的基础在洪武年间已经奠定,然而乡约名称的正式采用和固定,却是在明成祖将吕氏乡约"列于性理成书,颁降天下"之后。他推测,王阳明的南赣乡约可能是明代最早施行的乡约,"可以和宋代的吕氏乡约比美"②。然而,当代学者的研究表明,在王阳明之前,明代已有多例倡行乡约的个案。诸多证据显示,明代乡约肇始于永乐年间,其背景就是明成祖宣传吕氏乡约的举措。③

对于王阳明的南赣乡约,杨开道虽然充分肯定它在促进明代乡约发展方面的贡献,但他似乎更多地是持一种批评态度,这从他对比南赣乡约与吕氏乡约的语气中明显地反映出来。他认为,这两种乡约共同的地方固然很多,但不同之处也不少,具体表现在:

第一,吕氏乡约是人民自发的乡村组织,而南赣乡约则是政府

---

① 见本书,第 90 页。
② 见本书,第 108 页。
③ 参见董建辉:《明清乡约:理论演进与实践发展》,厦门大学出版社 2008 年版,第 161—168 页。

督促的乡村组织。南赣乡约用命令的口气,布告的方式,由位高权重的提督出来提倡,所处理的不过是乡里小事,未免有杀鸡用牛刀之嫌。乡约以后发展成为地方施政的工具,清朝又成为政府宣传的工具,地位每况愈下,王阳明当难辞其咎。

第二,吕氏乡约是自由的组织,局部的组织,而南赣乡约是强迫的组织,全村的组织。南赣乡约由政府来代替人民主持是一个绝大的遗憾,但是全村的人民大众强迫参加,可以增加乡约的效力。

第三,吕氏乡约的约文是纲举目张的几项条款,而南赣乡约的约文只是一条一条的文告,较之吕氏乡约不是进步,而是退步。

第四,南赣乡约的组织较之吕氏乡约有很大的扩充,吕氏乡约中仅有职员2~3人,而南赣乡约增加至17人之多,显得有些铺张。约长代替原来的约正成为乡约的首要成员,下设约副、约正、约赞、约史、知约若干人。

第五,南赣乡约的集会比吕氏乡约复杂,增加了宣读戒谕、读约、彰善、纠过、申戒等仪式,但又删除了朱子增损吕氏乡约中繁杂的"月旦集会读约之礼",更别有一番风味。

第六,与吕氏乡约相比,南赣乡约逐渐成为政府的规条,政府的工具,可以查察奸宄,助行法律,和保甲制度的功用相去不远。

杨开道认为,王阳明所倡行的南赣乡约只是吕氏乡约和洪武六谕的混合物,约文采用圣训六谕,组织则采用吕氏乡约。而且,它仅局限在南赣一地施行,并未成为正式的法规。直到嘉靖以后,乡约才成为正式的规条,国家的法令。在章潢(本清)于嘉靖末年开始编纂的《图书编》中,乡约规条、保甲规条、社仓规条、社学规条四者并列在一起,相提并论。对于四者的关系,章潢本人做过解释:"保甲之法,人知足以弭盗也,而不知比闾族党之籍定,则人自不敢以为非。乡约之法,人知其足以息争讼也,而不知孝顺忠敬之教行,则民自相率以为善。由是社仓兴焉,其所以厚民生者为益周。由是社学兴焉,其所以正民德者为有素。可见四者之法,实相须也。"①其中心思想是,乡约、保甲、社仓、社学四者,虽名称各异,但关系密切,都是乡治的重要工具,不可偏废。将四者融于一体,行之一乡,则"一乡之风俗同,道德一,弦诵之声遍于族党,礼让之化达于闾阎,民日迁善违罪而不自知,而古道其再现于今矣"。②

杨开道赞赏章潢将乡约"融于一体,行之一乡"的主张。他指出,王安石的保甲是纯粹的保甲,吕和叔的乡约是纯粹的乡约,二者不生关系,不相为谋。王阳明巡抚南赣的时候,一面创立社学,延师教子,歌诗习礼,以立小学教育的基础,一面举立乡约,联属父老,率引子弟,敦礼让之风,成敦厚之俗,一面又以十家为牌,开列姓名,按牌审察以防内奸,而御外寇,保甲、乡约、社学都有了。而且,在提倡保甲的时候,总是不忘教化,提倡乡约的时候,也是不忘保甲。但是,他没有提倡社仓,更没有看到乡治的整体性,将保甲、乡约、社学等组合成一个系统。而章潢不仅分别阐明了乡约、保甲、社仓、社学四者在乡治中的作用,而且明确提出,这四者并非各自独立,而是相互联系的,可以将四者合并使用,由此可见他对于整个乡治的重视。"一直到了这个时候,(乡治)才有一套整个的规条,才有一个整个的系统"③,整个乡治的理论,也愈益明显,这不能

---

① 章潢:《保甲乡约社仓社学总序》,《图书编》卷92,上海古籍出版社1992年版,第775页。
② 同上。
③ 见本书,第19页。

不说是章潢的新贡献。不过杨开道忽略了,其实早在章潢之前,黄佐就已率先倡导将乡约、保甲、社仓、社学融为一体,综而行之。①

章潢的乡治主张仅停留在理论的层面,而且保甲、乡约、社学、社仓四者究竟应当如何"合并使用",终究没有提出来。与章潢不同,吕坤(新吾)不仅践行过乡约,而且首次把乡约、保甲"总一条鞭",合二为一,命名为"乡甲约"。在吕坤的乡甲约中,乡约重精神,是重心;保甲重组织,是副心。社学、社仓则无论在名称上还是实际上,地位都较低,而且乡约、保甲与社学、社仓的关系不大。所谓乡甲合一,就是以乡约的教化精神,灌注在保甲的组织里面。乡约组织同时也是保甲组织,它既要负责劝善惩恶,也实施缉奸弭盗。其考核机制也比较完善,对何为善行、何为恶行、善如何赏、恶又如何惩等,都有一套详细的规定,从而方便了地方的具体执行。杨开道评价说,"乡甲约不单是民众教育的工具,也是乡村政治的工具"②。乡甲约强调对乡村领袖的训练,更可以说是中国历史上破天荒的第一次。

如果说吕坤是乡约、保甲合用的第一人,刘宗周(蕺山)便是乡约、保甲合用的第二人。刘宗周将乡约、保甲"通为一事",联为乡保制度。但在如何联结这一点上,前后的做法又不甚一致。在担任顺天府尹期间,因为清军兵临城下,维护社会治安成当务之急,所以他的《保民训要》主张以保甲为主,乡约为辅,寓乡约于保甲之中,寓教化于刑法之内。在担任都察院左都御史期间,因为其岗位

---

① 参见黄建辉:《明清乡约:理论演进与实践发展》,厦门大学出版社2008年版,第78—97页。
② 见本书,第131页。

职责是整肃风纪,而京师又是首善之地,所以他的《乡保事宜》主张以乡约为主,保甲为辅,寓保甲于乡约之中,寓刑法于教化之内。刘宗周的乡约、保甲主要推行于城市,这是之前的乡约不曾有的。但是与吕坤的乡甲约相比,他对乡约、保甲的结合显然还不够彻底。更为重要的是,他的乡保制度也仍然是一个以乡约保甲为主、社学社仓为副的制度,"只能说是乡保混合制度,而不能说是乡治整个制度"①。

针对吕坤、刘宗周将乡约与保甲合二为一的做法,杨开道做了辩证的评价。他提出,此前的乡约制度专门注意民众教化,人民可以提倡,政府也可以提倡,而不必和政治混为一谈。保甲自王安石倡行之后,官督民办已成为传统的习惯,政治的系统。吕坤、刘宗周将乡约、保甲"打成一片",一方面固然可以借助保甲的政治力量,增强乡约教化的势力和效果,但另一方面,乡约因为和政治的结合,也就背离了乡约的初衷,不成其为乡约,而成为政府施政的工具了。他感叹道:"乡约因合于保甲而施行愈广,乡约因合于保甲而地位愈低,神圣民权的表示,成了卑污政治的工具,卢梭民约何其幸,吕氏乡约何其不幸!"②

杨开道认为,虽然明嘉靖以后的农村组织和乡治系统都倾向于乡约、保甲、社学、社仓四位一体,四而一、一而四的制度,但无论章潢、吕坤还是刘宗周,都没有把它们彼此的地位、彼此的关系弄清楚。直到陆世仪(桴亭)手里,这一问题才迎刃而解。陆世仪崇尚"三代之治",反对秦汉之后的吏治,提倡封建、井田、学校,尤其

---

① 见本书,第166页。
② 见本书,第131页。

注重乡约的教化作用。他认为,乡约、保甲、社学、社仓四者,近于古而合于今,到了明末早已尽人皆知,各处皆行,但是仍然达不到"三代之治"。其原因一是用人不当与人才难得,而且人们对四者的意义不明,关系不清。他提出,社学、保甲、社仓就是孔子的足食、足兵、民信,孟子的出入相友、守望相助、疾病相扶持。而乡约则是"约一乡之众,而相与共趋于社学,共趋于保甲,共趋于社仓"。四者的关系是"乡约为纲而虚,社学保甲社仓为目而实"。

在陆世仪那里,乡约的实际工作是保甲、社仓、社学,保甲、社仓、社学的基本精神是乡约,一纲三目,一虚三实,相辅而行,相互为用,这就是他的"治乡三约"的乡治理论。在组织方法上,他又将乡约分成教约、恤约、保约三种,采取分工负责制。设约正一人,总掌三约,并设教长、恤长、保长,分别负责教事、恤事和保事。杨开道高度肯定陆世仪的"治乡三约"理论,认为他的"三约"分别象征了现代社会的农村自卫、农村合作和乡村教育。在吕氏乡约中,道德伦理、善恶劝诫是中心,但道德是空洞的,没有经济、政治、教育的支持,道德的效果是不明显的。"只有陆桴亭的乡治系统,才是整个的乡治系统,陆桴亭的乡治理论,才是整个的乡治理论"。① 他将乡治理论的发展过程分为四个阶段:从前的乡约理论是乡约、保甲、社仓、社学,道德、政治、经济、教育各不相谋,各自为主;章潢《图书编》的乡约理论,是四者并重,四者并立,没有虚实纲目的关系;吕坤的乡治理论是以乡约、保甲为重心,社仓、社学为辅佐;只有陆世仪的治乡三约,才把乡约的基本精神、主要地位认清,作为乡治的纲领,乡治的总称。在杨开道看来,陆世仪以乡约为中心的

---

① 见本书,第166页。

乡治系统,才是最完善、最纯正的。但不幸的是,陆世仪的乡治理论自己没有实践,别人也没有仿行,完全是纸上谈兵,空中楼阁。

入清以后,清代各帝继续提倡乡约、保甲、社仓、社学。但是,四者各有主管,互不关联,其结果是"提倡愈甚,效果愈少,弊端愈多,结果成为乡约的致命伤"。杨开道指出,乡村是一个整体的社会,乡治是一种整体的事业,头疼医头、脚痛医脚的办法是不顶用的,因为"乡约代表精神的一面,保甲、社仓、社学代表事功的三面,所谓一纲三目,一虚三实,互为因果,互相关联,决不能单独成功的"。① 清代对于四者的单独提倡,破坏了乡治组织的整体性,由此导致乡治系统支离破碎,乡村工作因循敷衍。到满清末年,乡约空有宣讲,保甲空有门牌,社仓少而无谷,社学少而无人,中国乡村组织几乎退化到无组织的状况。再者,皇帝和人民之间隔着重重衙门,人民无由上达圣听,皇帝也无从下察民隐,由他们来提倡乡治还不如王阳明、吕坤这些官吏直接推行来得有效。尤为严重的是,清代乡约制度因为皇帝的提倡,礼部的管辖,所以慢慢地离开了民约民治的道路,而向宣讲圣谕的方向跑,蜕变成政府教化人民的御用工具。

清初对乡约制度的采用,远在顺治九年(1652)就开始了。清世祖将明太祖的"圣训六谕"碑文,颁行八旗直隶各省。顺治十六年(1659),又令五城及各省府州县,每月朔望举行乡约,宣讲圣训六谕。康熙九年(1670),清圣祖颁布"上谕十六条",取代明太祖的圣训六谕,上谕十六条遂成为乡约的中心,作为宣讲的正本,并演绎出《宣讲拾遗》《圣谕像解》等数十种宣讲材料,其中充斥着神

---

① 见本书,第183页。

道设教的语言、故事。到了雍正二年(1724),清世宗将上谕十六条逐条注解,演绎为洋洋万言的《圣谕广训》。自此,《圣谕广训》便压倒一切,成为乡约宣讲的唯一材料。以后,清代乡约再也没有新的举措,新的设施,而只是三令五申,严敕各处实力奉行。据杨开道统计,从顺治九年(1652)到光绪十七年(1891)的239年间,共颁布乡约谕旨32道。三番五次的谕旨颁布,一方面说明清代对乡约制度的重视,但另一方面也说明乡约施行的效果日差。乡约对于民众教育也许多少有一点效果,但根本的问题在于,"乡民组织的乡约,已经变成了民众教育的宣讲,人民自动的规劝,变成政府钦定的规劝了"①。

因为乡约的彻底变质,所以清代虽然有不少地方守令提倡乡约,以礼教化民,也取得了一些成绩,不过没有整个的组织,也没有特殊的见地。"从没有一个学者,将他(它)们四者的相关性找出,整体性找出;也从没有一个地方,将他(它)们四种制度打成一片,合为一体"②。杨开道这样说,也许太过绝对了一些,因为曾任福建巡抚的张伯行就曾经寓乡约、保甲于社仓。这套社仓办法,"综合各要素,在做法上是个创新","是集乡治思想之大成的结晶"。③但是,乡约偏离了民约民治的轨道,演变成圣谕宣讲的工具,却是不争的事实。更有甚者,在一些地方,乡约制度变成了地名,如河北定州,或者领袖名,如山西汾阳。杨开道引述于成龙(清端)的《慎选乡约论》说明清代乡约"责任的重大,地位的卑下",并感叹

---

① 见本书,第200页。
② 见本书,第219页。
③ 牛铭实:《中国历代乡约》,北京:中国社会出版社2005年版,第71页。

道:"精神领袖的乡约,教化民众的乡约,堕落到了这个地步,真是吕氏兄弟始料所不及……真是实行不如不行,有乡约不如无乡约,乡约的末路一至于此!"①

综观杨开道的《中国乡约制度》,我们不难看出,他赞赏的是吕氏乡约的民约民治和明代乡治系统将乡约、保甲、社仓、社学四者结合,乡约为纲而虚,保甲、社仓、社学为目而实的做法,反对的是明清乡约由官方主导,自上而下,强迫民众参加的做法,以及清代割裂乡约、保甲、社仓、社学四者,各行其是,将乡约变成宣讲圣谕的御用工具的简单粗暴。在之前的《乡约制度的研究》一文中,他明确表示,乡约制度是现代社会振作国民精神的"一个适当的办法"②。但他又认为,乡约要取得成功,从现代社会组织的原理去看,有三个条件缺一不可。其一,乡约只能在农村举行,不能在城市举行,原因是农村单位很小,人口不多,彰善惩恶的效果比较好。反之,城市就没有这种效果。其二,是要有高尚的领袖。乡约制度的根本原理是教化主义,领袖人物有了高尚的人格和满腔的热忱,才能教化民众、感化民众。其三,是地方的自动。乡约是一乡之人,自约为善规过。如果由政府强令举办,就失却了乡约的真义,什么事都办不成。

从20世纪20年代开始,村治自山西试行后,便逐渐推广至全国,成为地方的基本政治。梁漱溟是中国乡村建设理论的引导者,他从1929年起,便先后在山东邹平等17县,以北宋吕氏乡约为范

---

① 见本书,第208—209页。
② 杨开道:《乡约制度的研究》,《社会学界》1931年第5卷,第41页。

本,从事乡村建设运动,"本古人乡约之意来组织乡村"①,希冀借此重建中乡村社会。在此社会背景下,杨开道本欲站在乡治或村治的立场,借鉴中国古代以乡约为中心的乡治理论与实践,探索解决中国近代农村自治的合适办法,其心可鉴,其情可明。他对此也充满了期待和信心,他在开篇的"自序"中即说:"乡约制度是中国古来先贤先觉建设乡村的一种理想,一种试验。他试验过多少次,有时成功,有时失败,然而理论一天一天的完成,工作一天一天的具体,整个实现,整个成功的时机大约也快了"。遗憾的是,梁漱溟等人倡导的乡村建设运动并未能坚持下去,他们力图恢复的乡约也在昙花一现之后,很快就退出了历史的舞台。改良主义毕竟救不了中国,也救不了中国乡村。

---

① 梁漱溟:《乡村建设理论》,《民国丛书》第四编第 14 册,上海书店出版社 1992 年版,第 201 页。